船舶金融法の諸相

堀 龍兒先生古稀祝賀論文集

【編集代表】
箱井 崇史
木原 知己

成文堂

堀　龍兒先生

謹んで古稀をお祝いし
堀　龍兒先生に捧げます

執筆者一同

堀龍兒先生古稀祝賀論文集の刊行にあたって

　私たちの敬愛する堀龍兒先生は、2013年9月3日に、めでたく古稀をお迎えになりました。

　堀先生は、長きにわたり商社マンとして企業法務の最前線でご活躍されたのち、商社の経営幹部を経て、2003年に法科大学院開設直前の早稲田大学法学部に教授として赴任されました。堀先生は、商社時代から、特に集合債権譲渡担保に関する一連の顕著なご業績をはじめとする多数の論説・判例研究・評論を発表されています。また、大学や省庁での研究会や委員会など、企業法務の領域でのご活躍は多くの人の知るところです。早稲田大学では、法科大学院（早稲田大学大学院法務研究科）と学部において担保法を中心とした民法科目をご担当され、法曹志望者をはじめ多くの学生の教育に尽力されるなど多大な貢献をされてきました。

　その一方で、堀先生は、2007年に創設された早稲田大学海法研究所においても、その創設メンバーの一人として大きな足跡を残されています。とりわけ大きな業績は、第一に、わが国で初めての社会人を対象とした大学院修士課程の特定課題「国際海事問題の実務と法」の開講に中心的な役割を果たされたことです。この講座は、2009年に開講し、まもなく第6期生を迎えることになりますが、堀先生の先見的な発想とご指導なくしては開講すら難しいものでした。第二に、海法研究所に船舶金融法研究会を設け、これを定例会として主宰されてきました。民法や海商法をはじめとした諸法が交錯する学際的な分野であり、しかも実務的な視点が不可欠なこの領域の研究は、研究者が単独で行うには限界があると思われるところ、先生はわが国の代表的な実務家をまさに一本釣りによって結集され、最強の研究チームに仕立てて研究会を重ねて来られました。

本書の企画は、この船舶金融法研究会において堀先生から親しくご指導をいただいたメンバーが、先生の古稀をお祝いして船舶金融法に関する論文集を献呈したいとの思いからスタートしたものです。堀先生とともに海法研究所の立ち上げに関わった箱井と、船舶金融法研究会のメンバーである木原の両名が編集代表に指名され、雨宮弁護士と吉田弁護士にも編集委員会に参加願うこととして、多分野にわたる船舶金融に関わる法的問題の所在について検討した後、研究会メンバーを中心とした先生方にご執筆の分担をお願いしました。これまでの堀先生のご指導に感謝し、今後の先生のいっそうのご活躍を祈念するとともに、この際にささやかな恩返しをしたいというこの企画には、多くのご賛同をいただくことができ、本書を刊行することができました。

　船舶金融の沿革は、しばしば海法に特有の冒険貸借契約とともに語られますが、この制度がまったく利用されなくなった現代の船舶金融では、収録論文にある「船舶金融と〇〇」との多くのタイトルが示しているように、むしろ商法や民法などの対象となる一般的制度と大きな関わりをもち、船舶金融法もその中に存在しています。編集委員会では、こうした船舶金融法に関する各テーマについて、それぞれ第一線で活躍されている研究者・実務家が現在まさに抱いている問題意識とそれに対する考えを自由に書いていただき、これをまとめることがこの領域の新たな研究の第一歩になるものと考え、本書の構成を考えました。必ずしも船舶金融ばかりを念頭に論じられるものではない各種関連制度の議論にとっても、これらの論考が何らかの示唆を与えることができるのではないかと思っています。本書収録論文の多くは、今後の議論の展開への期待や具体的な提言に言及しています。これらは船舶金融法研究会の課題として、さらに研究を深めていくよう努めたいと思います。

　今後も、ますますお元気な堀先生のご指導の下で継続される研究会での活発な研究活動を通じて、来るべき先生の喜寿や米寿のお祝いには、さらに進化した成果を献呈することができればと願っています。最後になりますが、きわめて短期間でのご執筆についてご快諾いただき、ご多忙の中お原稿をお

寄せいただきました各執筆者の方々に、編集委員を代表して心よりお礼申し上げます。また、このような専門書の刊行をご快諾いただきました株式会社成文堂、とりわけ細部にいたるまでアドバイスをいただいた編集部の篠崎雄彦氏に、記してお礼申し上げます。

2014年2月

編集代表

箱　井　崇　史
木　原　知　己

目　次

船舶金融の発展的再定義 …………………………木　原　知　己（ *1* ）
船舶金融と船主経営………………………………高　木　伸一郎（ *23* ）
船舶金融と造船・船舶売買契約 …………………瀬　野　克　久（ *45* ）
船舶金融と傭船契約………………………………簑　原　建　次（ *71* ）
船舶金融と船舶抵当権 ……………………………清　水　恵　介（ *109* ）
船舶金融と船舶先取特権 …………………………志津田　一　彦（ *133* ）
英国法上のリーエンと海事債権の実行…………長　田　旬　平（ *159* ）
中国における船舶優先権 …………………………雨宮正啓／李剛（ *181* ）
船舶先取特権の準拠法 ……………………………大　西　德二郎（ *207* ）
船舶金融と保険契約………………………………中　出　哲（ *235* ）
倒産手続が船舶金融取引に与える影響…………吉　田　麗　子（ *261* ）

　シリーズ「海運対談」………………………………………（ *287* ）

　堀　　龍兒先生　略歴・主要業績目録 ……………………（ *319* ）

船舶金融の発展的再定義

木 原 知 己

Ⅰ　はじめに
Ⅱ　船舶金融についての基本認識
Ⅲ　船舶金融とリスク
Ⅳ　船舶金融の新たな展開
Ⅴ　おわりに

Ⅰ　はじめに

　船舶金融について、近時の環境のなかで発展的に再定義しよう（re-define progressively）というのが本稿の目的とするところである。発展的とは、過去、現在において認識、共有されている定義について視点を未来に転じることでその進化（深化）形を模索せんとするものであり、進歩的と言い換えてもいい。

　発展的に定義するには、現下の環境下において船舶金融の中心概念を再確認し、船舶金融に求められる役割について論考することがもっとも効率的かつ効果的である。また、再定義を目的とすれば、連関する全体を概観することを優先し、そのため、個々の項目にかかる詳細は他に譲ることとする。

Ⅱ　船舶金融についての基本認識

1　船舶金融の沿革についての認識
(1)　所有権留保型と船舶抵当権型

　船舶金融は、「船舶所有者による、主として外航商船建造あるいは購入にかかる長期資金供給手段のうち、金融機関による船舶抵当権を前提とした貸

出」と定義できる[1]が、そもそも船舶金融には、所有権留保型と船舶抵当権型の2タイプがあることを押さえておかなければならない。

　①所有権留保型船舶金融　　所有権留保型船舶金融とは、ファイナンサー自らが船舶所有権を取得し、その取得代金に金利および諸費用を加えた合計金額を与信先が一定期間で完済することを前提とするファイナンスであり、その間、与信先に船舶の使用を許可し、完済後において船舶所有権を与信先に移転させる形態である[2]。

　②船舶抵当権型船舶金融　　船舶抵当権型船舶金融とは、ファイナンサーが与信先と金銭消費貸借契約を締結し、与信先の債務を担保するため船舶に対し抵当権を設定するファイナンス形態である[3]。

(2) 冒険貸借

　船舶金融のふたつのタイプ―所有権留保型と船舶抵当権型―のルーツを探ると、冒険貸借制度[4]にいきつく。

　冒険貸借は古代ローマ時代に始まり、1807年フランス商法典においてもみられる制度である。借入人である船舶所有者は航海を終了し無事に帰港したときには元本に高額の利息を付したうえで返還する義務を負うが、事故等により船舶ないし積荷が滅失したときはその返還義務を免れる。

　冒険貸借はこのように射幸契約的性質のものであり、(i) 信用契約、(ii) 組合契約、(iii) 保険契約の性格を有しているが、この冒険貸借制度から発展したのが現在の船舶金融と考えられる。すなわち、船舶の堪航性が向上し、航海技術も格段に進歩したことで海上運送における賭けの要素が縮減され、その一方で、船舶所有に大きな資本が必要となり、そうなるとファイナンサー側の意識も変わり、資金の回収確度をより高めるべく船舶の所有権をファイナンサー側に留保させる（所有権留保型船舶金融）か、与信先が購入し

---

[1]　木原知己『シップファイナンス（増補改訂版）』（海事プレス社、2010年）3頁。この場合、資金を調達する側の船舶所有者を与信先あるいは借入人（borrower）、資金を供給する側を船舶金融提供者、貸出人、ファイナンサー（financier）あるいはレンダー（lender）と呼ぶ。
[2]　瀬野克久『船舶融資取引の実務』（日本海運集会所、2012年）19頁。
[3]　瀬野・前掲（注2）18頁。
[4]　中村真澄＝箱井崇史『海商法［第2版］』（成文堂、2013年）385〜386頁。

た船舶の所有権をファイナンサーに信託させる手法、あるいは抵当権を設定する手法（船舶抵当権型船舶金融）へと移っていったと考えられる[5]。

(3) 無尽（講）

擬似的な船舶金融に無尽（講）（以下、無尽という）がある。無尽はインドから中国を経由してわが国に仏教とともに伝来した制度であり、相互扶助の精神のもと複数の構成員が資金を持ち寄り、仲間内で当該資金を融通し合う金融制度である。

法的性質としては民法上の組合（民667条）に類似するが、無尽世話人の選任、掛戻金の取立方法、無尽の解散など、未だ資金の融通を受けていない者（未取口無尽員という）の利害に密接に関係する事項については、組合の場合（民670、672条）と異なり、未取口無尽員の決定があればよいというのが判例・通説となっている。

いずれにしても、この無尽制度がわが国における船舶金融の擬似的な役割を果たしたとは言えそうである[6]。

2　船舶金融の構成要素についての認識

つぎに、1（1）にて触れた定義を分解することで、船舶金融についてより深く考えてみたい。

(1) 船舶金融の主要構成要素

船舶金融の主要構成要素としては、(i) 船舶所有者、(ii) 外航商船、(iii) 建造あるいは購入、(iv) 長期性資金、(v) 船舶抵当権が挙げられる。

①船舶所有者についての論考　船舶所有者は船舶金融において基本的には借入人として位置付けられ、金融機関による商行為の直接の相手となる。

1）船舶所有者の定義　海商法において、船舶所有者は広義には「船舶所有権を有する者」であり、狭義では「船舶所有権を有する者で、みずから

---

5) 志津田一彦『船舶先取特権の研究』（成文堂、2010年）360頁に引用された William Tetley 教授の説明を参考にしている。
6) たとえば、1943年3月に愛媛県下の優良無尽5社が合併し、愛媛無尽株式会社が誕生している。同社は現在の株式会社愛媛銀行に引き継がれ、船舶金融に強みを有する銀行として認知されている。

海上活動を行う目的をもってその船舶を航海の用に供する者」を意味し、船長その他の船員がその職務を行うにあたり故意または過失によって他人に加えた損害を賠償する義務を負っている（商690条）[7]。

法的に以上のように定義される船舶所有者だが、企業実務においては、船主とオペレーターとに区分して使われることが多い。

企業実務における船主は、一般的に、所有する船舶をオペレーターに貸し出す（傭船という）ことを生業とする船舶貸渡業者を指すことが多く（以下、かかる船主を実務的定義による船主という。以後、本稿において断わりのない限り船主という場合この定義による）[8]、近時の船舶金融においては主たる借入人になっている。

企業実務におけるオペレーターは荷主（荷送人）からの依頼（海上物品運送契約を締結）により貨物を海上運送する企業（海上運送人）であり、船舶を借り受ける点において傭船者（charterer）である。ちなみに、自らも船舶を所有して（船舶所有者として）荷主の貨物を運送する（船舶を自航する）場合はオーナー兼オペレーターと呼ばれる[9]。

2）船主の実態あるいは特異性　　船舶金融においては、船主の定義もさることながら、とりわけ、主たる借入人である（実務的定義による）船主の実態あるいは特異性があきらかにされなければならない。

船主経営の特異性については、(i) 家族経営の法人であるということ、(ii) 有機的結合のなかでの経営であるということ、(iii) 過度なレバレッジ経営であるということ、(iv) ギャップのなかでの経営であるということ、(v) リターンの検証に時間を要する経営であるということを挙げるに留める[10]が、企業連環としての海事クラスターのなかで経営にある種の甘えが

---

[7]　中村＝箱井・前掲（注4）70頁。商法690条は船員の選任および監督について船舶所有者の無過失責任主義を規定し、船長その他の船員の加害行為については過失責任主義とされている。

[8]　実務的定義による船主のなかには、荷主（荷送人）と直接に海上物品運送契約（あるいは傭船契約）を締結する動きもみられる。

[9]　国際海上物品運送法にあるように、船舶による物品運送をする船舶所有者、船舶賃借人および定期傭船者を海上運送人と明確に定義するよう（商738条、739条ほか、国際海運2条2項）、立法論的解決の必要性が指摘されている。

[10]　木原知己『船主経営の視座』（海事プレス社、2011年）10頁ないし23頁。

生じ易い性状を孕んでいることはここで指摘しておきたい（海事クラスターについては後述する）。

　3）船主ビジネスの原点　　船主ビジネスの原点について実務的にみていくと、巨視的には船舶価値に絡む契約体系ということができる。

　船舶価値には、(i) 本源的価値、(ii) 利用価値、(iii) 保有価値が内在すると考えられる。本源的価値とは船舶が本来的に有するもので、設計力（デザインの優劣、燃費等の仕様など）、適正製造原価などによって自然と備わる価値である。また、(ii) の利用価値は使用する（「航海の用に供する」）ことに伴うもので、安定的かつ長期的にキャッシュフローを創出する源泉であり、(iii) の保有価値は船舶を所有することから派生するもので、過去の価格サイクル（歴史的トレンド）を包摂しており、最終的には市場価値としてのキャピタルゲイン（一種のキャッシュフロー）となって現出する。

　船主には本源的価値を目利きする力量、船舶の利用価値および保有価値を分析する力が求められるが、こう考えると、船主ビジネスとは、安定的かつ長期的な収入が期待できる傭船契約[11]に伴うキャッシュ・イン（傭船料）と将来の船舶売買契約に伴うキャッシュ・イン（キャピタルゲイン）の最大化を目指すビジネスである、といって不可ない。

　②外航商船についての論考　　わが国の商法では、船舶は「商行為ヲ為ス目的ヲ以テ航海ノ用ニ供スルモノ」のうち櫓櫂船以外のものを意味する（商684条1項および2項）[12]。また、一般的な理解として、船舶の要件、すなわち船舶が船舶たり得る根拠としては (i) 浮揚性、(ii) 移動性（航行性）、(iii) 積載性が挙げられ、これは海商法の視点でいえば、堪航性、すなわち、船体

---

[11] 傭船には占有が傭船先に移るケース（charter by demise）と、占有が船主に留まるケース（charter not by demise）があり、実務において前者は裸傭船（Bareboat Charter）と呼ばれ、また、後者には定期傭船（Time Charter）、航海傭船（Voyage Charter）があり、船主は各々の特性を踏まえながら最適の形態を選択する。

[12] 船舶法35条は櫓櫂船についても準用されており、ここで除外されても実質的な意味はさほどないと考えられる。ちなみに、英国の The Merchant Shipping Act, 1894, 742条の定義によれば、vessel は航海に使用されるあらゆる種類の船を意味し、そのうち櫓（roars）によって航海するものを除いた船を ship としている（佐波宣平『復刻版海の英語』（成山堂書店、1998年）447頁))。

能力、運航能力、堪荷能力を有していることを意味している（国際海運5条1項）。

1）船舶金融と船舶　　船舶金融は、一般的に外航商船（oceangoing merchant vessel）をその対象としている。商船とは文字どおり商行為に供される船舶であり、海商法が対象とする船舶である。また、外航船とは広く国際航海に従事する船舶をいい、国際海上物品運送法の適用をうける（商法第3編の適用をうける船舶は内航船ということになる）。

2）船舶金融と船舶価値　　2（1）①3）で触れたように、船舶価値に本源的価値、利用価値および保有価値があると理解すれば、こうした船舶価値と連関させることなしに船舶金融を論じることはできない。

ファイナンサーはまずもって船舶の利用価値、すなわち安定的かつ長期的なキャッシュ・イン（傭船料）に着目し、さらには、船舶の保有価値、すなわち船舶の市場価値が現出されるキャッシュ・イン（キャピタルゲイン）に注目し、船舶抵当権者として船舶の保有価値の保持に努める（かかる船舶の利用、保有価値に着目する観点から、船舶金融における船舶に関する各種保険契約の重要性、不可欠性が指摘される）。

ちなみに、高い期待利回りを志向する投資家（equity investor）は、将来における主として船舶の保有価値に着目するであろう。しかしながら、この視点は投資家に確定的かつ固定的なものではなく、こうした投資家の視点を取り入れる、あるいは資金を活用することで、船舶金融は船舶の本源的価値、利用価値および保有価値が混交したもの（たとえば、equity kickerを付した劣後ローンの提供、equityのマイナー出資）をその視座に置くようになるかもしれない。

3）船舶金融と船価決定のメカニズム　　船舶金融が船舶抵当権を前提とし船舶の保有価値をも着目するからには、船価決定メカニズムをある程度正確に理解することが重要である（もちろん、傭船契約の対象となっている船舶の保有価値を現出させることは現実的ではない）。

では、船価はどのようなメカニズムによって決定されるのであろうか。この問いに答えを用意するのは、そう容易なことではない。それは、将来における株価や金利を予想するのと似ている。すなわち、ファンダメンタルズ

（経済要因）、投資家動向（需要と供給）が複雑に絡むために正確な予想は不可能ということである。いかに情報を入手しトレンド分析、テクニカル分析をしたところで、将来のある時点における船価予想には不十分と言わざるを得ない。たとえば、船舶自体にかかる技術革新（たとえば、エコシップ技術開発）や運航における安全性あるいは環境への配慮（たとえば、バラスト水処理装置の追加設置）が求められ、燃費に優れる新造船を志向する傾向が強まることで、船価の歴史的トレンドはいびつになるかもしれない。さらには、船舶投資家の心理、造船所の受注姿勢および全体的建造能力の状況、加えて、もっとも重要となるファイナンサーの動向が複層的に絡み、船価の見通しは常に読みにくくなる性向をはらんでおり、この性向は航空機と比してかなり顕著な違いとなっているのである。

③建造あるいは購入についての論考　船舶金融は船舶の建造あるいは購入に際してのファイナンスであり、船舶建造契約（Shipbuilding Contract）、船舶売買契約（Ship Sales Contract, Memorandum of Agreement）をその貸出の根拠としている。詳細についてここでは触れないが、かかる契約なくして船舶金融は成立しない。

④長期性資金についての論考　船舶金融が船舶の本源的、利用、保有といった価値体系にかかわるファイナンスであることを勘案すれば、ファイナンサーは、船舶のCKLD（契約、起工、進水、竣工引渡）から解撤までの長いスパンで考えるであろう。そのため、船舶金融は、自ずと長期性資金の消費貸借契約という様相を呈する。

なお、船舶金融が長期性資金に絡むファイナンスであるためには、上記③の契約に加え、安定的かつ長期的なキャッシュフロー（傭船料）を確約する傭船契約が前提となる。

⑤船舶抵当権についての論考

1）船舶抵当権の権能　抵当権は通常は不動産にのみ認められる担保物権（民369条）であるが、船舶についても登記制度と相俟って船舶抵当権を法定している（商848条1項）。

船舶抵当権は船舶を目的とし、船舶所有者と債権者が契約によって設定する商法上特殊な抵当権であり、その根本は船舶所有権の信託にあると考えら

れる[13]。そのため、とりわけ英国法において、船舶抵当権は不動産抵当権と異なる特徴を有している[14]。

船舶抵当権の権能における特殊性、すなわち、不動産抵当権の権能が競売 (public auction) であるのに対し、英国法における船舶抵当権にはそのほかに、占有 (re-possession)、私的売却 (private sale) の権能が認められるのは、先に触れたように船舶抵当権の根本が船舶所有権の信託にあることが関係していると考えてよいであろう。ちなみに、船舶抵当権の特質に反しない限り不動産の規定に準じるとするわが国では競売権能しか認められておらず、また、船舶金融で多くみられるパナマの場合、占有および私的売却の権能を船舶抵当権設定契約 (First Preferred Ship Mortgage) に追記することで権能を強化している。

2）船舶抵当権と船舶先取特権　船舶抵当権を論じる場合、船舶先取特権 (maritime lien) が船舶抵当権に優先するということに留意する必要がある（商849条、国際海運19条3項、船主責任制限95条3項）。これは、船舶抵当権が当事者間の任意で設定されるのに対し船舶先取特権は法定の債権に法律上当然に認められる権利であり、船舶抵当権に優先権を認めるとなれば船舶先取特権を法定する目的を達し得なくなる、あるいは、抵当権の目的たる船舶は船舶先取特権によって担保価値が保存される場合もあるからと説明されている[15]。

しかしながら、船舶先取特権はその性格において船舶抵当権を制限するものであり、しかも、準拠法によってその内容、範囲はまちまちである。デフォルト（債務不履行）を宣言し、当該船舶を差し押さえたうえで換金処分することを元本回収の最終手段と考えるファイナンサー (mortgagee) が留意しなければならない理由が、まさにここに存する。たとえば、パナマにおいては、船籍登録を促進する狙いからかなり限定的なものになっている一方で、米国においては幅広く認められている。あるいは、英国のように、maritime lien は限定しながら対物訴権 (statutory right in rem) として法定したう

---

13)　瀬野・前掲（注2）18頁。
14)　瀬野・前掲（注2）21頁ほか。
15)　志津田・前掲（注5）7頁。

えで船舶抵当権には劣後させる（かかる先取特権をstatutory lienという）という建て付けの国もある。

3　船舶金融の類型についての認識

船舶金融には、(ⅰ) コーポレートファイナンス、(ⅱ) プロジェクトベースファイナンス、(ⅲ) アセットファイナンスの3類型がある[16]。

(1) コーポレートファイナンス

オペレーターが自ら船舶所有者となる（＝社船ないしは準社船[17]を所有する）場合、ファイナンサーは信用供与の根拠を主としてオペレーターの相対的に高い（ないしは、高いと思われる）信用力に求めることになり、コーポレートファイナンス[18]に区分される。

(2) プロジェクトベースファイナンス

船主（ここでは実務的定義による船主をさす）あるいは船主がタックスヘイブンに設立するSPCが船舶を所有しようとする場合、信用力が相対的に劣後することから自らの信用力のみで信用供与をうけることは難しく、信用力の相対的に高い（ないしは、高いと思われる）オペレーター（傭船者）との契約に伴って生じる安定的かつ長期的なキャッシュフロー（傭船料および船舶売買代金）に信用供与の根拠を見出すことになり、その故を以ってプロジェクトベースファイナンスに区分される。

(3) アセットファイナンス

アセットファイナンスは、信用供与の根拠をオペレーターあるいは船主の

---

16) 木原・前掲（注1）81頁ないし83頁。
17) 準社船とはオペレーター自らがタックスヘイブンに設立する仕組会社（SPC/Special Purpose Company）が所有する船舶を意味し、通常は当該SPCの借り入れに際し親会社からの保証（corporate guarantee）が供される。ちなみに、タックスヘイブンとは法人の所得や特定種類の所得に対する税負担がゼロ、ないしは極端に低い国あるいは地域のことを指している（木原・前掲（注10）186頁）。
18) 企業金融論におけるコーポレートファイナンスは、企業とマーケットの資金の流れについての概括的な活動を意味する。株主重視の考えのもと企業価値の最大化に向け、経営資源を最も効率的に活用することで資金調達、投資行動、利益還元・配当というサイクルを維持する企業活動の総称であり、本稿でいうコーポレートファイナンスとは意味合いを異にする（砂川伸幸『コーポレート・ファイナンス入門』（日本経済新聞社、2008年）14、18頁ほか参照）。

信用力に依拠するのが不十分な（ないしは、不十分と思われる）場合に、抵当権の目的たる船舶の本源的価値、利用価値、保有価値といった船舶価値総体に着目し信用を提供するものである。

4　船舶金融提供者（シップファイナンサー）についての認識

船舶金融の類型を押さえたところで、つぎに船舶金融を提供するシップファイナンサーについてみておきたい。

(1) 邦銀と外銀の特徴比較

シップファイナンサーとしては、大手銀行や地方銀行などの国内市中商業銀行（以下、邦銀という）、銀行系列を主とするリース会社および外国銀行（以下、外銀という）が挙げられる[19]。

一般的に、(i) 密室性、(ii) 過当競争、(iii) 取引関係優先を特徴とする邦銀が domestic ship financier とされるのに対し、(i) オープン性、(ii) 経済合理的競争、(iii) トランザクション優先を特徴とする外銀は global ship financier と認識されてきた。

しかしながら、2008年のリーマン・ショック以降、あるいは欧州の経済および財政危機が現出して以降、船舶金融分野で圧倒的存在感を示してきた外銀の多くは銀行経営上の制約から船舶金融ポートフォリオの縮小を余儀なくされ、LTV（loan to value）の水準厳格化、貸出期間の短期化、基準金利上乗せ幅の引き上げ、各種コベナンツの厳格適用など、貸出条件（Terms & Conditions）を厳しくするか、あるいは、銀行によっては完全撤退するところまで出てきている（さすがに、2014年現在においては再開に向けた動きが一部でみられる）。

これに対し邦銀はというと、世界的な金融危機のなかにあって相対的にその傷は浅く、体力的に比較的余裕があるように思われる。船舶金融を一金融商品と位置付ける大手銀行はさておき、地域の発展とともにある地方銀行は、地域経済貢献（地域密着性）の観点から船舶金融を提供し続けようとする

---

19) このほか、公的金融機関の存在も無視し得ない。公的金融機関としては、株式会社日本政策投資銀行（DBJ）、株式会社国際協力銀行（JBIC）などがあり、補助的な機能を果たす独立行政法人日本貿易保険（NEXI）もその一員と呼べなくもない。

向きも少なくない。

こうして、「海事産業に関係の深い地方銀行が主として船舶金融を提供し、時としてメガバンクをはじめとする大手銀行やリース会社がそれを補完する」というわが国固有の船舶金融体制が再評価され、このこと自体は日本海事クラスターのさらなる発展に極めて有用と考えられなくもない。

(2) 邦銀と外銀のビジネスモデル比較

邦銀と外銀の船舶金融にかかるビジネスモデルの比較は、船舶金融を再定義するうえで重要な示唆を与えてくれる。

邦銀といっても、業態によって船舶金融に対する理解とポリシーは大きく異なっている。たとえば、船主向け船舶金融、すなわち類型でいうところのプロジェクトベースファイナンスにおいて、大手銀行はあくまでも傭船者であるオペレーターの信用力に信用供与の根拠を求めようとする。その背景には従前からのオペレーターとの取引実績があり、オペレーターが有利子負債を圧縮（いわゆるオフバランス化）するなかで船主向け船舶金融を提供してきていることがある。

これに対し、地方銀行は先述したようにあくまでも地域経済貢献という社会的使命に立脚し、地域に所在する船主との関係、さらにはその先にある造船産業の維持という観点で船舶金融を推進してきており、コーポレートファイナンスの提供者として船舶金融を主導してきている。

一方、こうした大手銀行や地方銀行と異なり、外銀（リース会社もこの部類に属すると考えられる）は船舶の本源的価値、利用価値、保有価値を適正に分析することで船舶金融を提供してきており、ビジネスモデルとしてはアセットファイナンスを志向しているといえる。

(3) 邦銀の SWOT 分析

船舶金融を再定義するうえで、船舶金融にかかる邦銀の SWOT 分析、とりわけ、W（Weakness）と T（Threat）も重要な示唆を与えてくれる。

① Weakness

1）まずは、（リース会社を除き、）担当部署の担当者が短期間で替わるということがある。頻繁に行われる人事異動は、船舶金融についての専門性深化の弊害となる。

2）オーバーバンキングからくる過度の競争もマイナスに働くことが多い。リスク回避のために特定の優良船主（あるいは案件）に取引が集中する傾向にあり、リスク・リターンの適正化をややもすれば阻害し、結果として船主の二極化という事態を招いている。

3）一部の地方銀行は、船舶金融の全貸出資産に占める割合が過重になっている。地域金融機関としての社会的使命から引き続き推進するであろうが、その余地は限られてくると考えられる。

4）データ不足あるいはデータ分析力の不足は致命的となる。組織にノウハウ、知識が共有されていない状態であり、借入人あるいは傭船者の信用力に過度に依拠する傾向が強くなり、結果としてアセットファイナンスを推進するには難がある[20]。

② Threat（邦銀に限らない脅威）

1）海事（あるいは海運）産業は、議論はあろうが種々の市況（含む為替、金利動向）に左右されるということからは市況産業といっていい。ファンダメンタルズとしては安定的な海上荷動きの増加が見込まれる半面、どうしても船舶の需要と供給が読みづらく、船価の将来予想には自ずと限界がある（このことは、既に本稿のなかで触れている）。

2）大方の船主は家族経営ということもあり、資本と経営が未分離で、経営の近代化がかなり遅れている。もちろん、そうでない船主もないではなく、そうなると船主がますます二極化することになる。

3）言うまでもないことだが、オペレーターの経営悪化もファイナンサーにとっては大きな脅威となる。

(4) SWOT分析からみえてくるシップファイナンサーの方向性

以上のSWOT分析の結果から、シップファイナンサーの方向性として、(i) 組織として専門性を向上させること、(ii) リスクを分散すること、(iii) 機能を高度化すること（たとえば、経営アドバイス機能の強化）、などがみ

---

[20] 船主に出向するなどして船主実務を含めたノウハウの蓄積を企図する動きが一部の金融機関にみられ、そのこと自体は好ましい傾向と考えられる。ただし、この場合でも、先の人事異動によりこうした取り組みが活かされないという課題は残る。

えてくる。総括的に論じるとすれば、旧態依然とした船舶金融から脱し、社会的使命を果たしつつ生きた金融であり続けることこそが、これからの船舶金融に求められるコアな概念ということである。

5　船舶金融におけるSPCについての認識

船舶金融の提供を受ける者の多くは、オペレーターあるいは船主によって軽課税国（タックスヘイブン）に設立される仕組会社（SPC）である。

オペレーターあるいは船主がタックスヘイブンにSPCを設立するのは、節税、ランニングコストの節約、外国人船員配乗といういたって単純明快な目的[21]に拠っているが、この場合、当該SPCが1隻の船舶を所有するのか、あるいは複数所有するのかみておく必要がある。

(1) 1SPC・1船舶

一般的に、船舶金融を提供する側からの要請に基づき1SPC・1船舶となっていると思われる。思うに、ファイナンサーはとりわけ、船主向け船舶金融（すなわち、プロジェクトベースファイナンス）において各SPCが創出するキャッシュフローが他のSPCが創出するキャッシュフローと混交する事態（commingle riskという）を回避し、倒産隔離（bankruptcy remote）を図ろうとするからである。

倒産隔離は、船主本体の倒産の影響を受けない工夫である。言うまでもないが、親会社である船主本体と子会社である海外SPCは全くの別法人であり、船主本体にかかる倒産手続の効力は海外SPCには当然には及ばない。しかしながら、船舶所有目的のSPCは船主本体にとっては重要な資産（株式）であり、海外SPCが船主本体の倒産手続に服する可能性を完全には否定できない。そこで、こうした工夫が必要となってくる。具体的には、(i) 1SPC・1船舶、(ii) キャッシュフローの隔離（傭船料債権あるいは傭船契約の

---

21) 国際法上、船舶は基本的に国籍（船籍）を有する必要があり、当該船舶と旗国との間には真正関係（genuine link）が求められる（公海条約5条、国連海洋法条約91、94条）。また、わが国の船舶法は、自国民または自国法人（日本法令によって設立された会社で、代表者の全員および業務の執行役員の2／3以上が日本国民の会社）の所有する船舶は日本籍船となり、原則として自国法人が外国籍船を直接所有することはできない（船舶法1条）。

譲渡)、(iii) クロスデフォルト条項、(iv) SPCの株式質権設定 (share pledge) などによって、融資対象船舶にかかるキャッシュフローを船主の経営悪化による影響から隔絶する。

　ところで、船主は自社本体のプロジェクトながら制度設計上やむを得ずSPCを活用するものであり、この故を以ってSPCの借入に際して連帯保証を供するのが一般的である（このため、一般的に、船舶金融はノンリコース・ローンとなっていない）。船舶金融を提供する側にすればプロジェクトにコミットさせる以外に信用力の低い船主の保証を徴する意味はさほどないが、結果的には船主の信用力が債権回収のラストリゾートとなり、プロジェクトベースファイナンスの形態をとりながらも各船舶に絡むキャッシュフローが船主全体の資金として混交してしまう懸念を拭えない（実際、ファイナンススキームのうえでは一応の倒産隔離はしているものの、船舶管理費、資本的支出控除後の資金は通常船主側に解放されている）。そうなると、倒産隔離は絵に描いた餅となる可能性が高い。

(2) 1SPC・複数船舶

　SPCの損金が合算されないことを理由に、1SPCが船舶を複数所有し、結果としてタックスヘイブン対策税制（以下、TH税制という）に基づく合算課税額の縮減を図ろうとする動きも散見される[22]。

　TH税制とは、内国法人が軽課税国に実体のない子会社等（特定外国子会社等）を設立している場合に一定の条件の下で特定外国子会社等が獲得した所得を親会社である内国法人の収益の額とみなして親会社の所得に合算し日本で課税する制度[23]だが、かかるTH税制の適用を回避するため、優遇税制が導入されている国に固定施設を備え、かつ、当該地にて事業活動を行うことについて十分な経済合理性があると認められるなどの諸条件をクリアしたうえでTH税制適用除外とする方策がとられることもある。TH税制が租

---

22) 近年、先述のとおり原則的に外国籍船を直接所有することができないにもかかわらず、内国法人が船舶にかかる償却メリットを享受すべくSPCと船舶を共有するスキームも一部でみられる。こうしたスキームの是非についてはストラクチャリングの背景、目的、持ち分比率などを考慮し、総合的に判断すべきであろう。

23) 木原・前掲（注10）187頁。

税回避行為を防止する（結果として、海外に滞留する内国法人関連の資金を国内に還流させる）ことを目的として導入された制度であり、先の条件をクリアする限りは同制度を適用する必要性、必然性が認められないのである[24]。

III 船舶金融とリスク

1 船舶金融におけるリスク

　船舶金融（ここでは船主向け船舶金融を念頭に置く）においては、プロジェクトリスクの有無と許容度を判断し、そのうえで、ファイナンサーにとってのリスクに見合った収益性、社会性が認められ、さらには、ファイナンサーの経営環境がそれを許す場合に貸出可との判断がなされる。

　船舶金融におけるプロジェクトリスクとは、ストラクチャリングにかかる諸問題（SPC設立にかかるリーガルリスク、税務リスク、SPCにかかる資金混交リスクなど）は言うまでもなく、(i) 船主；内因性リスク（たとえば、ハザードリスク）および外因性リスク（たとえば、為替などの金融リスク）の顕在化による経営破綻リスク、(ii) 傭船者；経営破綻リスク、(iii) 船舶；船価低下リスク、アレストリスク、滅失リスク、(iv) 造船所；造船中の経営破綻リスク、cost, quality, delivery (CQD) にかかる諸条件の悪化リスク、(v) 船舶建造契約（および船舶売買契約）；内容未充足リスク、(vi) 傭船契約；内容未充足リスク、中途解約リスク、(vii) 保険契約；保険者の経営破綻リスクあるいは保険金支払能力低下リスク、(viii) 船舶管理契約；船舶管理能力低下リスク、船舶管理費高騰リスク、(ix) 船級および船籍；堪航性の維持リスク、などである。

　こうしたリスクの多くは貸出が継続する限り懸念されるリスクであり、ファイナンサーは継続して当該リスクを管理し、キャッシュフローの健全性を検証していくことになる。こうした一連のプロセスをモニタリング（monitoring）と呼んでいる。

---

[24] 木原・前掲（注10）191頁。

2　リスクに対する考え方の変容

　貸出実行後において、当初分析し許容したリスクがさまざまな要因から表面化することが懸念される。ここでは、近時の船主あるいは傭船者たるオペレーターの経営悪化[25]、さらには、中古船価はじめ海運市況全体が低迷するなかでの船舶金融の変化について考えてみたい。

　まず指摘されるべきは、プロジェクトベースファイアンスにおいて先に指摘したリスクが部分的にでも許容できれば可とする考え方から、全てのリスクがクリアされることが必須とする考え方に変わってきていることである。

　ファイナンサーは、(i) 船主信用力、(ii) 傭船者信用力、(iii) 船舶価値についての厳格な分析を行い、たとえば、船主の船主としての（船舶管理能力を含む）トラックレコードをより厳しく問うとともにプロジェクトの選別を一段と強め、さらには、より多くの自己資本投入（LTVの低下）を要求する傾向にある。要するに、貸出可否判断基準のさらなる厳格化、さらには、モニタリングの厳格運用を図り、デフォルト時の対応についての明確なルールを事前に策定するであろうことは想像に難くない。

3　船主経営の悪化と船舶金融

　近時のモニタリングのなかで、船主向け船舶金融（プロジェクトベースファイナンス）における根源的なリスクファクターである船主信用力、傭船者信用力、船舶価値にかかるリスクが顕在化し、わが国における船舶金融はきわめて危機的な状況を経験した。

　かかる場合のファイナンサーの選択肢、対応としては、(i) 関係者間協議、(ii) リスケジュール、(iii) 任意売却、(iv) 貸出債権売却、(v) 船舶抵当権行使、(vi) Debt Equity Swap、(vii) 法的整理などが考えられる。とりわけ、(i) および (ii) が現実的であり、例外的に (iii)、(iv) および (v) が選択される。

---

[25]　船主経営悪化の要因には為替（円高）をはじめとする外因性要因もあるが、経営自体がその特異性から近代化が遅れていることが大きい。また、オペレーターの経営悪化の要因には、(i) 為替、(ii) 燃料費の高騰、(iii) 船舶過剰、(iv) 自然災害、(v) 世界的な景気低迷、(vi) 信用収縮などが大きく影響しているが、経営体質など内因性リスクも無視できない。

関係者間協議は、傭船者による傭船料の引き上げ、傭船者による当該船舶の残債での買い上げなどについて関係者間で協議するものだが、Quiet Enjoyment　Agreementがある場合を除きハードルが高い。そうなると、(ii) のリスケジュール、すなわち返済方法の緩和が俎上にのぼることになる。しかしながら、この選択は金融機関にすればそう容易に受け容れられるものではなく、少なくとも経営再建計画ないしは中期経営計画が策定されてはじめて検討が可能となる。

　金融機関のなかには、船主の経営再建が困難と判断する場合、あるいは早期に問題を解決しようと考える場合、(iii)、(iv) を選択するケースもみられる。もちろん、船舶抵当権を行使すべくデフォルトを宣言し、船舶を差し押さえたうえで私的売却するか、競売に持ち込むという (v) の選択肢もなくはないが、時間と費用を要するため最終手段といったところであろう。

IV　船舶金融の新たな展開

1　海事クラスターについての論考

　船舶金融が幅広いプレーヤーとの接点を要するファイナンスであるとすれば、船舶金融を定義するうえでかかる幅広いプレーヤー、いわゆる「海事クラスター」について整理しておく必要がある。

　海事クラスター (maritime cluster) とは、(i) 専門性の高い海事企業（造船所・オペレーター・船主・船舶管理会社・港湾運送会社など）、(ii) 関連業界（金融機関・損害保険会社・商社・ブローカー・法律事務所・会計事務所・船籍・船級・メディアなど）、(iii) 大学、(iv) 業界団体（日本船主協会など）、(v) 行政機関（国土交通省など）などの関連機関が地理的に集中し、お互いに競争しながら同時に協力している状態、あるいはその構成員と定義できる[26]。要するに、海事産業を構成し相互補完的に連関する企業の集合体であり、オペレーターをビジネス統合者とする価値創造集合体と考えて不可ない。

　しかしながら、かかる定義はある状態を客観的に説明するのには適する

---

26)　公益財団法人日本海事センター「日本における海事クラスターの規模」(2012年10月) 2頁。

が、構成員の機能面についての説明が捨象されている。そうした観点からは、海事クラスターについて次のように考えるのが好ましい。すなわち、海事クラスターとは、「金融機関、損害保険会社、総合商社、ブローカー、法律事務所、会計事務所、船籍、船級、メディア、大学、業界団体、行政機関といった海事産業に関連する企業および団体が、造船所、オペレーター、船主、船舶管理会社、港湾運送会社などのように船舶を直接的かつ専業的に扱う企業をサポートする状態にある産業体」であり、サポートする側を海事ブースター（maritime booster）、サポートされる側を狭義の海事クラスターと位置付ける。

　船舶金融に限って考えると、直接的な取引相手の大方は借入人たる船舶所有者であり、実務的にオペレーターと船主（実務的定義による船主）に機能分化されている。この機能分化はオペレーターにかかるオフバランス志向を反映したものであり、船舶所有という機能の一部を船主に転嫁したものといえなくもない。また、船主においても、かつて船舶の所有と管理が一体であったものが所有船舶数の増加、あるいは船舶管理水準の高度化に伴って船舶所有と船舶管理に分化され、それぞれに業界を形成していると理解できる[27]。

2　海事産業の発展モデルについての論考

　以上の分析を踏まえ、海事産業の将来に向けた発展モデルについて考えてみたい。ここでは、海事産業の発展モデルにつき、「$y = \beta x + \alpha$」という式を基本にする。β は（狭義の）海事クラスター自体の力であり、α は海事ブースターの力、すなわち海事クラスターをサポートする力である。海事クラスターは、この β 値（1.0以上が必須）と α を向上させることでその安定性・収益性・成長性を高めることが可能となる。

　海運産業の発展モデル（$y = \beta x + \alpha$）を念頭に置けば、以下のような課題がみえてくる。すなわち、(i) 総体としての団結力、(ii) オペレーターの対外交渉力強化、(iii) 競争力のある船舶デザインと船舶供給力、(iv) 船主経

---

[27]　森隆行「内航海運における船舶管理についての研究」内航海運研究第2号（2013年）3頁。なお、船舶管理会社については現在のところ法律で明確に定義されていないが、あくまでも「船主の代理人」という立場にあると考えられる。

営の近代化と船舶管理能力の向上、(v) さらなる業界再編、(vi) 長期安定的な金融提供力、(vii) 法務・税務などの外部アドバイザーの活用、(viii) 海洋国家としての質的向上をめざす国家戦略、などである。

(i) 〜 (v) についてはここで詳説しないが、本稿に関連する意味から、(vi) の長期安定的な金融提供力について触れておく。

海事クラスターの核たる商売道具（すなわち、船舶）が先行投資的で多額の資金を必要とする資産である以上、かかるビジネスモデルを理解する金融機関の存在と当該機関からの安定した資金供給は不可欠であり、ここにこそ、本稿において船舶金融を再定義する意義が認められる。

言うまでもなく、船舶金融の大前提として、海事クラスターを構成する企業がさらに経営を近代化し、経営の透明性を高めなければならない。そして、何よりも心強いのは、海洋国家としての質的向上をめざす国家戦略である。国家安全保障上、自国企業による海運産業あるいは造船までを含めた海事産業はきわめて重要である。わが国は海洋基本法を制定し、同法に沿ったかたちで「海洋基本計画」を定め、日本籍船や日本人船員を増やし、海洋資源開発を横断的に進めることにした。さらには2013年4月、「新海洋基本計画」を閣議決定し、向こう5ヶ年の基本的方向性を確認している。

3　シップファイナンサーに求められる役割

船舶建造契約や船舶売買契約の締結に際し、オペレーターあるいは船主（すなわち、船舶所有者）は多額の初期投資を必要とする。一般的にレシオの高いレバレッジ投資となることが多く、そのため、ファイナンサーは長期的視点にたち、相応のリスクをとって資金を提供する胆力が必要になる。

また、ファイナンサーが海事ブースターの中核的一員であるという考えに拠れば、船舶金融の発展モデルとして、まずは従来の船舶金融を深化させ、そのうえで、(i) ブリッジローンの提供、(ii) アセットファイナンスの提供、(iii) 外部投資資金活用（含む救済型スキーム）の提案、(iv) 経営アドバイスの提供、(v) 貸出債権（あるいは傭船料債権）流動化の研究、などについて議論を深めることが挙げられる。

海運ビジネスの諸処をみていくと、時として短期性の資金を必要とする機

会も少なからず見受けられる。こうした短期性資金の需要にフレキシブルに応えるべく、コミットメントラインなどが考えられて然るべきであろう。さらには、船舶を本源的価値、利用価値および保有価値の総体として把握することで、アセットファイナンスの検討余地がでてくる。そのためには、関連するデータの高度化、分析力の向上といった専門性を高めることはもちろんだが、貸出条件においてもLTV、コベナンツなどの厳格化、厳格運用が必要となる。

　船舶投資ファンド組成のほか、船主の問題資産（challenging asset）売却のアレンジ、船舶投資における船主とのjoint venture組成なども常に一考に値する。

　また、船主の経営再建、近代化（含む海外進出、事業承継）を支援することも、自行の貸出債権の健全化に寄与し、新規の取り組みを容易にするとともに、CSR（Corporate Social Responsibility）にも大いに資するであろう。中期経営計画の策定支援だけでなく、より広い視野から海運業界の再編をアドバイスする必要もあり、アライアンスにおけるLBO（Leveraged Buy Out）ファイナンスなども検討の俎上にのぼる。

　さらには、時として散見される貸出債権売却についても、より積極的に貸出債権を流動化することでフレキシブルに船舶金融を提供できるようになると思量され、その延長でクレジット・デリバティブも考えられる。

　船主にかかる傭船料債権の流動化も研究されて然るべきであろう。航空機ファイナンスにおけるABS（Asset Backed Security）がそうだが、そのためにはリスク分散（トランチングしたうえで外部格付を取得）できるほどの傭船契約の集積が必要となる。

V　おわりに

　海運産業という極めて重要な社会インフラに関係するファイナンスである以上、船舶金融は社会の変化、あるいは社会からの要請により常に変容を余儀なくされる。再定義するにあたり、かかる視点は看過できない。

　また、船舶金融の再定義を試みるうえで、本稿でみてきたように船舶には

本源的価値、利用価値および保有価値があるという前提に立ち、これらの価値が混交するものとして船舶をとらえ直し、その価値を正確に把握（しようと）することで船舶金融を深化させ、ファイナンサーと船主などの借入人がビジネスパートナーであることを念頭に置くことも肝要である。

　以上の諸点を踏まえ、本稿の結論として、船舶金融を次のように定義する。すなわち、船舶金融とは、「船舶プロジェクトにおける船舶の本源的価値、利用価値、保有価値に着目したファイナンスであり、船舶所有者による、主として外航商船の建造あるいは購入にかかる、主として長期間にわたる、主として金融機関による、船舶抵当権を前提にした資金供給手段」である。

　この定義は、従前の定義と比すれば、船舶の本源的価値、利用価値、保有価値に着目することで、海上物品運送、傭船ないしは売船取引から創出されるキャッシュフローに依拠したファイナンスであることを明確にし、アセットファイナンスの形態を包摂したものになっている。

　この定義で十分とも考えられるが、本稿ではかかる定義をさらに進化（深化）させる。すなわち、船舶金融とは、簡略には「主として外航商船の建造あるいは購入にかかる資金提供手段」であるとする一方で、詳細には、先の定義に加え、「広くは、船舶のCKLDから解撤までのプロセスにおいて惹起されるあらゆる争点に発展的に関与する金融サービス全般」とする。

　本稿の結論は、船舶金融を以上のように発展的に再定義することである。このように定義することで船舶金融で想定されるすべての類型を包摂し、海事クラスター発展モデル（$y=\beta x+\alpha$）における船舶金融の$+\alpha$（プラスアルファ）としての位置付けを明確にし、船舶金融が貸出金全額回収までのあらゆる争点に発展的に関与する法体系であると認識でき、「船舶金融法」という新しい法領域の体系化の方向性が見えてくると考えられる。

船舶金融と船主経営

高　木　伸一郎

Ⅰ　はじめに
Ⅱ　ビジネス環境の変化と従来型ビジネスモデルを維持していく上での注意事項
Ⅲ　財務戦略と戦術 及び 金融機関との交渉手順
Ⅳ　おわりに

Ⅰ　はじめに

　2012年、業界紙には「全行一斉リスケジュール（返済条件緩和）の急増」、「船舶融資、事実上ストップ」、「船主経営、正念場に、円高に国内オペレーター（以下、オペレーター）の倒産が追い打ち」、「海外オペレーター、傭船料減額で国内船主（以下、船主）も打撃」[1]といった見出しが躍り、船主の経営状況の深刻さを反映した記事を目にすることが多かったが、同年12月の第二次安倍政権の発足を境に行きすぎた円高が是正され船主の業績が改善、2013年8月、9月の業界紙には「船主向け融資、銀行が姿勢を緩和、優良案件は争奪戦も」、「日本の船舶金融、雪解けへ」[2]といった記事も掲載され、漸く明るい兆しが見えはじめてきた。

　しかし、金融機関の融資姿勢緩和の実態は、全面的なものではなく選別融資であり、融資を得られる船主とそうでない船主の二極化が進行し、総体的に「船主向け融資は困難」という状況に大きな変化はない。そして、巨額の設備投資資金を必要とする船主にとって金融機関からのサポートを得られな

---

[1]　中村直樹「逆風 船舶金融①／全行一斉リスケが急増」（海事プレス、2012年5月8日）、中村直樹「逆風 船舶金融②／船主融資、事実上ストップ」（海事プレス、2012年5月9日）、海事プレス、2012年7月4日、2012年10月4日。
[2]　海事プレス、2013年8月7日、2013年9月3日。

いことは、業界からの退出を意味する。このような環境下、船主は「何を考え、何をなすべきなのか」。

本稿ではまず、船主を取り巻くビジネス環境の変化について具体的な事例を挙げ、今後、従来の国内完結型ビジネスモデルを維持していく上での注意事項について述べる。次に、ビジネスモデルの一部修正も視野に入れた財務戦略と戦術及び金融機関との交渉手順を具体的に示し、船主が厳しい環境下においても金融機関からより競争力のある条件で新規の融資を得て、持続的な成長を実現するための方策を体系的に提案する。

II　ビジネス環境の変化と従来型ビジネスモデルを維持していく上での注意事項

1　船主を取り巻くビジネス環境の変化（2013年9月現在）
(1) 船価と投資

①海運バブル[3]による船腹過剰により需給バランスは崩れ、新造船、中古船共に船価は底値圏にある。省エネ且つエコタイプの新造船を安く建造出来ることは投資を検討する上で好都合だが、中古船価が安いことは売船キャッシュフローを狙う上で不都合である。

②船価の観点からは絶好の投資機会といえる一方で、傭船マーケットはケープサイズバルカーで改善がみられるものの（Approximate Dry Bulk Charter Rate 参照）、総体的に2012年以降低迷が続いており、船腹過剰の状況や海運市況の先行き不透明感を考慮すると、投資判断は容易でない。投資機会を探る船主、投機的な動きを強める海外の船主やファンドもある。

③商社は、従来までの船主向けに造船、傭船、融資をパッケージで売る手法が困難となる中、海外のオペレーターや荷主とのジョイント・ベンチャ

---

[3] 2003年後半から2008年前半にかけての時期。当時、BRICs（ブラジル、ロシア、インド、中国）などの新興国、特に中国の経済発展に伴い、豪州やブラジルから同国への鉄鉱石・石炭輸出が旺盛だったこと、投機マネーが運賃先物の売買に流入したことなどで、バルカーの海運市況が暴騰、ケープサイズのスポット運賃は、瞬間的に20万ドル／日を超え、大手オペレーター3社もそれを満喫、2008年3月期は、各社過去最高益を記録した。しかし、2008年9月15日のリーマンショックを契機に突入した金融危機を境に、海運市況は暴落した。

Approximate Dry Bulk Charter Rate (US$/Day)

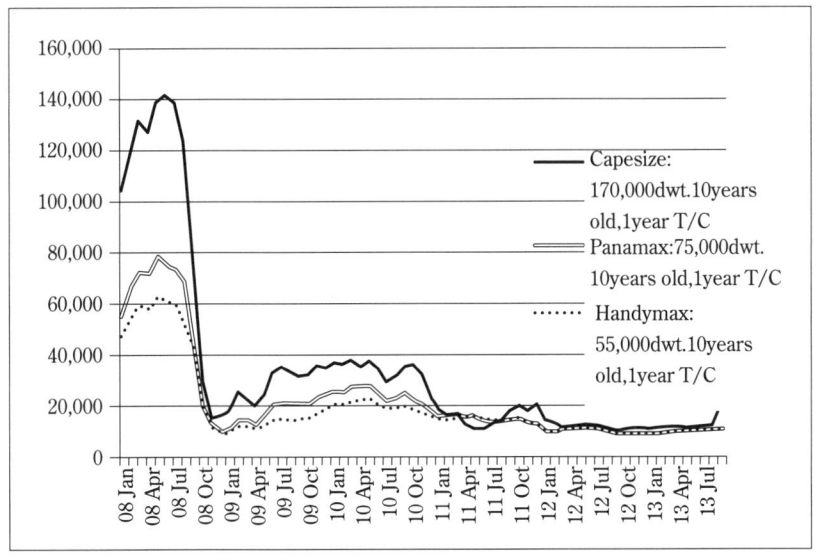

（出所）マリンネット／Drewry Shipping Consultants

―[4]）の立ち上げ、JBIC（Japan Bank for International Cooperation、国際協力銀行）と民間金融機関の協調融資の組成なども含めた国内造船所建造船舶の国外販売、また、同船舶を商社自身や船主が一旦所有する形で、日本以上に金融機関の融資姿勢が厳しい欧州のオペレーターへ傭船に出す方策などを探っている。

（2）国内市場規模の先細り

　船主業界の国内市場規模は先細りの傾向を見せており、その具体例は以下に示す通りである。

　①日本経済は、成熟化、産業の空洞化、人口の減少などから縮小傾向にある。

　②オペレーターは船余り、船主から新たな船を傭船するニーズは低い。

　③オペレーターの新規船舶投資は必要最低限に抑えられており、船主が得

4）　商社と海外オペレーターや荷主が互いに出資をして新会社を設立し、船主業を行うことなど。

意としないLNG船、ドリルシップ[5]、PSV（Platform Supply Vessels、プラットフォーム・サプライ船）・AHTS（Anchor Handling Tug Supply Boats、アンカーハンドリング・タグサプライ船）などのオフショア支援船[6]、重量物船[7]といった船種へ移行している。

④オペレーター自身が高い経営目標を掲げており、今後、船主に対して厳しい要求を突き付けてくる可能性がある。

⑤船主にとって、大手オペレーターであってもカウンターパーティリスク（信用リスク）[8]があり、契約すればそれで安泰という訳ではない。

⑥これまで船主が得意としてきたビジネスモデル「国内の取引先との長期契約」は、成り立ちにくくなっている。

2　従来型ビジネスモデルを維持していく上での注意事項の考察

国内で船主が新造船を建造してオペレーターや荷主へ当該船舶を傭船に出す「従来の国内完結型ビジネスモデル」を維持していくためには、傭船者側の事情やニーズを察知し、予め問題点の洗い出しと整理を行い、誠実且つ適切な対応を講じる必要がある。本節では、2012年8月29日付 日本経済新聞「戦略を聞く」[9]から傭船者側の事情について一部要点を抜粋し、この記事か

---

5) ドリルシップは、船に掘削機器などを取り付け、主に海底油、ガス田の探査、掘削を目的とした浮体式海洋掘削リグの一種である。
　（川崎汽船株式会社ホームページ事業紹介「ドリルシップ」（http://www.kline.co.jp/service/energy/drillship/）（最終閲覧日2013年9月30日））
6) PSVは、主に石油、ガス田開発リグへの資材や燃料の輸送などに従事する「海のトラック」であり、AHTSは、VLCC（Very Large Crude oil Carrier、大型石油タンカー）並みのプロペラ出力を利用して、油田、ガス田を掘削するリグを牽引して移設したり、リグのアンカーを巻き上げたりする。
　（川崎汽船株式会社ホームページ事業紹介「オフショア支援船」
　（http://www.kline.co.jp/service/energy/osv/fleet.html）（最終閲覧日2013年9月30日））
7) 重量物船は、エネルギー産業やインフラ関連の大型貨物などを輸送する。
　（川崎汽船株式会社ホームページ事業紹介「重量物船」（http://www.kline.co.jp/service/heavylift/）（最終閲覧日2013年9月30日））
8) カウンターパーティリスク（信用リスク）とは、傭船契約の船主においては、傭船者の財務状況の悪化などの理由から、傭船料の支払い遅延や不払いが生じることで船主が損失を被るリスクのこと。

(1) 傭船者側の事情

①船主から船を借りる際の傭船契約、特に、傭船料の見直しが課題のひとつ。

②複数年にわたって借りる契約を交わすと、2012年8月現在の様に市況が悪い場合、マーケットよりも割高な傭船料を船主に支払わなければならない。

③一年以内の短期契約を増やしマーケットリスクを船主にも転嫁することで、支払傭船料の負担を柔軟に変えていきたい。

(2) 船主側の注意事項

特に、「一年以内の短期契約を増やし、マーケットリスクを船主にも転嫁する」というところはオペレーターとの傭船交渉だけでなく、金融機関との借入交渉においても問題になることが予想され、以下の観点から細心の注意を払う必要がある。

①為替、金利、船舶管理費用に加え、マーケットという4つ目のリスクを負うことになる。

②借入金の元利返済原資である傭船料収入が、市況に左右され将来不安定になる可能性があり、当該船舶の長期収支予想の見通しが困難になる。

③既存の3つのリスクに加え、マーケットリスクの判定をどのように行うのか、新たなルールや基準作りが必要になる。

④金融機関の融資回収リスク判定次第では、金融機関からの融資を得られない可能性がある。

III 財務戦略と戦術 及び 金融機関との交渉手順

財務戦略と戦術を立案する際の基本的な考え方は「何をすれば、より良い条件で金融機関から融資を得られるのか」であり、金融機関と強気且つ謙虚

---

9) 傭船者側の事情 ①〜③は、日本経済新聞2012年8月29日-朝刊12版15面「戦略を聞く」より引用。なお、2013年9月現在、執筆者の所属する船主に対しオペレーター各社から報道されたような要求は一切ない。

に交渉するためには、(i) 自社について客観的に優劣と長短を把握し、(ii) 財務情報開示の透明性と公正性を確保し、(iii) 常日頃から金融機関との密な関係作りに努め、最終的に金融機関の担当者が自社のことを「優良先」と行内、社内で説明しやすい環境を整えることである。

1　持続的成長を実現するための財務戦略と戦術
(1) 金融機関との付き合い方

船主にとってメインバンクを中心とした金融機関との付き合いは必要不可欠なものである。しかし、同時に船主側に求められるのは、金融機関側の変化を的確に捉え、財務戦略と戦術の立案及び実行に反映させることである。そのために船主は、常にアンテナを高く掲げ、情報収集を怠らず精度の高い価値ある情報を入手し、金融情勢、金融機関側の内部事情及び自社に対する融資スタンスなどを細かく分析し、把握しておかなければならない。

①大局的な金融情勢の把握　　2013年9月現在、船主を取り巻く情勢は以下のようである。

1) 総体的に不健全な船主の財務状況、海運市況の低迷と先行き不透明感、新たな海外オペレーターの経営破綻などにより、船主向け融資に対する見方は引き続き厳しい。

2) 世界の中央銀行は金融緩和競争を行い、日本銀行も異次元の緩和政策をとっている。金融市場には余剰資金が溢れる一方で、金融機関の事業会社向け設備投資資金貸出は必ずしも伸びていない。金融機関は運用難である。

3) 新規の貸出が増加しなければ、貸出残高は約定返済が進み減少する。金融機関（営業部門）の意向は「財務状況のよい船主には貸したい。」であり、優良船主に対する融資姿勢は緩和傾向にある。

②リスク管理の厳格化　　金融機関のリスク管理は、従来よりも厳しさを増す傾向にある。金融機関によるチェックに先んじて、自社の現状と将来の予想の見直しを行っておくことが、優良な融資先としてのアピールになる。

1) 融資船個別及び会社全体（親会社、子会社、グループ全体）の短中長期の売船を含む収支計画の見直し　　例えば、海運バブル当時、1米ドル＝100円で健全と考えられていたドル円レートを80円に置き換えたり、2千万米ドル

で売れると考えられていた船を1千万米ドルで売る前提に変更したりして、保守的に収支計画の見直し（一種のストレステスト）を行う。また、傭船者の中に信用力が低いと推察される先が含まれる場合は、最悪のケースを想定して、当該傭船者から契約船が返船される前提で、傭船料を必要に応じて収支計画見直し時のマーケット水準にまで引き下げ、更に厳しい見直しを検討する必要がある。

2）現預金残高と融資残高の推移確認　収支計画の見直しを踏まえ、将来の現預金と融資残高の推移を再確認する。

3）傭船者の信用力調査　現行契約の傭船者である内外オペレーターの信用力を、同オペレーターとの面談、同オペレーターの評判、財務情報、格付変動、上場廃止の有無などから、再調査する。

4）金銭消費貸借契約の停止条件[10]及びコベナンツ条項[11]の維持確認　予め契約で設定されている条件がしっかりと守られているか、あるいは予め設定した条件に該当する事態が起きていないか再確認を行う。

5）借入人（船主）及び借入人がSPC（Special Purpose Company、特定目的会社）の場合は、その親会社の財務諸表に対する監査法人による監査要求　一般的に船主は、上場企業に比し利害関係者の数が少なく、会計監査人による監査は義務付けられていない。しかし、より競争力のある条件で新規の融資を得て持続的な成長を実現していくためには、金融機関からの要請の有無に関わらず、必要最低限のコストをかけ、公表する財務諸表を会計基準に沿って正しく作成し、正確な財務状況や経営成績を開示することが重要になる。

③自社に対する融資スタンス　予め金融機関と、以下項目について制限の有無を確認し、新規船舶投資案件毎に、自社のニーズに合致する金融機関とそうでない金融機関を選別して把握する。また、金融情勢、業界の見通

10）停止条件とは、予め設定された条件を借入人が満たすことが出来なければ、貸付人の貸出義務が発生しない条件のこと。

11）コベナンツ条項とは、契約書に規定される借入人の義務、制限などの特約条項のこと。借入人がコベナンツ条項に違反する事態となった場合、契約の条件に従い期限の利益の喪失事由に該当することになる。

し、借入人の財務状況などによって融資スタンスは変化するため、少なくとも半年に一度は この確認作業を行い、各金融機関が自社に対してどのようなスタンスを持っているのか、常にアップデートしておく必要がある。

1）融資対象船

　i）船籍　　過去に実績のない船籍については、抵当権者（金融機関）の権利を守る観点から当該船籍国の法律が整備されているかが重要になる。

　ii）船種　　荷物が原重油の場合、油濁リスクの管理が困難、故に 融資不可といったケースは考えられないかなど、船種に対するポリシーを確認する。

　iii）航路及び運送　　大型石油タンカーの米国配船や、ソマリア沖、アデン湾、西アフリカ沖（海賊多発海域）及び戦争地域へ配船される可能性のある船に対するポリシーを確認する。

　iv）傭船先　　傭船者が「海外」あるいは「フリー船[12]」の場合の融資の可否と、そのための条件を確認する。

　v）傭船期間　　最低年限の有無を確認する。

　vi）造船所　　海外の造船所で建造した船に対する融資の可否と、担保価値の見方が日本の造船所で建造した船と異なるのか、異なる場合はその差を確認する。

　vii）中古船　　中古船買船に対する融資の可否を確認する。

2）融資金額と融資割合

　i）一隻あたりの融資制限額

　ii）総船価に対する融資割合　　求められる手元資金の内入れ割合を確認する。

3）融資通貨

　i）米ドル建て融資　　米ドル建て融資の可否、採用されるLIBOR（London Inter Bank Offered Rate、ロンドン銀行間取引金利）などの指標金利、また、円建て融資に比し、どのくらいスプレッドでコスト高になるのか確認する。

---

[12]　フリー船とは、傭船契約が付いていない船のこと。

ii）マルチカレンシー融資[13]　　マルチカレンシー融資の可否、また、マルチ対応に伴うスプレッド割増の有無を確認する。

4）融資期間と返済方法

i）事前コミット　　複数年先に竣工する船への融資及び条件を、事前にコミット出来る年数を確認する。あわせて、船価割払いのための建造中融資の可否と、可能な場合は、スプレッド水準や債権保全の条件を確認しておく。

ii）竣工からの最長融資期間

iii）融資期間と傭船期間の合致　　融資と傭船の契約期間を合致させる必要があるか確認する。

iv）返済方法　　基本は元本均等15年完済ベース。期間が15年未満の場合は同ベース、期限残高一括返済でよいか確認する。

5）債権保全　　債権保全の中でも以下事項は、将来の海外傭船や過去の海難事故経験から、特に注意すべきである。

i）傭船契約若しくは傭船料債権譲渡の要否　　第一順位の抵当権設定、船舶保険金（船体保険、船舶戦争保険）の受取請求権譲渡若しくは質権設定及び借入人がSPCの場合、親会社の保証のみで融資は可能か、また、借入人よりも行内や社内の格付けが下と思われる傭船者であっても、敢えて手間とコストをかけ、形式的に傭船料債権を譲渡する必要があるか確認する。

ii）LOSS PAYABLE CLAUSE と質権設定承諾書の文言　　衝突事故や救助を伴う海難事故発生時、保険会社が、迅速に「衝突」または「救助」に関する「保証状」を発行する権利を付与されているか確認する。原則として、LOSS PAYABLE CLAUSE は、保険金の受取請求権譲渡の合意に基づき、保険会社が譲渡担保権者（金融機関）へ直接保険金を支払う旨約束するものであるが、譲渡担保権者の事前承諾なしに「保証状」が迅速に発行されなければ、(i) 衝突した相手船主や救助業者から本船が拘留され本船の運航に多大な支障が生じる、(ii) 長期間のオフハイヤー

13）マルチカレンシー融資とは、借入通貨を複数の通貨から選択することが可能な融資のこと。

の発生により譲渡担保権者に不利益が及ぶ、(iii) 油濁の拡大による環境損害などの可能性があるため、予め金融機関に事情を説明し、譲渡人（船主）と譲渡担保権者がお互い納得した上で、LOSS PAYABLE CLAUSE に以下文言を表記しておくべきである。

Notwithstanding the terms of the Loss Payable Clause(s) above, unless and until the underwriters(insurers) receive written notice from the Assignee to the contrary, the underwriters(insurers) shall be empowered to arrange for a collision and/or salvage guarantee to be given in the event of bail being required in order to prevent the arrest of the Vessel or to secure the release of the Vessel from arrest following a casualty. Where a guarantee has been given as aforesaid and the guarantor[14] has paid any sum under the guarantee in respect of such claim, there shall be payable directly to the guarantor out of the proceeds of this Policy a sum equal to the sum so paid.

（和訳）

　上記てん補金支払条項の内容にかかわらず、保険会社が譲受人から書面による異議の通知を受けない限りにおいて、海難事故の発生に伴う被保険船舶の差押えの防止または差押えの解除を確保するために要求される担保の提供を行うときに提出される衝突または救助に関する保証状について、保険会社は手配する権利を有するものとする。

　前述の保証状が提出された場合において、保証人が保証状に基づいて当該損害に関して何らかの金額を支払ったときは、この保険証券のもとで支払われる保険金から保証人が支払った金額と同額の金額が保証人に直接支払われるものとする。

　また、受取保険金に質権を設定する場合は「衝突損害賠償金」ならびに

---

[14] guarantor（保証人）とは、保証会社が間に入り、賠償先に保険金を先払いするケースにおける保証会社を指す。保険会社自身や銀行が保証人になるケースもある。

「損害防止費用」に質権を設定しないようにする。なお、質権設定の目的は、抵当目的物である船舶に損害があった場合、当該船舶の経済的価値代替物である保険金請求権から、優先弁済を得る方法を確保することであり、この点に鑑みれば「全損」および「修繕費」の保険金を質権の対象とすることで、質権者（金融機関）は本来の目的を達せられることになる。従って、そもそも「保証状」を迅速に発行するという問題の以前に、「衝突損害賠償金」ならびに「損害防止費用」は、質権の対象物とされるべきではない。

　6）停止条件とコベナンツ条項　　金銭消費貸借契約の、特に、停止条件やコベナンツ条項が、以前より厳しくなっていないか、また、新たに追加された条項や文言はないか確認する。

　7）デリバティブ　　金利スワップ、先物為替予約などの取引に係る制限はないか確認する。

　8）協調融資　　他の金融機関との協調融資の可否を確認する。

　9）その他　　円建て融資、米ドル建て傭船料となった場合、案件における為替リスクの判定をどのように行っているかなど確認する。

(2) 財務戦略と戦術の立案及び実行

①手元資金の維持　　一般的に、円高で、船舶管理費用が高騰し、海運市況が低迷している時期は、既存船について予定通りの「収益性」を確保することが困難であるため、手元資金を厚くし「安全性」と「債務返済能力」の高さを維持することが重要である。

②財務情報の開示　　今後は「可視化」と「厳格化」が、従来以上に重要になる。船主も社会情勢に沿った判断が求められていることを認識し、改善すべき事項は改善してフォローする必要がある。より一層自社の透明性を高め、金融機関のリスク管理に協力し、同時に意見交換をすることで「厚い信頼関係」を構築する。更に、義務がなくても自社の実態を掴む意味も含め「監査証明」付で「連結決算報告」を行う。

③情報の共有　　金融機関へ経営理念や将来のビジョン、今後取り組みたい船種など、明確且つ具体的に説明の上、自社の情報を共有する。新規船舶投資の際、金融機関が直ちに融資のアクションを起こせるよう、常日頃から「密な関係作り」を心がける。

④保守的な長期収支予想(5年以上)の作成　個船及び会社全体の長期収支予想を作成し、各年度及び将来のキャッシュフロー、特に、手元資金を把握する。なお、本収支予想の作成目的は、財務状況のワーストケースを把握することであり、厳しい条件の下「年度キャッシュフローがいつまでプラスなのか」また「その貯えがいつまで続くのか」を確認することである。従って、予想期間中未確定の傭船料、船舶管理費用、DOCK費用、保険料、売船船価、ドル円レートなどは、過去の実績と収支予想作成時の水準を勘案して保守的に見積もることが重要である。そして、作成した収支予想は定期的に実績を含めて金融機関に提出し、内容の説明を行う。

<u>補足1　船舶収支に影響を及ぼす要因とその要因を変動させる事項</u>

1）新造船価と中古船価　世界経済の動向、新造船の供給圧力、既存船の解撤、傭船マーケットの動向、ドル円レートなど。

2）金利とドル円レート　世界経済の動向、金融マーケットの動向など。

3）傭船料と運賃　世界経済の動向、新造船の供給圧力、既存船の解撤など。

4）オフ・ハイヤー　DOCK、事故発生に伴う不稼働期間の有無など。

5）船舶管理費用、修繕費と運航費用　DOCKや事故に伴う修繕の有無、船員費、潤滑油費、港費及びバンカー価格の上昇など。

6）船舶保険料とP&I保険料　契約者個別及び保険契約者全体の保険成績、免責額の設定、契約隻数の増減など。

7）国際条約、ルールの改正及び新規発効　新たな資本的支出の発生、バラスト水処理装置の設置など。

8）税制改正　減価償却資産の償却方法、圧縮記帳[15]（特定資産の買換特

15）圧縮記帳とは、特定の固定資産の譲渡益や国庫補助金等の受贈益について、新たに取得する固定資産の価額を圧縮（減額）することにより、課税を延期するための税法上の措置をいう。圧縮記帳は、課税の繰り延べを行うものであり、その後の減価償却費が少なくなること等により税の取り戻しが行われる。一定の政策目的等を実現するために、たとえば環境低負荷船等特定資産の買換の場合等の圧縮記帳などがある。(国土交通省海事局用語集「圧縮記帳」(http://www.mlit.go.jp/maritime/dic/a.html)（最終閲覧日2013年9月30日))

例)、外航船舶の特別償却制度[16]の改正など。

　補足2　長期収支予想から見えること

　1）手元資金の内入れ割合の高い船、期限前返済の実施により負債の軽くなった船、デットフリー船は、その収益性とキャッシュフロー創出能力が高い。但し、多額の先行投資資金を回収しているだけで、見た目数値が良いケースや、内入れ割合が高い分、投資利回りが低くなるケースもある。

　2）オフバラ買船[17]した船の収益性とキャッシュフロー創出能力は、共に低い傾向にある。特に、米ドル建て傭船料と円建て借入の通貨が一致していない船は為替変動の影響を受けやすく、円高が継続すれば赤字になるケースもある。また、案件検討時の見積もり以上に船舶管理費用（特に、船員費、潤滑油費、DOCK費）が高騰したことも、収益性とキャッシュフロー創出能力

---

[16] 特別償却制度とは、減価償却資産について通常の減価償却額以上に超過償却を実施できる措置をいい、特に租税特別措置法の規定による減価償却のことを指す。政策的な見地から特定の事実等がある場合に、事業供用の初年度に取得価額の一定割合の特別償却限度額を認める制度であり、環境低負荷船等特定設備の特別償却制度などがある。

（国土交通省海事局用語集「特別償却制度」（http://www.mlit.go.jp/maritime/dic/ta.html）（最終閲覧日2013年9月30日））

なお、国土交通省は、平成25年度税制改正（租税特別措置）要望事項（延長）の中で、同制度について「我が国の市場経済、貿易活動、国民生活を支える基盤である外航海運の設備投資環境を整備し、船舶の代替建造を可能とする税制であり、諸外国においても特別償却や加速度償却等により短期間で相当程度の償却が可能な制度」と説明している。また、同省は同制度の政策背景として、（ⅰ）環境負荷低減船への誘導を図ること、（ⅱ）厳しい国際競争に晒されている中で、代替建造を促進し、我が国商船隊を競争力のある形で安定的に維持整備していくことなどを挙げている。

《外航船の特別償却率》日本籍船：18/100　外国籍船：16/100

（国土交通省「船舶に係る特別償却制度の延長」

（http://www.cao.go.jp/zei-cho/youbou/2013/doc/mlit/25y_mlit_k_18.pdf）（最終閲覧日2013年9月30日））、国土交通省海事局外航課　日本船主協会会員対象　プレゼンテーション資料「船舶の特別償却制度について」（今治会場：平成25年3月15日、東京会場：平成25年3月22日）を参照。

[17] オペレーターは、船舶の「オフバランス化」、自社が造船所に発注した船を長期の傭船契約とセットで主に船主へ売船し、当該船舶を自身B/S（Balance Sheet、貸借対照表）の固定資産に計上しないことをすすめた。船主がオフバラ買船した結果、オペレーターは資産、負債を増やさずROA（Return On Assets、総資産利益率）やDER（Debt Equity Ratio、負債比率）などの財務比率を改善させることが出来た。投資による支出を減らし、より強い財務基盤を維持したい狙いもあったと考えられる。

3）海運バブル時代に発注した船は、概して船価が高く、元利の返済負担が重いため、契約した傭船料次第では、損益とキャッシュフロー共に赤字となるケースもある。なお、当該船舶の赤字分を他船でカバー出来れば、会社全体では収支計画期間中のキャッシュフローに大きな問題は無いことが説明出来る。

　4）収益性とキャッシュフロー創出能力の高い船がいつなくなるのか、また、いつまで年度キャッシュフローはプラスなのか、あるいはその貯えが続くのか、といったところから新規船舶投資のタイミングや既存船の売船時期が推し量れる。

　5）傭船料がマーケットに連動する船は、1,000米ドル/日の増減が、損益とキャッシュフローに与える影響の目安を以下の要領でとらえ、個船及び会社全体のマーケット耐久力を確認して把握する。

<u>1,000米ドル×365日×99％×＠¥100≒36百万円</u>（本船稼働率99％、1米ドル＝100円として例示）

　6）為替リスクのある船はドル円レート1円あたりの、金利リスクのある船は円、米ドル金利1％あたりの、損益とキャッシュフローに与える影響を、其々確認して把握する。

　⑤海外傭船のブレイクスルー　　予め確認した海外傭船に対する融資スタンスを踏まえ、国内の大手オペレーター若しくは荷主による長期傭船がつかない案件でも融資を得られるよう、金融機関と相談しながら工夫をする。

　1）傭船者の選択とモニタリング　　海外傭船者でも上場企業のような財務情報を入手しやすい会社や信用力の高い会社を出来るだけ選び、傭船者リスクを軽減する。モニタリングについては、財務情報の入手は勿論のこと、契約後も定期的に傭船者を訪問して会社の状況を、船主自らの目と耳と勘で調査し、モニタリングした内容は金融機関へフィードバックする。

　2）内入れ割合の引き上げ　　LTV（Loan To Value ratio、ローン資産価値比率）[18]が1を超えない様、出来るだけ船は安く仕込み、必要に応じて手元資

18）LTVとは、担保の価値に対する借入金の比率を求めるもので、LTV＝借入金額（残高）÷船

金の内入れ割合を高め、金融機関のリスクを低下させる。これは同時に、万一、傭船者の事情で傭船契約が不履行になった場合の船主の機動力と退路を確保することにもつながる。

3）会社全体のキャッシュフロー　傭船者の信用力が高くなかったり、フリー船、スポット及び短期の傭船契約を締結する場合などは、当該新造船の年度キャッシュフローが赤字になっても、既存船のランニングキャッシュフローや売船キャッシュフローでその赤字分がカバー出来ることを、長期収支予想から「定量的」に説明する。加えて「既存船の時価／債務残高比較表」や「手元資金推移予想表」などの財務資料を定期的に作成し、必要に応じて金融機関に提出する。

4）アセットファイナンス[19]　日本の金融機関が船主に融資をする際の判断基準は主に、「借入人の財務状況や経営者の力量」、「傭船者の信用度と傭船料収入による返済原資の確保」の2つであるが、海外の金融機関が注力しているようなアセットファイナンス的アプローチの可否を確認して検討する。

⑥新規船舶投資と投資基準　船主が厳しい状況に陥るに至った原因のひとつは、海運バブル当時、将来の企業価値を高めない節税目的の過大新規船舶投資を行ったことである。採算度外視で船を建造しないために、PP（Payback Period、回収期間）法[20]、NPV（Net Present Value、正味現在価値）法[21]、IRR（Internal Rate of Return、内部利益率）法[22]などの投資評価法を採用

船の担保価値（時価評価額）で計算される。重要なのは、竣工（貸出実行）から 例えば5年後や10年後の担保価値が借入金残高より上なのか、下なのか。常に担保価値が借入金残高より上（LTVが1以下）なら、金融機関が「貸さない」という要因がひとつ減少する。

19) アセットファイナンスとは、特定の船舶（資産）の担保価値に基づき、当該船舶から生じるキャッシュフローを返済原資として行う資金調達のこと。なお、借入期間中、船舶の担保価値が下がりLTVが0.7〜1を超えると借入人は当該差額分の期限前返済や追加担保の差し入れが必要となる、LTV条項が付くことがある。

20) PP法とは、投資した金額をどのくらいの期間で回収できるか（回収期間）を測定する方法。（新日本有限責任監査法人2012年8月13日付コラム「設備投資の経済性計算（5）-回収期間法」（http://www.shinnihon.or.jp/shinnihon-library/column/shimizu/2012/2012-08-13.html）（最終閲覧日2013年9月30日））

21) NPV法とは、今、キャッシュ・アウトフローが生じ、将来にキャッシュ・インフローが生

して、社内の投資基準を策定する。

　⑦米ドル建て借入　金利負担の観点からは円建て借入が有利な状況は続きそうであり、また、将来の円安局面を想定すると、円で借入を継続すべきとの結論に至る。しかし、フリー船については、傭船マーケットと為替、2つのリスクテイクを避ける意味で、全額若しくは一部の米ドル建て借入を検討する必要がある。

　⑧金融機関の貸出抑制と資産圧縮　今後さらにオペレーターが破綻する事態が起きた場合、金融機関の船主向け融資に対する見方がより一層厳しくなることは必至であり、これまで船主向け融資の1つの判断基準とされてきた「傭船者の信用力による融資」という考え方自体、根底から覆る可能性がある。また、過去に起こったような金融市場の混乱が再来した場合、金融機関自身が貸出抑制や資産圧縮を余儀なくされる可能性もある。

　その対策として、(i)結果、「金融機関が貸したくても貸せない」事態が起こり得ることに留意する、(ii)投資資金は出来るだけ自ら貯めておく、(iii)企業価値を高めてくれそうな投資案件が出てきた場合、LTVを睨みながら借りられるだけ借入を実行しておくことなどが考えられる。また、注意点として、(i)あまり貯め過ぎると預借率[23]が高まり、預金金利と借入金利

じる場合、将来のキャッシュ・インフローを現在価値に割引き、これと今のキャッシュ・アウトフローとを比較する方法。(新日本有限責任監査法人2012年6月27日付コラム「設備投資の経済性計算(3)-正味現在価値法①」(http://www.shinnihon.or.jp/shinnihon-library/column/shimizu/2012/2012-06-27.html)(最終閲覧日2013年9月30日)、同2012年7月17日付コラム「設備投資の経済性計算(3)-正味現在価値法②」

　(http://www.shinnihon.or.jp/shinnihon-library/column/shimizu/2012/2012-07-17.html)(最終閲覧日2013年9月30日))

22)　IRR法とは、貨幣の時間価値を考えながらどのくらいの利益率が得られるのかを計算する方法。NPV＝0となる、つまり、資本コストを含めた総キャッシュ・アウトフローが、総キャッシュ・インフローと等しくなる時の割引率がいくらになるのかを計算して、仮に資本コストがわかっていれば、ここで計算される内部利益率と比較し、内部利益率＞資本コストとなれば、望ましい新造案件ということになる。もし、資本コストがわかっていなくても、目標となる利益率があれば、それを超えるかどうかを知ることも出来る。(新日本有限責任監査法人2012年7月30日付コラム「設備投資の経済性計算(4)-内部利益率法」(http://www.shinnihon.or.jp/shinnihon-library/column/shimizu/2012/2012-07-30.html)(最終閲覧日2013年9月30日))

23)　預借率(％)＝ 現預金／(短期借入金＋長期借入金)×100

のレート差分、費用負担が生じ資金運用として非効率になる、(ii) 預借率の高さは、借入交渉のカードとして上手く使用することなどが挙げられる。

2　金融機関との交渉
(1) チャレンジング且つ到達可能なゴールの設定
以下3点に注意をして、借入条件、特に、スプレッドと債権保全の条件についてゴールを設定する。

①集めた情報から、最新の金融情勢や各金融機関の融資スタンスなどを、緻密に分析して把握する。

②ゴールは、自社が過去に契約したベストの条件や直近に契約した条件及びオペレーターや同業他社への融資状況を目安に、より明確化且つ具体化する。

③低スプレッドや有利な債権保全の条件の獲得で、自社の財務力を前回の金融機関との交渉時以上に高める。

(2) ゴールを達成するための手順
より競争力のある条件で融資を得るために、策定した財務戦略と戦術に従って、自社の強みを最大限に生かしながら、以下の手順で金融機関との交渉に臨み、最終的な借入金融機関及び借入条件を決定する。

①借入金融機関の候補選定　　予め確認した自社に対する融資スタンスを踏まえ、本船舶投資案件の借入先候補を選定する。

②借入シェアの確認　　借入先候補を選定する際、あわせて将来の借入金残高のシェアを確認する。具体的には、会社全体でみた新規借入実行後の金融機関別シェアを、向こう5年分、必要に応じて複数のパターン、期末ベースでチェックをする。なお、チェックの際は、以下事項に十二分に注意を払う。

1）メインバンクとその他金融機関のシェア。

2）新造船の建造資金を一金融機関から全額借りた場合、当該金融機関のシェアが急上昇すること（上昇度合いは、借入額によって異なる）。

3）協調融資の可能性。

③預金残高、預金シェア及び預借率の確認　　借入シェアとあわせて、投

資検討時の預金残高、預金シェア及び預借率を確認しておく。特に、預金残高の高い先は、実質、自社の預けた資金を借入する形となり、預金金利と借入金利のレート差分 利息負担が増えていないかチェックが必要である。

④暫定的な借入金額の決定　社内の投資基準で定められている手元資金の内入れ割合を踏まえ、円建ての借入金額を暫定的に算出する。同時に、他の投資計画も踏まえた会社全体の資金計画から、最大で幾らまで本船舶投資に内入れが可能なのか把握しておく。

⑤船舶投資の説明　選定した金融機関に対し、本船舶投資案件について、可能な限り明確且つ定量的な説明を行う。

１）投資理由と目的　何故今なのか、この船種でこの船型なのか、この傭船者なのか、この造船所なのか、手元資金を内入れして将来の「企業価値」を引き上げることが出来るのか。

２）案件説明　以下項目についての概要と自社の希望する借入条件を提示して説明する。

ⅰ）本船建造　造船所、買主、船種、船型、船価、竣工時期、船籍など（中古船買船の場合もこれに準じる）。

ⅱ）傭船条件　傭船者、船主、傭船形態、傭船料、傭船期間、期間延長あるいは買い取りオプションの有無など。

ⅲ）借入条件　借入人、借入金額、借入期間、返済方法、スプレッド、債権保全、デリバティブ取引の有無など。

ⅳ）収支予想　本船の建造価格、傭船料収入、借入金額とスプレッドなど、確定事項と未確定事項については想定により前提条件を定め、収支計算書を作成する。なお、為替、金利、船舶管理費用などのリスク項目の取り扱いについては、金融機関と相談して摺り合わせを行っておく。また、特に、為替リスクについては円高耐久力を把握して、金融機関に説明が出来るよう整理、準備をする。

⑥長期収支予想のアップデートと説明　船舶投資の説明を行う前に、個船及び会社全体の長期収支予想をアップデートし（必要に応じて、傭船料、船舶管理費用、DOCK費用、保険料、売船船価、ドル円レートなどを、投資検討時の水準に修正し）、将来のキャッシュフローを確認しておく。そして、万一、当該船舶

が赤字となっても、その分を他船でカバー出来ることを示し、会社全体では収支計画期間中の「債務返済能力」に問題が無いことを説明する。また、資金計画の観点から、傭船契約若しくは傭船料債権譲渡を条件としない融資への取り組みについて金融機関と話し合う材料にする。

⑦最終的な借入金額の決定　予め確認した借入金額に対するスタンス、以下事項及び交渉内容を踏まえ、借入金額を決定する。

　1）投資基準に基づいて算出した暫定借入額。

　2）他の投資計画も踏まえた会社全体の資金計画より算出した本船舶投資に内入れ可能な最大手元資金額。

　3）本船の傭船料収入から船舶管理費用などを差し引いたキャッシュフローのみで元利返済が可能な最大借入額。

　4）LTVの引き下げと、それに伴うスプレッドの引き下げ効果。LTVの数値上昇に比例して金融機関のリスクは高まるため、手元資金の内入れ割合を引き上げてLTVを引き下げ、金融機関のリスクを低下させることで、どれだけのスプレッド引き下げ効果が期待できるのか。

　5）LTVの引き下げと、それに伴う債権保全の条件の緩和効果。LTVを引き下げ、金融機関のリスクを低下させることで、傭船契約若しくは傭船料債権譲渡を条件としない融資への取り組みが容易になるのか。

⑧借入通貨　借入は、先ず円建てで検討を行うが、予め確認した融資通貨に対するスタンス、以下事項及び交渉内容を踏まえ、最終的な判断をする。

　1）本船の傭船料／日は幾らなのか。為替リスクのヘッジのため、追加コストを支払って米ドル建てで借入を実行した場合、キャッシュフローはプラスになるのか。

　2）新規船舶投資案件の円高耐久力を踏まえた上で、日本銀行の緩和政策の継続に伴う円の低金利と円安局面を想定してリスクテイクするべきか。

⑨借入期間と返済方法　予め確認した借入期間と返済方法に対するスタンス、以下事項及び交渉内容を踏まえ、借入期間と返済方法を決定する。

　1）借入と傭船の契約期間を合致させるか。

　2）傭船期間に延長オプションがある場合、同オプションが最大期限行使

された場合を想定して「本契約期間＋オプション期間」を借入期間とするか。

3）融資と傭船の契約期間を合致させる必要がない場合、借入期間の長短によりスプレッドが変わるのか。

⑩債権保全の条件　予め確認した債権保全に対するスタンス及び交渉内容を踏まえ、条件は決定するが、特に、傭船契約若しくは傭船料債権譲渡を条件としない融資については、以下理由から優先度を高く考えたい。

1）「傭船契約譲渡契約書」若しくは「傭船料債権譲渡契約書」及び同契約書に関わる書類の作成、手配の手間と発生するコストを減少させる。

2）所有船に多様性を持たせるため、低船価に着目して投機的に新造船を建造する場合、海運市況の低迷が継続すると、損失を最低限に抑えるため、長期の傭船契約を締結せず、海外傭船も含めたスポットや短期の契約によって厳しい局面を乗り切ることも想定される。そしてそのような場合、傭船者から傭船契約若しくは傭船料債権譲渡の承諾を得ることは困難である（現実的ではない）。

3）海外傭船者の場合、傭船契約若しくは傭船料債権譲渡の承諾を求めると、傭船料の引き下げを条件にされる場合がある。

⑪デリバティブ　予め確認したデリバティブに対するスタンス、過去の経験及び今後の金融情勢を踏まえ、デリバティブに取り組むべきか判断をする。

1）為替については、円高を利用して「先物為替予約」を行い、米ドル建てで新造船を建造するケースもあったが、円高が是正された結果、円キャリートレード[24]的手法を採用する意義が薄れている。

2）金利については、採算の範囲内であれば固定化すべきという見方もあるが、執筆者は、過去、金利SWAP契約を締結後、日米共に長期金利が低下し、結果、支払利息の負担が増えた、あるいは、期末の時価評価に伴い純

---

24) キャリートレードとは、主に低金利の通貨で調達した資金を高金利の他通貨に交換して、金利差収入を稼ぐ取引のことを差すが、海運の世界では、(ⅰ)円建て借入の金利負担の軽さ、(ⅱ)米ドル建てで新造船を建造し、円高を利用して当該船舶の円建て資産計上額及び借入金額を引き下げる、これら2つの効果を狙って、先物為替予約に取り組むことがあった。

資産の計上額が減少したという経験から、また、2013年9月現在、今後も日本銀行の緩和政策が継続、即ち、ゼロ金利の継続が想定されることから、特に借入金残高の多い時期にあえて金利SWAPに取り組まず、金利を固定しないこともひとつの選択肢と考える。

⑫競争原理の導入　複数の金融機関と同時に交渉することで、スプレッドや債権保全、その他で、自社にとってより有利な条件を引き出す。

IV　おわりに

2013年9月現在、将来の国内市場規模の先細りを予測してリスク管理の手段を講じながら、より成長の見込める新興国などの海外市場に活路を見出そうとする企業は多い。船主もビジネス環境が大きく様変わりする中、これまで通り日本の取引先を最大限大切にする一方で、日本海事クラスターの枠を飛び越え「世界に通用する船主」を目指すことを、ひとつの生き残りを賭けた選択肢としてとらえ、危機感を持って検討すべき段階に入っている。長年かけ築きあげてきた従来型ビジネスモデルを修正することは容易でなく、近道も奇策も存在しない。しかし、日々切磋琢磨しながら試行錯誤を繰り返し、将来の収穫に向け種まきを続けなければ、持続的成長を実現することは難しい。

本稿では、船主（借入人）の立場から、海外傭船も視野に、より競争力のある条件で金融機関から融資を得る方法について考察した。まず、船主を取り巻くビジネス環境の変化について確認し、従来型ビジネスモデルを維持していく上での注意事項を示した。次に、財務戦略と戦術及び金融機関との交渉手順について考察した。主要な結論は下記に示す通りである。

1) 大局的に金融情勢を把握する。
2) 金融機関のリスク管理に協力し、優良な融資先としてアピールする。
3) 自社に対する金融機関の融資スタンスを確認する。
4) 手元資金を厚くし、自社の安全性と債務返済能力の高さを維持する。
5) 自社の財務諸表を会計基準に沿って正しく作成し、正確な財務状況や経営成績を開示することで、金融機関と厚い信頼関係を構築する。更に、義

務がなくても自社の実態を摑む意味も含め、監査証明付で連結決算報告を行う。

6）金融機関へ経営理念や将来のビジョン、今後取り組みたい船種など、明確且つ具体的に説明の上、自社の情報を共有し、常日頃から密な関係作りを心がける。

7）個船及び会社全体の保守的な長期収支予想（5年以上）を作成し、収支計画期間中のキャッシュフローに問題がないことを説明する。

8）傭船者の選択とモニタリング、手元資金の内入れ割合の引き上げ、会社全体のキャッシュフローの厚さ、アセットファイナンス的アプローチから、海外傭船の壁をブレイクスルーする。

9）PP法、NPV法、IRR法などの投資評価法を採用し、社内の投資基準を策定する。

10）金融機関との交渉にあたっては、借入条件についてチャレンジング且つ到達可能なゴールを設定する。

そして、ゴールを達成するためには、(ⅰ) 本船舶投資案件の借入先候補の選定、(ⅱ) 会社全体でみた新規借入実行後の金融機関別借入シェアの確認、(ⅲ) 投資検討時の金融機関別預金残高、預金シェア及び預借率の確認、(ⅳ) 暫定借入額の算出と本船舶投資に内入れ可能な最大金額の把握、(ⅴ) 金融機関に対する本船舶投資案件の明確且つ定量的な説明、(ⅵ) 個船及び会社全体の長期収支予想のアップデートと金融機関への説明、(ⅶ) 最終的な借入額の決定、(ⅷ) 借入通貨の決定、(ⅸ) 借入期間と返済方法の決定、(ⅹ) 債権保全の条件の決定、(ⅺ) デリバティブへの取り組みの決定、(ⅻ) 競争原理の導入、が重要であると結論付けた。

船舶金融と造船・船舶売買契約

瀬 野 克 久

I　はじめに ― 船舶金融の担保の概要
II　新造船に対するファイナンス
III　中古船に対するファイナンス
IV　おわりに

I　はじめに ― 船舶金融の担保の概要

1　船舶ファイナンスにおいて取得する担保の概略[1]

　船舶ファイナンスには色々な形態があるが、ローン／モーゲージ[2]型シップファイナンスと所有権留保型シップファイナンスに分類することが可能である。

　ローン／モーゲージ型シップファイナンスは、ファイナンサーが与信先（ファイナンスを受ける者）（以下「Owner」あるいは「Buyer」という）との間でLoan Agreement を締結し、同融資に関しファイナンサーに対する与信先の債務を担保するため船舶に対し抵当権ないしモーゲージを取得するケースである。英米法においては、「mortgage とは債権担保のために船主は船舶の所有権を債権者に信託的に譲渡し、弁済したならばその返還を受ける制度であったが、次第に変じて債権者は船主とならないものとし、船主は依然債務者たるものとするように変遷して来ている」とされる[3]。

---

1)　本第1項［船舶ファイナンスにおいて取得する担保の概略］の記載は、瀬野克久『船舶融資取引の実務』18頁ないし20頁（日本海運集会所、2012年）の記載に加筆したものである。
2)　Mortgage は一般的には、「抵当権」と翻訳されることもあるが、Mortgage と日本の抵当権は概念が同一ではないため、本稿では、可能な限り Mortgage あるいはモーゲージという用語を使用する。

この場合、ファイナンサーは当該融資の担保（security）として種々の担保の取得を考えるが、一般的には次の担保の全部または一部の取得をすることが多い。

(i) 船舶に対する Mortgage の設定
(ii) 傭船料債権等収益債権の譲渡担保、傭船契約上の Owner の地位に対する担保設定
(iii) 船舶保険金請求権に対する担保設定
(iv) Owner の親会社による連帯保証
(v) Owner が発行する株式に対する担保設定
(vi) Owner の預金に対する担保設定
(vii) 船舶建造契約上の Owner（船舶発注者）の地位に対する担保設定（後に記載する建造中ファイナンスを実行する場合に限る）

所有権留保型シップファイナンスの場合、ファイナンサーが取得を検討する担保は基本的には上記「ローン／モーゲージ型シップファイナンス」と同様ではあるが、ファイナンサーが抵当権ないしモーゲージを取得する代わりに船舶の所有権を取得するところにその特徴がある。

2　船舶取得原因の分類-造船契約及び船舶売買契約

Owner が船舶を取得する場合の取得原因は原始取得と承継取得とに分類が可能であるが、承継取得の主要なもの[4]は、(i) 船舶建造者（以下「Builder」という）との間において締結された船舶建造契約に基づく船舶の取得と (ii) 現在の船舶所有者との間において締結された船舶売買契約に基づく同船舶所有者からの船舶の取得である。

多くのケースでは、Owner が新造船を取得する場合、Builder との間にお

---

3) 田中誠二『海商法詳論 増補版』581頁（勁草書房、1985年）
4) 「船舶に特有の得喪原因としては、戦時国際法上の捕獲、刑法・船舶法などの違反による没収（刑19条、船舶22条、23条）などの公法上のものと、造船契約、船舶共有持分の買取り（商695条、702条、721条2項）、保険委付（商833条）、引揚不能な船舶の沈没および解体などの私法上のものがある。」とされる。（中村眞澄＝箱井崇史『海商法［第2版］』60頁ないし61頁（成文堂、2013年））

いて船舶建造契約[5]（以下「Shipbuilding Contract」という）を締結し同契約に基づき船舶を取得することになる。他方、ある人が中古船を取得する場合、現在の船舶所有者との間において船舶売買契約[6]（以下「Memorandum of Agreement」あるいは「MOA」という）を締結し同契約に基づき船舶を取得することになる。しかしながら、新造船の取得においても、Builderから直接購入するのではなく、Builderと商社あるいは傭船者等の他社が船舶建造契約を締結した上で、商社あるいは傭船者等の他社から船舶売買契約により新造船を取得するケースもある。

Ownerに対して船舶取得資金のファイナンスを提供するものは、当該船舶取得の原因となる契約を受領した上で、取得する担保の検討、ファイナンス資金を実行するために受領する文書その他の条件を設定することが重要である。

本稿において、ファイナンサーがOwnerに対してShipbuilding Contractに基づき船舶を取得する資金を提供するファイナンス（以下「新造船に対するファイナンス」という）とファイナンサーがOwnerに対してMOAに基づき船舶を取得する資金を提供するファイナンス（以下「中古船に対するファイナンス」という）に分け、それぞれのケースについて、実務上の留意点を検討する。

II 新造船に対するファイナンス[7]

1 建造中ファイナンスにおける特別な考慮点

OwnerがBuilderとの間でShipbuilding Contractを締結する場合、

---

5) 日本の造船所において製造される船舶の建造契約の作成については、一般社団法人日本造船工業会において、1974年に公表された標準フォーム（以下、「SAJ Form」という）をベースにして各社が保有するフォームに基づき、個別的な案件毎に買主と交渉してShipbuilding Contractの文言を合意するケースが多い。

6) 船舶売買契約書（通常は、メモランダム・オブ・アグリーメントと呼ばれているフォームを使用する）を作成する。現在、国際間の船舶売買契約締結に際して、Norwegian Shipbrokers' Association所定の"SALEFORM 2012"あるいは"SALEFORM 1993"、一般社団法人日本海運集会所書式制定委員会所定の"NIPPONSALE 1999"などがよく使用されている。実務上は、このようなフォームを使用して具体的ケースに応じて加除、修正を加えてメモランダム・オブ・アグリーメントを作成することになる。

Buyer の建造代価の支払方法も Shipbuilding Contract の条項により決定されるものではあるが、船舶が建造完成されるまでの間に数回にわたって分割前払金（前払金、分割払金、Installment）の方法で支払われることが一般的である。この場合、竣工時支払金以外の支払金（以下「Pre-Delivery Installments」という）は、Owner が当該船舶の所有権を取得する前[8]に支払わなければならない。この場合、Pre-Delivery Installments について船舶所有者は自己資金でこれを賄う場合もあるが、ファイナンサーが Owner に対して Shipbuilding Contract に基づき支払うべき Pre-Delivery Installments をファイナンスする場合もある。

新造船に対するファイナンスは、竣工時に一括してファイナンスする場合と Pre-Delivery Installments 及び竣工時支払金をファイナンスする場合に分けることができる。Pre-Delivery Installments 及び竣工時支払金を提供するファイナンスをする場合（当該ファイナンスを新造船に対するファイナンスの中でも特に、以下「建造中ファイナンス」という）には、他のケースと比較して次のポイントを追加して考慮する点がある。

（１）Builder の不測の事態あるいは船舶の完工リスク[9]

Builder が船舶を期限内に完工しない場合、Builder と Buyer（船舶発注者）との法律関係は両社間において締結された Shipbuilding Contract（船舶建造契約）の条項により決定される。そして、Builder の帰責事由によるもの、一定の期間を超えた不可抗力（force majeure）による本船完工引渡しの遅延等、何らかの事由により Buyer に Shipbuilding Contract の解除権が発生し、Buyer がこれを行使する場合[10]には、Buyer がそれまでに Builder に

7）　本稿の記載は紙幅の都合上限定されるため、Builder あるいは Owner の信用不安あるいは経営破綻の場合の留意点については、瀬野・前掲（注１）115頁以降の「造船所の信用不安ないし経営破綻をめぐる実務上の留意点」及び瀬野・前掲（注１）145頁以降の「建造注文者である船会社の信用不安ないし経営破綻の場合の留意点-造船所の立場」を参照されたい。

8）　船舶が Builder から Owner（船舶発注者）に対して引き渡されるまでは、船舶（あるいは建造中の船舶）の所有権は Builder に帰属し、船舶が Builder から Owner（船舶発注者）に対して引き渡される時点で船舶の所有権も Builder から Owner（船舶発注者）に移転するとされることが一般的である。

9）　本第（１）項［Builder の不測の事態あるいは船舶の完工リスク］の記載は、瀬野・前掲（注１）85頁の記載に加筆したものである。

対して支払っている分割前払金（Installment）の返還[11]をBuilderに対して請求することができる旨Shipbuilding Contractに規定されていることが一般的である。ただし、この返還請求権も、仮にBuilderの返還資力が十分でない場合には全額の返還は期待できないこととなり、この場合、通常引渡までは建造中船舶の所有権を有していないBuyerとしては、この点に関するリスクを負うこととなる。ゆえに、Buyerは、Builderの信用状況次第では、可能な限りBuilderに分割前払金返還債務に関する第三者の適切な保証を提出させ、これらのリスクを回避したいところである[12]。

上記の分割前払金返還債務を保全する手段として、第三者（多くは銀行となる）がBuilderの依頼によりBuyerに対して保証状（Refundment Guarantee）（前払金返還保証書）（以下「Refundment Guarantee」という）を発行するという方法が多く行われている[13]。このRefundment Guaranteeが発行されている場合、Shipbuilding Contract上Builderの前受金返還義務が発生した場合には、一定の要件の下Buyerに対して保証銀行から当該前受金が直接返還されることとなり、Buyerとしては前払金返還が行われないというリスクを格段に低くすることができる。

このリスク軽減は、Buyerに対してPre-Delivery Installmentsのファイナンスを行っているファイナンサーとしても重要な要素となる。なぜなら、

---

10) Buyer（船舶発注者）がShipbuilding Contractを解約することができる場合について詳細は、瀬野・前掲（注1）115頁ないし120頁参照のこと。

11) Builderは、Buyer（船舶発注者）がそれまでにBuilderに対して支払っている分割前払金（Installment）と共に、分割前払金が支払われた日を起算日とする利息を付して返還しなくてはならない（SAJ Form Article X 第2項）。かかる分割前払金の返還がなされた場合、BuilderとBuyerはそれぞれShipbuilding Contract上の全ての義務を免れるとされている（SAJ Form Article X 第3項）。

12) Builderの債務不履行によりBuyerが前払金支払額以上の損害を被った場合、前払金返還請求をした上で、さらに損害賠償請求をなしうるか否かについては、個別のShipbuilding Contractの規定を検討した上でまた別の考察が必要である（Stocznia Gdynia SA v Gearbulk Holdings Ltd案件参照のこと、同案件の概要はLloyd's Maritime Law Newsletter, 4 March 2009-764 LMLN 1に掲載されている）。

13) 瀬野克久＝森下友理子「船舶建造契約における前払金返還に関する銀行保証（Refundment Bank Guarantee）の実務上の留意点」海事法研究会誌220号（2013年）2頁以下において詳細に説明しているため、同稿を参照のこと。

船舶の建造中から新造船の発注者（Buyer）にファイナンスをするファイナンサーとしては、船舶完成前であるがゆえに、船舶抵当権や傭船料債権譲渡担保等、完成後の船舶の価値あるいは使用利益を担保として把握することはできず[14]、アセットあるいはストラクチャーに頼るリスク管理はほぼ図れないこととなる。したがって、船舶建造中の不測の事態にあっては-もちろん船舶を完工させて引渡しを受けることがより多くの場合望ましいが、これを期待できない場合-貸出済み債権の回収を、主としてBuilderが船舶建造代金の分割前払金を返還できるか、という点に頼ることとなる[15]。

（2）Shipbuilding ContractにおけるOwner（船舶発注者）の債務不履行の場合

この場合、Builderはどのような権利行使をすることが可能かについては、Shipbuilding Contractの条項に記載されていることが多い。

Shipbuilding ContractにおけるBuyerの権利、義務は、一般的にShipbuilding Contractにおいて詳細に記載されているが、Buyerの主要な義務は船価の支払いと船舶の引渡を受けることである。このため、SAJ FORMでも以下の場合をBuyer's Defaultとして規定している（SAJ Form Article XI 第1項）：

(i) 前払金を支払期限から［3日][16]以内に支払わない場合

---

14) 建造中船舶抵当権を設定することも可能であるが、当該建造中船舶の所有権は特約によらない限り我が国においては一般的にBuilderに存すると解されるため、これをBuyer側が設定することは通常困難であり、また、設定できた場合であってもその実行の有効性においてある程度考慮の必要がある。詳細は、瀬野・前掲（注1）130頁ないし136頁参照のこと。

15) Buyerの帰責事由によりShipbuilding Contractが解約される場合については、Buyerに前払金返還請求権は発生しない（Buyer's Defaultが15日以上続いた場合、BuilderはShipbuilding Contractを解約することできる。Buyer's DefaultによりBuilderがShipbuilding Contractを解約した場合、Builderへ支払済の前払金についてBuilderは返還する必要はない（SAJ Form Article XI 第3項（b））。）この限りにおいてはRefundment Guaranteeを取得していたとしても価値のないものとなる。Buyerに対するファイナンサーとしては、このBuyerの不履行をカバーし、船舶完工の後リセールする等して実行資金を回収するべく、建造契約の地位譲渡を担保として取得することとなる（森田果「造船とファイナンス」落合誠一＝江頭憲治郎編集代表『海法大系』161頁ないし162頁（商事法務、2003年）参照のこと）。

16) この期間については、各Shipbuilding Contractにおいて合意されているため、各Shipbuilding Contractの該当条項を確認することが必要である。

(ii) 竣工時の支払い金を船舶の引渡と同時に支払わない場合
(iii) Builder が Shipbuilding Contract の規定に従って、船舶の引渡の提供をしたにもかかわらず、Buyer が船舶の引渡を受けなかった場合

 Buyer's Default が［15日］[17]以上続いた場合、Builder は Shipbuilding Contract を解約することできる（SAJ FORM Article XI 第3項（b））。これにより Builder が Shipbuilding Contract を解約した場合、Builder へ支払済の前払金について Builder は返還する必要はない（SAJ FORM Article XI 第3項（b））[18]。

 Builder が Shipbuilding Contract を解約した場合、Builder は船舶を完成させた状態で、又は、未完成の状態で他へ売却することができる（SAJ FORM Article XI 第4項（a））。

 船舶を売却した場合、船舶の売却代金については、
(i) 船舶売却に要した費用、及びその他 Buyer's Default により Builder に生じた費用
(ii) 未払の船価（船舶を完成させて売却した場合）、あるいは船舶の建造に要した費用から支払済みの前払金を差し引いた金額及び合理的な逸失利益（船舶を未完成の状態で売却した場合）

の順で充当される（SAJ FORM Article XI 第4項（b）（c））。

 船舶の売却代金を充当してもなお不足がある場合、Buyer はかかる不足額を Builder へ支払い（SAJ FORM Article XI 第4項（e））、剰余がある場合には、Builder は Buyer が支払った前払金及び Buyer's Supply の価格を限度として、Buyer にかかる剰余を返還する（SAJ FORM Article XI 第4項（d））。

 （3）ファイナンサーが建造中ファイナンスを実施するにあたり、船舶竣

---

17) この期間については、各 Shipbuilding Contract において合意されているため、各 Shipbuilding Contract の該当条項を確認することが必要である。
18) ここに記載したもの以外にも、Buyer's Default が発生した場合に Builder がとることのできる方法、Buyer's Default による Shipbuilding Contract 解約の効果には様々なものがあり、Buyer's Default が発生した場合に Builder がとることのできる方法の詳細については、瀬野・前掲（注1）145頁以下において詳述されている。

工時の船舶の使用／傭船も信用供与の一と判断しているか。これが必要な場合には、建造中ファイナンスを貸付実行する段階において、Owner（船舶発注者）と傭船者との間においてCharterpartyの締結、あるいは少なくともCharterpartyに関する主要条項について合意する傭船確約書等の締結、発行を確認しておくことが望ましい。

（4）上記（2）において述べたShipbuilding Contract上のBuyer's Defaultの場合におけるリスクの管理を図るため、建造中ファイナンスに関しファイナンサーが取得する担保について確認する必要がある。これについては、下記第2項において詳述する。

2　担保設定[19]

(1) Assignment of Shipbuilding Contract

前述のとおり建造中は、Owner（船舶発注者）は船舶の所有権を取得していないため、Owner（船舶発注者）はファイナンサーにmortgage等の担保を提供することはできない。

建造中のOwner（船舶発注者）の権利は、Shipbuilding ContractにおけるBuilderに対する分割前払金返還請求権及び発注者たる契約上の地位である。そこで、Owner（船舶発注者）は、Shipbuilding ContractにおけるBuilderに対する分割前払金返還請求権及び発注者たる契約上の地位に対してファイナンサーを担保権者として担保設定することにより、建造中の資金を調達することができる。この場合、Assignment of Shipbuilding Contractあるいは船舶建造契約譲渡担保契約といわれる契約をOwner（船舶発注者）とファイナンサー間で締結し、Shipbuilding ContractにおけるOwner（船舶発注者）のBuilderに対する分割前払金返還請求権及びOwner（船舶発注者）の契約上の地位に対して担保設定する。このAssignment of Shipbuilding Contractは、Shipbuilding Contractに基づくOwner（船舶発注者）の金銭債権（分割前払金返還請求権）の譲渡担保及びShipbuilding Contractにおける

---

19)　本第2項［担保設定］の記載は、瀬野・前掲（注1）86頁ないし89頁の記載に加筆したものである。

Owner（船舶発注者）の契約上の地位の譲渡担保あるいは地位譲渡予約の性質を併せもつ[20]。

また、Shipbuilding Contract に基づき Owner（船舶発注者）が Builder に対して有する分割前払金返還請求権に関して、Refundment Guarantee が発行されている場合には、Assignment of Shipbuilding Contract and Refund Guarantee といわれる契約を Owner（船舶発注者）とファイナンサー間で締結する。この Assignment of Shipbuilding Contract and Refund Guarantee は、(i) Shipbuilding Contract に基づく Owner（船舶発注者）の金銭債権（分割前払金返還請求権）の譲渡担保及び Shipbuilding Contract における Owner（船舶発注者）の契約上の地位の譲渡担保あるいは地位譲渡予約、並びに、(ii) Refundment Guarantee 上の金銭債権（分割前払金返還請求権）の譲渡担保の性質を併せもつ。

上記担保設定については、Shipbuilding Contract あるいは Refund Guarantee において、他へ譲渡あるいは担保設定することについて制約ないし制限されていないか、同書の文言を確認する必要がある[21]。

(2) 対抗要件の具備

Assignment of Shipbuilding Contract は前述のとおり Shipbuilding Contract に基づく Owner（船舶発注者）の金銭債権（分割前払金返還請求権）の譲渡担保及び Shipbuilding Contract における Owner（船舶発注者）の契約上の地位の譲渡担保あるいは地位譲渡予約の性質を有するため、Assignment of Shipbuilding Contract について対抗要件を具備する方法としては、Builder から承諾書を取得することが必要である。Assignment of Shipbuilding Contract の対抗要件の具備方法として、一般的には Builder に対して以下の①に記載する内容の通知を行い、Builder から以下の②に記載する内容の承諾

---

20) 契約上の地位の譲渡担保ないし地位譲渡予約に関しては、瀬野・前掲（注1）53頁及び54頁に詳述されている傭船契約上の地位の譲渡担保ないし地位譲渡予約に関する記述が概ねあてはまるので、瀬野・前掲（注1）53頁及び54頁を参照のこと。

21) Shipbuilding Contract あるいは Refund Guarantee において、譲渡ないし担保設定が制約ないし制限されている場合は、同項の規定に従う必要がある。例えば、譲渡ないし担保設定するためには Builder あるいは Refund Guarantee を発行している銀行の事前承諾が必要とされている場合には、このような事前承諾をとる必要がある。

を取得する。

　通知、承諾の方法については対抗要件具備方法の準拠法を決定することが出発点であるが、準拠法に関しては、Builderの設立国の法を準拠法とする場合、Shipbuilding Contractの準拠法を対抗要件具備方法の準拠法とする場合等様々である。たとえば日本において当該担保設定の対抗要件具備方法の準拠法が問題となり、かつ担保設定の対象となる当該Shipbuilding Contractの準拠法が日本法である場合には、日本法が対抗要件具備の準拠法となり[22]、Builderからの承諾の取得について日本の確定日付の取得が必要となる（民法467条2項）。但し、この場合であってもBuilderの設立国によって対抗要件具備方法が異なる場合があるので、注意が必要である。

① Owner（船舶発注者）のBuilderに対する通知
　（i）Shipbuilding ContractにおけるOwner（船舶発注者）の金銭債権（分割前払金返還請求権）をファイナンサーに譲渡したこと及びShipbuilding ContractにおけるOwner（船舶発注者）の契約上の地位についてファイナンサーに対し譲渡予約あるいは譲渡担保の設定をしたことの通知
　（ii）ファイナンサーの事前の書面による承諾なくして、Shipbuilding Contractの重要部分の変更、契約解除等することの禁止
　（iii）ファイナンサーからBuilderに対するDefault通知があるまでは、Owner（船舶発注者）は、Shipbuilding Contract上の権利を行使することができるが、ファイナンサーからBuilderに対してDefault通知が行われた後はファイナンサーあるいはその指定人がShipbuilding Contractないし当該船舶に関する全ての事項について対処し、権利を行使すること
　（iv）ファイナンサーの事前の書面による承諾なくして、当該通知の内容を変更できない

② Builderの承諾
　（i）Shipbuilding ContractにおけるOwner（船舶発注者）の金銭債権

---

[22] 法の適用に関する通則法23条

（分割前払金返還請求権）の譲渡及び Shipbuilding Contract における Owner（船舶発注者）の契約上の地位に関する譲渡予約あるいは譲渡担保の設定の承認
(ii) 通知に記載された指示に従うこと
(iii) Owner（船舶発注者）が Shipbuilding Contract 上の義務に違反したため Builder に Shipbuilding Contract を解約する権利が発した場合、直ちにファイナンサーに通知を行い、当該通知から一定期間解約権を行使しないこと
(iv) Owner（船舶発注者）あるいはファイナンサーが一定期間内に Owner（船舶発注者）による Shipbuilding Contract 上の義務違反の治癒を行った場合、Builder は Shipbuilding Contract を解約する権利を行使しないこと

③ Owner（船舶発注者）が Builder に対して有する分割前払金返還請求権に関して、Refundment Guarantee が発行されている場合の Assignment of Shipbuilding Contract and Refund Guarantee に関する対抗要件具備については、Builder から承諾書を取得することに加えて、Refundment Guarantee 上の金銭債権（分割前払金返還請求権）の譲渡担保に関する通知を Refundment Guarantee を発行している銀行に対して行うこと、あるいは当該銀行からの承諾の取得が必要である。しかしながら、Refund Guarantee の文面において「Refund Guarantee は Shipbuilding Contract 上の Owner（船舶発注者）のファイナンサーにも効力が及ぶ」旨の規定を置いているケースもある。したがって、Refund Guarantee の文面次第では、Refund Guarantee 発行の銀行に対する通知等はしなくてもよいケースがある。

3 建造中ファイナンスに関する Loan Agreement あるいは金銭消費貸借契約書の特殊性

建造中ファイナンスは、一度にファイナンスをするものではなく、Shipbuilding Contract 上の支払期日に応じてその都度貸出しを実行することが一般的である。したがって、次の点に留意することになる。
(i) 貸出実行時期（Shipbuilding Contract 上の Owner（船舶発注者）が Builder

に分割前払金を支払うべき期日、金額と建造中ファイナンスの期日、金額を連動させる。しかし、Owner（船舶発注者）が当初予定している金額以上をBuilderに対して支払うことになっても、原則としてファイナンスの金額を増額しない）

(ii) 貸出実行方法（Owner（船舶発注者）の与信状況によっては、貸付金をOwner（船舶発注者）の口座に送金せず、建造代金の支払を確実にするためファイナンサーから直接Builderの口座へ送金し、当該送金をもってOwner（船舶発注者）に対する貸付実行とみなすこととする）

(iii) 貸出実行条件（Loan Agreementあるいは金銭消費貸借契約締結から最終実行までの期間が比較的長くなる可能性が高く、その間にOwner（船舶発注者）の与信状況に変化が生じる可能性があるため、Owner（船舶発注者）の与信状況が悪化した場合にはその後の貸出を実行しないことができるよう、与信状況が悪化していないことを貸出実行条件としておく）

(iv) 返済方法（いわゆるブリッジローンとなる場合には、船舶のデリバリー時に全額返済し、パーマネントローンまたは船舶リースに移行することもある）

4　竣工時ファイナンス実行の時期
(1)　竣工時支払金の送金時期

　Shipbuilding Contractに基づき竣工時にBuilderに対して支払う分割払金は、竣工予定日の数日前にBuilderが指定する銀行に対し条件（BuilderとOwner（船舶発注者）が署名するProtocol of Delivery and Acceptanceのコピーが当該銀行に提示された時点でBuilderにリリースする旨の条件）付きで送金されることが多い。ちなみに、BIMCO所定のShipbuilding Contractフォーム[23]第30項(a)は次のとおり記載されている。SAJ Form Article II第4(d)項にも類似の記載がある。

　　30. Final Instalment
　　　　(a) The Final Instalment shall be adjusted in accordance with

---

[23] The Baltic and International Maritime Council（"BIMCO"）において、2007年に公表された"NEWBUILDCON" Standard Newbuilding Contract

this Contract and notified by the Builder to the Buyer not later than seven (7) Banking Days prior to the notified date of delivery (see Clause 27 (d) (Sea Trials -Method of Acceptance or Rejection)). Not later than two (2) Banking Days prior to the notified date of delivery the amount of the Final Instalment, as adjusted, shall be deposited with the Builder's Bank as set out in Box 12, with irrevocable instructions that, subject to Sub-clause (c) below, the amount shall be released to the Builder against presentation by the Builder of a copy of the Protocol of Delivery and Acceptance of the Vessel signed by the Builder and the Buyer. Interest, if any, accruing on such deposit shall be for the benefit of the Buyer.

(2) ファイナンスの方法

上記の場合において、Owner（船舶発注者）は、竣工予定日の数日前に竣工時にBuilderに対して支払う分割払金のファイナンスを得る必要があり、これをベースとしてファイナンサーに対してファイナンスを要請するケースも少なくない。この場合のファイナンサーの留意点は次のとおりである。

(i) 竣工予定日の数日前においてはOwner（船舶発注者）が船舶所有権を取得していないため、ファイナンサーはファイナンス実行時において融資対象船舶に対する抵当権の取得をすることはできない。

(ii) 竣工予定日の数日前にファイナンス実行後竣工、引渡しが実施されたにもかかわらず、Owner（船舶発注者）の行為により、ファイナンサーが融資対象船舶に対する抵当権の取得ができないという事態にならないよう対応を考えておく必要がある。

(iii) 竣工予定日の数日前にファイナンス実行後、理由の如何を問わず竣工引渡しが困難となりShipbuilding Contractが解約された場合のリスクに対する対応を考えておく必要がある。

これに対応するため、ファイナンサーは次の対応をとることを検討することが多い。

(i) 竣工予定日の数日前にBuilderが指定する銀行に対し条件付きにて

送金する際、次の条件を付する。

BuilderとOwner（船舶発注者）が署名する（そしてファイナンサーの代理人がwitnessとして署名する）Protocol of Delivery and Acceptanceのコピーが当該銀行に提示された時点でBuilderにリリースすること（竣工日に、ファイナンサーが融資対象船舶に対する抵当権が登録されるあるいはその後登録されることが確実であることを確認してからファイナンサーの代理人がwitnessとしてProtocol of Delivery and Acceptanceに署名する）。

Protocol of Delivery and Acceptanceのコピーが竣工予定日あるいは竣工予定日から一定期間内に当該銀行に提示されなかった場合には、当該資金は、Owner（船舶発注者）のファイナンサーが指定する口座に返金すること

(ii) 竣工予定日の数日前にファイナンス実行する際に、Owner（船舶発注者）が調印した日付けブランクの抵当権設定契約書等担保契約の原本をファイナンサーが受領し、竣工日にブランクを埋めた上で、担保の対抗要件具備に必要な手続きをとる。

(iii) 融資対象船舶の引渡しが竣工予定日あるいは竣工予定日から一定期間内に実施されなかった場合には、理由の如何を問わず、ファイナンサーが融資していた金額を強制期限前償還する旨、Loan Agreementに規定を置く。

5　ファイナンスの条件として受領すべき文書

(1) 発注者がBuilderから竣工時に受領する文書

発注者がBuilderから竣工時に受領する文書はShipbuilding Contractに明記される。発注者がBuilderから竣工時に受領する文書の標準となる文書として参考になるため、BIMCO所定のShipbuilding Contractフォーム第29項を次のとおり紹介する。

29. Documents on Delivery

Upon exchange of the Protocols of Delivery and Acceptance the Builder shall provide at no cost to the Buyer the following additional

documents:
- (a) Protocol of Trials made pursuant to the Specification.
- (b) Protocol of Inventory and Equipment of the Vessel, including spare parts, as detailed in the Specification.
- (c) Protocol of Surplus Consumable Stores which are payable by the Buyer to the Builder.
- (d) Plans and Drawings pertaining to the Vessel together with all necessary instruction manuals, as detailed in the Specification.
- (e) All certificates including the documents required to be furnished on delivery pursuant to this Contract. All certificates shall be issued without qualification.

    If, however, the Classification certificate and/or other required certificates are not available at the time of delivery, the Buyer shall accept interim certificates provided that the Builder, at its cost and expense, provides the Buyer with final certificates as promptly as possible.

    The Builder warrants that:
    - (i) such interim certificates shall enable the Vessel to be registered and trade and operate without restriction; and
    - (ii) final certificates shall be provided as above.

    If the Builder fails to perform (i) and/or (ii) above, the Builder shall compensate the Buyer for any loss incurred as a consequence thereof, including loss of time.
- (f) Declaration of Warranty by the Builder that the Vessel is free and clear of any liens, claims, charges, mortgages and other encumbrances.
- (g) Builder's Certificate.
- (h) Certificate of Non-Registration.

(i) Commercial invoices covering Final Instalment and modifications.
(j) Bill of Sale or other document that certifies that the title of the Vessel passes to the Buyer.
(k) IMO Hazardous Material Inventory Statement of Compliance in accordance with IMO Resolution A. 962 (23) (as referred to in Clause 4 (IMO Hazardous Materials Inventory)).
(l) Any other documents reasonably required by the Buyer.
The Buyer may require the Builder by giving reasonable notice, prior to delivery, to arrange for any documents listed above to be duly notarised and, if required, legalised at the Buyer's cost and expense.

(2) ファイナンサーが竣工予定日（あるいはその数日前）に
ファイナンス実行する際に受領すべき文書

ファイナンサーが竣工予定日（あるいはその数日前）にファイナンス実行する際における貸付けの実行条件あるいは実行後一定期間内に提出する文書として、一般的な条件に追加して、通常、新造船の引渡がなされたことを証する文書の提出、ファイナンサーに対する担保提供に関する文書、及び本船が運航するために不可欠であると考えられる文書の内、主要な文書がLoan Agreementに列挙されることが多い。

①新造船の引渡がなされたことを証する文書

上記5（1）にて記載した文書のコピー、特にBuilder's Certificate、Bill of Sale及びProtocol of Delivery and Acceptance（ファイナンサーが竣工予定日の数日前にファイナンス実行する場合には、竣工日にファイナンサーに提出することをOwnerに確約してもらう）

②ファイナンサーに対する担保提供に関する文書
(i) Ownerにより適式に締結され、適式に公証、領事査証が取得されたFirst Mortgageの原本（ファイナンサーが竣工予定日の数日前にファイナンス実行する場合には、Ownerは竣工日にFirst Mortgageについて適式に公証、領事査証が取得することを確約する）、及びFirst Mortgageを関

係当局に登記するために必要となる全ての文書；
- (ii) Ownerによって適式に締結されたAssignment of Insuranceの原本、及び、(i) Ownerにより署名されたInsurer宛のNotice of Assignmentの写し並びに(ii) Ownerにより署名されたP&I Club宛のRequest Letterあるいは Notice of Assignmentの写し；
- (iii) Insurerによりファイナンサーに対し発行されたAssignment of Insuranceに関するAcceptance and Acknowledgementの原本；
- (iv) First Mortgageの関連条項上の要求に基づき、本船に対してOwner名義で契約された本船の保険に関し、Insurerにより発行されたカバー・ノート又はレター・オブ・アンダーテイキング（本船の引渡後、かかる保険証券にAssignment of Insuranceの関連条項の下で要求されている保険金支払条項及び解約告知条項通知が裏書又は添付される）；

但し、上記（iii）及び（iv）に記載の文書は貸付実行迄に実務上間に合わないことが多いため、「竣工日から3ヶ月以内に交付する」等、貸付実行後の提出文書とされることが多い。

③本船が運航するために不可欠であると考えられる文書の内、主要な文書
- (i) 関係当局によって発行されたOwner名義の本船の仮国籍証書の写し；
- (ii) 本船の仮無線証書の写し；
- (iii) 本船のInterim Ship's Safety Management Certificate（仮安全管理証書）の写し；
- (iv) IMO（国際海事機関）の定めるISMコード（国際安全管理規則）において要請されるDocument of Compliance（適合書類）の写し；
- (v) 本船の船級証書の写し；及び
- (vi) P&I ClubによりOwner名義で発行された本船の加入証及びP&I Clubの規則の写し。

　　本船が加入するP&I Clubによって発行されたレター・オブ・アンダーテイキング（保険金支払い条項が裏書又は挿入される）。

但し、上記（iii）ないし（iv）に記載の文書は貸付実行迄に実務上間に合

わないことが多いため、「竣工日の午後5時（東京時間）までに交付する」等、貸付実行後の提出文書とされることが多い。

III　中古船に対するファイナンス[24]

中古船に対するファイナンスは、新造船に対するファイナンス（建造中ファイナンスを含む）と共通する点は多いが、異なる点もいくつか存在する。中古船に対するファイナンス固有の留意点の内、ファイナンサーが留意すべき大きい点は、「融資対象船舶に対して抵当権等が設定、登録されている可能性がある、当該設定、登録されている抵当権を抹消し、融資対象船舶に対してファイナンサーが新たに担保を設定、登録すること」である。なお、本III章においては、中古船を購入するものを「買主」という。

1　既存担保抹消[25]
(1) 問題点

クロージングにおいては、通常、売主、売船ブローカー、弁護士等が一定の場所に集合し、売主から買主に対しデリバリードキュメントを渡し、これに対して、買主から売主に対し売買代金の支払がなされる。この場合、本船にモーゲージ等の担保権の設定がなく、買主も船舶購入代金は自己資金を使用するケースにおいては、売船に関する利害関係においては、デリバリードキュメントと売買代金の引換給付を実現すればよいから、クロージングの方法はそれほど複雑なものとはならない。

しかしながら、中古船の売買においては通常、本船に、売主のファイナンサー等によりモーゲージ等の担保権の設定がなされており、そして、買主は船舶購入代金の借入れをすることになるので、売主のファイナンサー（本船に対する現モーゲージ設定者）と買主のファイナンサー（本船の新たなモーゲージ設

---

[24]　本稿の記載は誌面の都合上限定されるため、瀬野・前掲（注1）231頁以降の「船舶売買契約の実務-ファイナンサーの視点から」を参照されたい。
[25]　本第1項（1）[問題点] 及び（2）[クロージングの方法について種々の工夫] の記載は、瀬野・前掲（注1）244頁ないし247頁の記載に加筆したものである。

定者）も船舶売買の利害関係人となる。このような場合には、売主、買主、それぞれのファイナンサーの利害調整は相当程度複雑なものとなる。

　このような場合においては、売主のファイナンサー（本船に対する現モーゲージ設定者）の立場としては、船舶売買を通じて売買代金を売主が受領し、この売買代金から現実にファイナンス資金を回収することが目的であり、できれば現実の資金回収まで担保としてのモーゲージは抹消しないでおきたい、少なくとも直前に、自己の有するモーゲージを抹消することとしたい。すなわち自己の保有するモーゲージの事前抹消をするにしても、事前抹消から貸金回収するまでの期間を可能な限り短くしたいという希望をもつのが通常であろう。

　他方、買主のファイナンサーの立場としては、(i) 買主に対して実行する融資金が、実際に、売買代金の支払いに使用されることを確保、確認したい。もし、何らかの事由により、本件船舶の売買がキャンセルとなった場合には、当該ファイナンス実行の中止あるいは実行義務がなくなるとする手段を確保したい、そして、(ii) 融資実行後、直ちに本船に対しモーゲージを設定したい等の希望をもつのが通常であろう。

(2) クロージングの方法について種々の工夫

　前記のような売主、買主及びそれぞれのファイナンサーの要求を同時に実現することは不可能に近いことであるが、できる限りこれらの要求を調和するため、船舶売買のクロージングの方法について種々の工夫がなされている。これらの利害調和の観点から、船舶売買のクロージングの方法についてポイントになると思われるのは、モーゲージの抹消方法及び売買代金の買主からの送金方法あるいは売主に対する交付方法である。

　①売買代金の買主からの送金方法あるいは売主に対する交付方法については、買主のファイナンサーは引渡予定日の数日前に売主が指定する銀行に対し条件付きにて送金することにより貸付実行し、その際、条件を付して送金を実施することにより、現在設定されているモーゲージの抹消を確認後ファイナンスした資金が買主に渡ることを確保する方法が考えられる。

　②船舶の国際的売買においては、新たに登録しようとしている国の登記手続において「抵当権等が設定されていないことの証明」を求められることが

多い。従って、買主は、本船に対するモーゲージが抹消されていることを確認してから（具体的には、パナマ船であれば、パナマ当局の発行するノンリーエン・サーティフィケートを確認してから）、売買代金の送金をすることが少なくない。すなわち、引渡予定日の数日前に抵当権を抹消することが要請されるケースも稀ではない。その場合、売主のファイナンサー（現在設定されているモーゲージの担保保有者）は、本船が売却された資金から確実に同行が貸付実行資金を回収できる方法を確立しておく必要がある。また、与信状況にもよるが、万一、担保の事前抹消後売買がクロージングに至らなかった場合には速やかに担保の再設定をできる方法を講じておく必要がある。

(3) 所有権留保型シップファイナンスにおける対象船舶の売却についての留意点[26]

所有権留保型シップファイナンスにおいては法律上の船舶の所有権はファイナンサー（Registered Owner）に帰属するため、与信先（ファイナンスを受ける者）が船舶の売却を希望する場合には次の方法、手続きをとることが多い。すなわち、

①与信先＝Bareboat Chartererが船舶の売却について第三者＝購入者と交渉し、売買の主要条項が固まり、その上で与信先＝Bareboat Chartererを売主とし、第三者＝購入者を買主とするMemorandum of Agreementを締結する。

②与信先＝Bareboat Chartererは所有権留保型シップファイナンスの契約の条項に基づきファイナンサー（Registered Owner）に対して任意解約通知（Optional Termination Notice）を送付する。当該Noticeは所有権留保型シップファイナンスの契約の条項において要請される事項を包含するものでなければならない。

あるいは、与信先＝Bareboat ChartererのOption行使として当該所有権留保型シップファイナンス契約の条項を全て履践することが難しい場合（通常、Optional Termination行使規定としては、"各傭船料支払日にTerminateするこ

---

26) 本第1項（3）［所有権留保型シップファイナンスにおける対象船舶の売却についての留意点］の記載は、瀬野・前掲（注1）248頁及び249頁の記載に加筆したものである。

と"となっていることも多く日付を合わせられない場合等が考えられる）には、ファイナンサー（Registered Owner）と与信先＝Bareboat Charterer間の合意として解約する場合もありうる。

　所有権留保型シップファイナンスの契約全体を合意解約するのではなく、所有権留保型シップファイナンスの契約の条項に基づき傭船を終了する＋残債を完済してもらう＋船舶の所有権を移転することに留意すべきである。これにより、傭船終了後も与信先＝Bareboat Charterer のファイナンサー（Registered Owner）に対する補償責任は消滅しない。

　③本船の所有権は、任意解約通知（Optional Termination Notice）に基づく解約により、ファイナンサー（Registered Owner）から与信先＝Bareboat Charterer へ移転し、これと同時に、Memorandum of Agreement に基づき与信先＝Bareboat Charterer から第三者＝購入者へ移転することになる。

　これに関し、ファイナンサー（Registered Owner）として実務上留意する点がある。主要な点は次のとおりである。

(i) ファイナンサー（Registered Owner）は、第三者＝購入者に対して売主としての責任を負うものではなく、第三者＝購入者に対して売主としての責任を負うのは与信先＝Bareboat Charterer である。ケースにより、所有権の登録の便宜上「ファイナンサー（Registered Owner）が Bill of Sale を直接第三者＝購入者に対して発行する」こともある。この場合は、特にファイナンサー（Registered Owner）は、第三者＝購入者に対して売主としての責任を負うものではないということをファイナンサー（Registered Owner）、与信先＝Bareboat Charterer 及び第三者＝購入者間の合意文書において確認しておくべきである。

(ii) 第三者＝購入者からの船舶売買代金の送金はファイナンサー（Registered Owner）名義の銀行口座あるいはファイナンサー（Registered Owner）がある程度支配できる方式で決済したい。

2 ファイナンス実行の時期
(1) 売買代金の送金のタイミングについて

MOA に基づき支払うべき売買代金の残額は、引渡予定日の数日前に売主が指定する銀行に対し条件（売主及び買主が署名する Protocol of Delivery and Acceptance のコピーが当該銀行に提示された時点で売主にリリースする旨の条件）付きで送金されることが多い。ちなみに、NIPPONSALE 1999フォーム第 2 項は次のとおり記載されている。

> 2. PAYMENT
>   (a) As security for the fulfilment of this Agreement, the Buyers shall remit a deposit of ten (10) per cent of the Purchase Price ("the Deposit") to a bank nominated by the Sellers within three (3) banking days (being days on which banks are open for the transaction of business in the place stated in Box 15 ("Banking Day")), from the date of this Agreement, in the names of both the Sellers and the Buyers. Any interest earned on the Deposit shall be credited to the Buyers. Bank charges on the Deposit shall be borne equally by the Sellers and the Buyers. The Deposit shall be paid to the Sellers as a part of the Purchase Price in the same manner as the balance of the ninety (90) per cent of the Purchase Price as provided for hereunder.
>   (b) The Buyers shall remit the balance of the Purchase Price by telegraphic transfer to the said bank immediately after the Notice of Readiness for Delivery is tendered by the Sellers as per clause 7 of this Agreement. The balance shall be paid to the Sellers together with the Deposit against the Protocol of Delivery and Acceptance being duly signed by a representative of each party at the time of delivery of the Vessel.

(2) ファイナンスの方法

上記の場合において、買主は、引渡予定日の数日前に引渡時に支払金額の

ファイナンスを得る必要があり、これをベースとしてファイナンサーに対してファイナンスの要請するケースも少なくない。この場合のファイナンサーの留意点は、基本的には本稿Ⅱ第4項（2）に記載した新造船ファイナンスにおける竣工時ファイナンスの方法に関する留意点と同様であり、次のとおりである。

(i) 引渡予定日の数日前においては買主が船舶所有権を取得していないため、ファイナンサーはファイナンス実行時において融資対象船舶に対する抵当権の取得をすることはできない。

(ii) 引渡予定日の数日前にファイナンス実行後、引渡しが実施されたにもかかわらず、買主の行為により、ファイナンサーが融資対象船舶に対する抵当権の取得ができないという事態にならないよう対応を考えておく必要がある。

(iii) 引渡予定日の数日前にファイナンス実行後、理由の如何を問わず引渡しが困難となりMOAが解約された場合のリスクに対する対応を考えておく必要がある。

これに対応するため、ファイナンサーは次の対応をとることを検討することが多い。

(i) 引渡予定日の数日前に売主が指定する銀行に対し条件付きにて送金する際、次の条件を付する。

売主及び買主が署名する（そしてファイナンサーの代理人がwitnessとして署名する）Protocol of Delivery and Acceptanceのコピーが当該銀行に提示された時点で売主にリリースすること（引渡日に、ファイナンサーが融資対象船舶に対する抵当権が登録されるあるいはその後登録されることが確実であることを確認してからファイナンサーの代理人がwitnessとしてProtocol of Delivery and Acceptanceに署名する）。

Protocol of Delivery and Acceptanceのコピーが引渡予定日あるいは引渡予定日から一定期間内に当該銀行に提示されなかった場合には、当該資金は、買主のファイナンサーの指定する口座に返金すること

(ii) 引渡予定日の数日前にファイナンス実行する際に、買主が調印し

た日付けブランクの抵当権設定契約書等担保契約の原本をファイナンサーが受領し、引渡日にブランクを埋めた上で、担保の対抗要件具備に必要な手続きをとる。

(iii) 融資対象船舶の引渡しが引渡予定日あるいは引渡予定日から一定期間内に実施されなかった場合には理由の如何を問わず、ファイナンサーが融資していた金額を強制期限前償還する旨、Loan Agreement に規定を置く。

3 ファイナンスの条件として受領すべき文書
(1) 買主が売主から引渡時に受領する文書

買主が売主から引渡時に受領する文書は MOA に明記されるが、NIPPONSALE 1999フォーム第3項は次のとおり記載されている。

 3. DOCUMENTATION
  (a) At the time of delivery of the Vessel, the Sellers shall provide the Buyers with the following documents:
   (i) the Bill of Sale, duly notarized by a Notary Public, specifying that the Vessel is free from all debts, encumbrances, mortgages and maritime liens; and
   (ii) a letter from the Sellers undertaking to supply a Deletion Certificate from the Registry stated in Box 4 as soon as practicable after the Vessel's delivery; and
   (iii) such other documents as may be mutually agreed.
  (b) Upon delivery the Buyers and the Sellers shall execute and exchange a Protocol of Delivery and Acceptance, thereby confirming the date and time of delivery of the Vessel.
  (c) Closing shall take place at the place stated in Box 12.

(2) ファイナンサーが引渡予定日（あるいはその数日前）に ファイナンス実行する際に受領すべき文書

ファイナンサーが引渡予定日（あるいはその数日前）にファイナンス実行する際における貸付けの実行条件あるいは実行後一定期間内に提出する文書と

して、一般的な条件に追加して、通常、中古船の引渡がなされたことを証する文書の提出、当該中古船に現在設定されている担保の抹消に関する文書、ファイナンサーに対する担保提供に関する文書、及び本船が運航するために不可欠であると考えられる文書の内、主要な文書が Loan Agreement に列挙されることが多い。

①中古船の引渡がなされたことを証する文書

上記3（1）にて記載した文書のコピー、特に Bill of Sale 及び Protocol of Delivery and Acceptance（ファイナンサーが引渡予定日の数日前にファイナンス実行する場合には、引渡日にファイナンサーに提出することを確約してもらう）

②中古船に現在設定されている担保の抹消に関する文書

(i) 当該中古船に現在設定されているモーゲージの抹消に関し、現 Mortgagee によって締結され、公証、査証が取得された Discharge of Mortgage の原本（ファイナンサーが引渡予定日の数日前にファイナンス実行する場合には、買主が引渡日に公証、査証することを確約する）

(ii) 当該中古船に現在設定されている保険金譲渡担保に関し、現譲渡担保権者及び Buyer によって締結された Release and Reassignment の原本、及び、現譲渡担保権者により署名された Insurer 宛の Notice of Reassignment の写し並びに現譲渡担保権者により署名された P&I Club 宛の Notice of Reassignment の写し

③ファイナンサーに対する担保提供に関する文書

新造船のファイナンスのケースと大きく異なる点はない。

④本船が運航するために不可欠であると考えられる文書の内、主要な文書

新造船のファイナンスのケースと大きく異なる点はない。

IV　おわりに

今般筆者に与えられたテーマが比較的広範なテーマである「船舶金融と造船・売買契約」というものであり、誌面の制約及び筆者の勉強不足のため本稿がこれらのすべてを網羅していると言いがたい。また、学術的な小論文で

はなく、実務上の留意点について現在の実務に即して記載したものであり、実務の理解について多少とも情報を提供できることがあれば幸甚である。

船舶金融と傭船契約

簑 原 建 次

I 船舶金融と傭船契約の係わり
II 返済財源を生み出す稼働形態
III 裸傭船方式の稼働形態
IV 定期傭船方式の稼働形態
V 結論

I 船舶金融と傭船契約の係わり

1 返済財源としての傭船料

　船舶を購入した船舶所有者は、当該船舶を稼働して収益を上げ、その収益をもって、当該船舶の購入に際し、金融機関から借り入れた資金の返済に充てる。即ち、傭船料等の稼働収益は、借入金の重要な返済財源となる。

　したがって、確実に、収益が確保され、返済に充てられることが、重要となる。そのために、後述する通り、傭船料債権譲渡担保等の担保権が設定される。

2 融資形態としての裸傭船

　傭船の一つとして裸傭船がある。裸傭船は、他の傭船形態と異なり、所有権は船主に留保されるも、船舶の占有、管理、維持、船員の雇用、その他あらゆる点において、傭船者が、船舶所有者と同様の権利義務を有することから、所有権留保型の船舶金融として利用されることが多い。

　船舶金融は大別して、抵当権型の船舶金融と所有権留保型の船舶金融に区別される。

　抵当権型の船舶金融とは、船舶購入者が船舶の所有権を保有し、融資者に

対して船舶抵当権を設定するもので、通常行われている融資形態である。抵当権型の船舶金融の場合は、抵当権が登録され、執行力が保全される限り、融資者の船舶登録国が問題となることは比較的少ない。船舶登録国において抵当権者の国籍を問わない限り、融資者の登録国が、日本であれ、アメリカであれ、パナマやリベリアであれ、どこであっても、抵当権型の船舶金融を利用することができる。したがって、アメリカの銀行がケイマン諸島に登録した船舶に対する抵当権付きでパナマの借主にファイナンスすることができるのである。

これに対して、所有権留保型の船舶金融においては、融資金の提供とともに、船舶の所有権が船舶購入者から融資者に移転し、融資金が完済されるまで、融資者に留保される一方で、返済期間中、船舶購入者が、船舶を裸傭船し、その間、融資金の元利金を裸傭船料の名目で返済し、期間満了時に残存する融資金残高を買取代金として支払って、船舶の所有権の返還を受ける。所有権留保型の船舶金融の場合は、融資者自身が登記上の船舶所有者となるのであるから、融資者の登録国と船舶の登録国は、同じであるか、仮に異なっているとしても、すくなくとも、船舶の登録国において、外国法人による船舶の登録を認める場合でなければならない。例えば、日本法人の名義ではインドネシアに船舶を登録することができないので、日本法人がインドネシアの船主に融資するため所有権留保型の船舶金融を採用することは出来ない。船舶の登録国が自国民主義[1]をとる国である場合、のちに述べる二重国籍を認める国の間での取引[2]でない以上、所有権留保型船舶金融は、制約を

---

1) 広義の自国民主義では、外国人が全株式を保有する法人であっても当該国に登録する法人であれば、当該国に船舶を登録できるが、狭義の自国民主義は、登録法人の株主や取締役が自国民であること、あるいは、これに類似する実質的な自国民による所有を要求する。日本の船舶法第1条は、「日本ノ官庁又ハ公署ノ所有ニ属スル船舶、日本国民ノ所有ニ属スル船舶、日本ノ法令ニ依リ設立シタル会社ニシテ其代表者ノ全員及ビ業務ヲ執行スル役員ノ三分ノ二以上ガ日本国民ナルモノノ所有ニ属スル船舶 […ソレ] 以外ノ法人ニシテ日本ノ法令ニ依リ設立シ其代表者ノ全員ガ日本国民ナルモノノ所有ニ属スル船舶」に限定しており、狭義の自国民主義を採用している。

2) 二重国籍については第3の7において詳しく説明する。二重国籍と言っても、裸傭船者が選ぶ国籍と本来の所有権や抵当権等の物権の変動を登記する国籍とを区別した意味での二重国籍である。たとえば裸傭船者が甲国の国旗を掲げ、本船が甲国籍の船舶の様相を呈することを欲

受ける。もっとも、パナマ、バハマ、ケイマン等多くの便宜置籍国[3]の場合は外国法人名で船舶を登録することを認めており、リベリアやマーシャル諸島などの便宜置籍国や香港では、外国法人として登録をすることによって、同国籍の船舶の所有者となることができる。

所有権留保型の船舶金融に関する説明はこの程度にとどめ、本稿では、主に、返済財源としての収益を生み出す稼働形態としての傭船契約を中心に検討する。

II　返済財源を生み出す稼働形態

1　4つの稼働形態

船舶融資者にとって、返済財源としての収益を生み出す稼働形態を理解することが、その稼働収益を担保として把握し、融資の回収を確実にするうえで、不可欠であることは言うまでもない。船舶所有者が購入した船舶を稼働して収益を上げる形態としては、大別して次の4通りが考えられる。

（1）船舶所有者が、自ら本船を管理し、船員を配乗するが、一定期間、特定の海運会社が運営する運航船団に組み入れて、当該船団の稼働益の分配を受ける形態。これを船団プール方式という。

（2）船舶所有者が、自ら本船を管理し、船員を配乗するだけでなく、み

するが、船舶融資者が甲国の所有者としては登記できない場合、一旦、融資者でも所有者となれる乙国に登記して、そこで、所有権や抵当権などの登記をしたうえで、乙国の承諾を得て、裸傭船者が、甲国に、裸傭船契約を登録して、甲国の国旗掲揚の権利を取得し、本船を甲国籍船のように艤装することである。この場合には、甲国では、所有権の移転や抵当権の設定などの物権の変動を行うことができない。

[3]　船舶が、「実質的な所有者の属する国と異なる国に登録され、その国籍を取得することがあり、このような船舶を便宜置籍船とよんでいる。厳しい国際競争にさらされる海運業界では、国内の法規制を回避して主にコスト削減による競争力を確保するため、パナマ、リベリアなどの国々に置籍することが古くから国際的に行われてきた。特に、船員の配乗規制を回避して賃金の安い外国船員を乗り組ませることにより船員費を大幅に削減出来る点に魅力があるほか、これらの国では船舶にかかる費用や税もきわめて低いものとなっている。日本船社がこうした国に現地法人を設立し、この法人に船舶を所有させつつ、これを傭船して実質的に支配するいわゆる仕組船と呼ばれる方法も広く行われている」（中村眞澄＝箱井崇史『海商法［第2版］』（成文堂、2013年）55頁）。

ずから船舶の運航に従事し、特定、又は不特定の、荷主の荷物を運送して収益を上げる方法。これを自航収益方式という。
（３）船舶所有者が、船舶を第三者に賃貸（裸傭船）し、船員の配乗を含めた本船の管理及び運航には一切関与せず、一定額の賃料（裸傭船料）を得る方法。これを裸傭船方式という。
（４）船舶所有者が、自ら本船を管理し、船員を配乗し、一定期間、船腹の全部又は一部を第三者の用に供するために定期傭船に出し、一定額の対価（定期傭船料）を得る方法。これを定期傭船方式という。

2 船団プール方式

　船団プール方式は、古くから見られ、中小、零細の船舶所有者が、多くの荷主や海運会社を顧客として抱える大規模な海運会社の豊富な運送の需要に寄与するため自社船を差出すことから始まったと思われるが、船腹がやや過剰となり、長期の定期傭船者を見いだせない場合、船舶所有者が、市況が回復するまでの暫定的な措置として、利用することが多い。

　船団を組む船団運営会社と船団に自社船を差出す各船舶所有者の間で、POOL AGREEMENT と呼ばれる契約を締結する。契約内容は様々であるが、船団に組み入れられた船舶を船団運営会社のもとで、運航に従事させ、その総収益を一定の比率をもって、船舶所有者に還元することを合意する。その分配金を Pool Result と呼んでいる。

　船舶の稼働収益を担保として捉える船舶融資者は、船団運営会社に対して Pool Result を求める請求権の譲渡を受けることになるが、Pool Result の金額が確定的なものとして予想できないことやその支払時期が一定でないことから、船団プール方式は、入金される稼働収益を一定額まで留保し、必要な船費を控除して、残りを融資金の弁済にあてるという船舶融資に於ける担保のメカニズムには適していない。

3 自航収益方式

　船舶所有者が自ら船舶の運航に従事する場合には、大別して、次の通り、航海傭船契約に基づく運送と簡品運送が考えられる。

（1）傭船契約とは、海上運送人である船主が、船舶（船腹）の全部または一部を提供してこれに船積みされた物品の運送を約し、その相手方である傭船者がその報酬、即ち、傭船料を支払うことを約する契約をいう。すでに紹介した定期傭船契約もこの傭船に該当すると言われているが、商法が予定する傭船契約は、運送契約としての傭船契約であり、定期傭船契約は、商法の予定しない特殊の契約と言う見解が支配的である。

　商法が予定する運送契約としての傭船契約は、特定の港（船積港）から特定の港（荷揚港）までの一航海を標準として定める航海傭船契約（VOYAGE CHARTER）である。航海傭船契約の中には、一航海に限定せずに、連続する複数の航海を対象とする連続航海傭船契約（CONSECUTIVE VOYAE CHARTER）もある。

（2）箇品運送契約とは、海上運送人が個々の物品の運送を引き受け、その相手方がこれに報酬、即ち、運送賃を支払うことを約する契約である。

　航海傭船契約は、専用船による多量の原材料や食料品などの輸送に広く利用されているが、特定の二つ以上の港の間で定期的に荷物を輸送するいわゆる定期船では、多くの場合、箇品運送契約が利用されている。ただし、我が国の、商法典は、航海傭船契約を中心に規定を設け（商法737条、741条1項、748条2項、752条1項、759条）、箇品運送契約についてはわずかな規定（商法749条、752条4項）を置くにとどまり、そのほかは、航海傭船契約に関する規定を準用している（商法750条、763条）にすぎない。

　自航収益方式の場合には、何時いかなる航海傭船契約が締結され、いかなる運賃などの収益は、予め確定されず、実績ベースで決まるため、入金された稼働収益を一定額まで留保し、必要な船費を控除して、残りを融資金の弁済にあてるという船舶融資に於ける担保のメカニズムには適していない。したがって、多くの場合、担保としては採用されない。

III 裸傭船方式の稼働形態

1 裸傭船契約と船舶金融

　裸傭船が予定される船舶金融にあっては、裸傭船者が船員を配乗し、船舶を管理・占有し、第三者に対して船費等の債務を負担することから、船舶融資者は、種々の局面で、裸傭船者、あるいは、裸傭船者の債権者との間で、利害が衝突する。従って、船舶融資者は、裸傭船契約の法的性格、船舶所有者と裸傭船者間の権利・義務関係、裸傭船者と抵当権者間の優劣、裸傭船者の債権者と抵当権者間の優劣を理解する必要がある。

2 裸傭船契約の定義

　裸傭船が実施される場合には、船舶所有者と裸傭船者の間で裸傭船契約が締結される。多くの場合、裸傭船契約には、国内にあっては、日本海運集会所の「裸傭船契約」標準書式、国際的には、ボルチック国際海運協議会（BIMCO）のBARECONと呼ばれる標準書式が使われている。これらの標準書式を概観すると、裸傭船契約とは、次のような特性を有する契約と定義することが出来る。

（1）船舶所有者は、堪航能力ある船舶を傭船者に引き渡すことを保証する。

（2）引渡後、傭船終了までの期間、傭船者は、自己が任免する船長及びその他の船員を介して、船舶を完全に自己の占有支配下に置くことが約定され、それは使用収益面に留まらず、船舶の改造、修繕、保険付保等の管理保全の全般に及ぶ。

（3）傭船者は船舶を自由に使用収益でき、その対価として、船舶所有者に対して、傭船期間中、継続して傭船料を支払う。

（4）傭船者は、傭船期間後、通常の損傷を除き、引渡時の状態を保持し、船舶を返船する。

3　裸傭船契約と賃貸借

商法704条は次の通り規定する。

> 「704条　船舶ノ賃借人ガ商行為ヲナス目的ヲモッテソノ船舶ヲ航海ノ用ニ供シタル時ハ、ソノ利用ニ関スル事項ニツイテハ、第三者ニ対シテ、船舶所有者ト同一ノ権利義務ヲ有ス。
> ②　前項ノ場合ニ於イテ、船舶ノ利用ニ付キ生ジタル先取特権ハ船舶所有者ニ対シテモソノ効力ヲ生ズ。但シ、先取特権者ガソノ利用ノ契約ニ反スルコトヲ知レルトキハコノ限リニ非ラズ。」

商法704条に言う「船舶賃借人」とは「他人の所有する船舶を賃借し、海上活動を行う目的をもってこれを航海の用に供する者」とされている[4]。上記2で定義される「裸傭船契約」は、商法704条に言う「他人の所有する船舶を賃借し、商行為をなす目的をもってその船舶を航海の用に供する契約」と言える。

4　裸傭船契約の法的性質

商法704条に従って、裸傭船（船舶賃貸借）から発生する法的関係は概ね、次の通り、整理することが出来る。これは、英国に於いても同様である[5]。

（1）動産の賃貸借であり、賃貸借に関する一般の法理が適用される。

（2）裸傭船者は、船舶を使用収益することができるが、船舶の改造、修繕、保険付保等、船舶を管理し、保全する責任を負う。

（3）船舶の損傷にかかわる裸傭船者の船舶所有者に対する責任については一般民事法（英米ではコモンロー）が適用される。

（4）船舶所有者は、船舶を占有していないので、裸傭船料の不払を理由に、積み荷の留置権を有しない。

（5）船舶の船長は船舶所有者の被用者ではなく、裸傭船者の被用者である。

（6）荷主が裸傭船の存在を知らなくとも、船舶所有者は荷主に対して積

4）　中村＝箱井・前掲（注3）76頁。
5）　Sweet & Maxwell 出版「Scrutton on Charter Parties」12th Edition P.62-63

み荷の損害賠償責任を負わない。
(7) 船長が署名した船荷証券は船舶所有者ではなく、裸傭船者を拘束し、国際海上物品運送法にいう運送人は船舶所有者ではなく、裸傭船者となる。
(8) 船舶が海難救助料を得る場合には、それは船舶所有者ではなく、裸傭船者に属する。
(9) 船舶衝突などの船長や船員の不法行為については、船舶所有者ではなく、裸傭船者が第三者に対し責任を負う。
(10) 制定法が「船舶所有者」や「船主」に対して義務を課している場合、裸傭船者がこれを遵守する責を負う[6]。

5　船舶融資契約における留意点

このような裸傭船の特性から、金銭消費貸借契約、抵当権設定契約及び保険金債権譲渡契約などの船舶融資関連契約の作成に当たっては、以下の点を留意する必要がある。
(1) 裸傭船者に船舶の管理・保全に関する責任があるので、船舶融資関連契約の中の船舶の管理・保全に関する規定では、融資者に対しては、船舶所有者にその義務を課すも、船舶所有者が裸傭船者を履行補助者としてその義務を履行することを容認する。
(2) 船体・機関の損害保険については、船舶所有者が被保険者となり[7]、船舶衝突などの損害賠償保険（P&I保険も含む）については、船

---

6) 但し、責任制限に関する国際条約においては、必ずしも統一されてはいない。1957年の「船舶所有者の責任の制限に関する国際条約」及びこれに基づいて制定された我が国の「船舶の所有者等の責任の制限に関する法律」においては、船舶賃借人、裸傭船者にも責任制限が認められている。一方、1969年の「油による汚染損害についての民事責任に関する国際条約」及びこれに基づいて制定された我が国の「油濁損害賠償保障法」においては、登記上の船舶所有者のみを責任主体ととらえて、無過失責任を負わせるとともに、責任制限を認めるが、船舶賃借人や裸傭船者は、対象としていない。ちなみに、1990年のアメリカ合衆国「OIL POLLUTION ACT」では、船舶所有者の他に、船舶賃借人、裸傭船者も油濁損害の責任主体としている。
7) 裸傭船者が、自ら所有する設備を船舶に追加する場合には、これについては裸傭船者が被保険者となる（東京海上火災保険株式会社編『損害保険実務講座3 船舶保険』（有斐閣、1983年）125頁）。

舶所有者及び裸傭船者の内、第三者に対し損害賠償責任を負う者が被保険者となる。

（３）船舶衝突などの不法行為に基づく損害賠償債務、船員の給与債務、海難救助債務、燃料油などの必需品代金債務などの船舶債務は、裸傭船者が負担するが、いずれも、船舶先取特権あるいはスタチュートリーリーエンと言われる担保権が発生するので、船舶融資者は、船舶債務の支払状況に関して、常に最新の情報を入手して、状況を把握しておく必要がある。

ちなみに、船舶先取特権とは主として船舶の航海に関して発生した特定の債権につき、船舶、属具および未収の運送賃の上に、他の債権者に優先して弁済を受けることが認められた特別の担保物権[8]で、当該船舶が誰の所有に属そうと、当該船舶が何処に行こうと、時効あるいは除斥期間の徒過により、消滅するまで、当該船舶に付着して存続し続ける。これに対して、スタチュートリーリーエンとは、1952年船舶差押条約において、一定の海事債権について容認される船舶に対する対物訴訟（差押、競売）権[9]のことであり、それぞれの国が、1952年船舶差押条約を、国によっては、その条件を緩和し、あるいは、変更して、国内法化している。スタチュートリーリーエンは、当該海事債権の債務者が実質的に所有する船舶を対象とするもので、当該船舶は勿論、姉妹船に対しても行使することができる[10]が、裸傭船者の負担する海事債権については国によって、そ

---

8) 中村＝箱井・前掲（注3）391頁。
9) 対物訴訟（action in rem）とは、船舶所有者ではなく、船舶その物を被告とする訴訟で、船舶を差押することによって手続きが開始する英米法の訴訟手続きである。ただし、後述するスタチュートリーリーエンを認めず、スタチュートリーリーエンに相当する海事債権についても、劣後的船舶先取特権とする米国法では、文字通り、船舶それ自体が被告であり、その船舶所有者が誰であっても、手続は進行するのに対して、船舶先取特権とスタチュートリーリーエンを区別する英国法及び英国法系の国では、実質的に船舶を所有する者が負担する債務であるかどうかが重要な論点となるので、対物訴訟は、背後にいる実質的な船舶所有者を呼び出す手続として理解されている。対物訴訟自体は、債務名義確定のための本案訴訟手続きであり、当然に競売手続が含まれる訳ではないが、並行して、船舶の競売手続が申請されるので、結局、一体として、わが国の競売と類似している。

の取り扱いを異にする[11]。

　船舶先取特権全般については、本書のなかで別に詳述されるので、ここではこの程度にとどめる。

6　裸傭船契約と船舶金融の担保としての保険金債権譲渡担保

　船舶抵当権及び稼働収益譲渡担保とともに、保険金債権の譲渡担保あるいは質入れは、船舶融資担保としての三種の神器[12]といわれるもので、極めて重要であることはいうまでもない。

　通常の船舶金融にあっては、船舶所有者が自らの費用で、保険契約を締結するので、保険金債権の譲渡担保権あるいは質権[13]は、船舶所有者が有する保険金債権についてのみ設定される。しかしながら、裸傭船が介在する場合には、保険契約は、裸傭船者が締結する。前述した通り、船体・機関の損害保険については、船舶所有者が被保険者となり、船舶衝突などの損害賠償保険（いわゆるP&I保険も含む）については、船舶所有者及び裸傭船者が被保険者となるため、損害保険については、主として、船舶所有者が有する保険金債権を、損害賠償保険[14]については、船舶所有者及び裸傭船者が有する

---

10)　姉妹船かどうか、すなわち、債務者の所有船舶かどうかの判断基準は、英国、シンガポール等の裁判所法では、差押令状が発行される時点であり、実際の差押時ではないとされ、かつ、船舶が来港せずとも差押令状が前もって発行され得るため、来航前に差押令状が発行されていれば、その後、売船し所有者が変わっても対抗でき、その後、当該国に赴いた場合には、差押令状が執行される点に留意する必要がある。

11)　ある船舶について、海事債務（たとえば燃料油代金債務）を負担する当事者が、別の船舶を裸傭船している場合、当該海事債権の債権者は当該裸傭船船舶を差し押さえ競売できるかという命題について、1952年船舶差押条約4条及び多くの国ではこれを否定するが、ニュージーランドの海事法はこれを認めており（Admiralty Act 1973, Section 5 (2) (b) (ii)）、船舶融資者にとっては極めて重大な規定である。

12)　The Panglobal Friendship [1978] 1 Lloyd's Rep. 368において、House of Lords の判事 Roskill 卿は、これを判決の中で言明している。

13)　質と譲渡担保の主な相違点は、質の場合には、要物性が求められるため、質権者が保険証券を占有することが必要となる事である。したがって、保険証券のうえに留置権を有する保険ブローカーが介在する場合には、質は採用できない。

14)　もっとも我が国では、平成22年の保険法の改正により、「1. 責任保険契約の被保険者に対して当該責任保険契約の保険事故に係わる損害賠償請求権を有する者は、保険給付を請求する権利について先取特権を有する」「3. 責任保険契約に基づき保険給付を請求する権利は、譲り渡

保険金債権を船舶融資者に譲渡又は質入れすることとなる。従って、保険金債権譲渡契約あるいは保険金債権質入契約は、船舶所有者及び裸傭船者が譲渡人あるいは質権設定者となって締結し、両者が有する保険金債権をともに、船舶融資契約上の債務の担保として、譲渡又は質入れする方法を採用するか、あるいは、裸傭船者が有する保険金債権に関しては、裸傭船者と船舶所有者の二者間で保険金債権譲渡契約あるいは保険金債権質入契約を締結し、裸傭船契約上の債務の担保として、裸傭船者から船舶所有者へ譲渡あるいは質入れし、船舶所有者と船舶融資者の間で別途、保険金債権譲渡契約あるいは保険金債権質入契約を締結し、船舶融資契約上の債務の担保として、船舶融資者に対し、船舶所有者の固有の保険金債権を譲渡又は質入れするとともに、裸傭船者の保険金債権を再譲渡又は転質する方法を採用することとなる。後者の場合には、裸傭船者の保険金債権については、転担保となるため、裸傭船契約上の債務が履行されている限り、船舶融資者にとって担保権を実行することが出来ないことに留意する必要がある。

　仮に、損害保険金債権のみを譲渡あるいは質入れする場合には、保険金債権譲渡契約は、船舶所有者のみが譲渡人又は質権者となって締結し、裸傭船者は関与しないことになる。しかし、締結すべき保険の種類と条件、保険者の譲渡承諾書（又は質権設定承認書）、あるいは、LETTR OF UNDERTAKING と言われる保険者の誓約書など、保険者あるいはブローカーから必要な文書を取り付けることなど、裸傭船者の合意を必要とする場合には、船舶所有者、裸傭船者及び船舶融資者の三者間、あるいは、裸傭船者及び船舶融資者の二者間の協定が必要となる。

7 裸傭船契約と抵当権実行制限の QUIET ENJOYMENT AGREEMENT

　船舶を運航の用に供する者にとって、何時も、平穏に、船舶を利用できることが重要であり、突然、船舶融資者が、抵当権を実行し、差押を強行する

し、質権の目的とし、又は、差し押さえることが出来ない」（保険法22条）とされたため、船体保険の船舶衝突約款において補塡される損害賠償保険、P&I 保険で補塡される各種の損害賠償保険については、債権者に先取特権が認められ、しかも、譲渡担保も質入も禁止されたため、日本法を準拠法とする損害賠償保険についてはもはや担保設定が出来なくなった。

ことは避けたいと希望する。特に、裸傭船者の場合には、裸傭船者が船舶を占有し、船員を雇い、船舶を管理する責任を負っているのであるから、これを全うしている限り、船舶融資債権によって船舶が差し押さえられ、船舶の利用を妨害されることは、想定外である。しかるに、裸傭船者が管理できない船舶融資債務の不履行によって船舶が差押えられ、利用できなくなることは、避けたいところである。

日本船舶の場合には、「船舶ノ賃貸借ハ登記シタル時ハ爾後ソノ船舶ニツキ物権ヲ取得シタル者ニ対シテモソノ効力ヲ生ズ」(商法703条)ので、賃借人は、抵当権が登記される前に賃貸借を登記することによって、こうした事態を避けることができる。外国で登記される船舶については、当該登録国の制度によることとなるが、いずれの便宜置籍国でも、我が国の商法703条のような規定を持たない。

パナマ、リベリア、マーシャル諸島など複数の便宜置籍国では、自国に登録された船舶を裸傭船者が他国に二重に登録することを許容し、逆に、他国で登録済みの船舶について、裸傭船者が、自国に二重に登録することを認めている。これは、DUAL FLAG（二重登記）と言われる。ただし、それは、あくまでも、裸傭船者が当該船舶に別の国旗を掲げる権利を与えるだけであり、当該船舶に対する所有権、抵当権などの物権の変動は、主要登録国の法律に基づいて主要登録国においてのみ容認され、裸傭船登録国では認められない[15]。従って、たとえ、裸傭船登録をしたとしても、我が国の商法703条のように、裸傭船は、その後主要登録国で登記された抵当権に対する優先権を持たない。

香港では、香港法人あるいは香港に登録をした外国法人が、船舶を裸傭船する場合には、当該船舶を香港に登録することが出来る。ただ、すでに他国

---

[15] フィリピンは便宜置籍国ではないが、他国で登録済みの船舶の裸傭船登録をみとめている。このフィリピンの裸傭船登録は、フィリピン人船員を雇い入れ、フィリピン籍船として就航させるために、古くから、利用されてきているが、裸傭船者と言ってもフィリピン人船員派遣会社がフィリピン国旗掲揚の為のみに裸傭船を利用するのであり、パナマ、リベリア、マーシャル諸島など複数の便宜置籍国で採用されている、実際の運航者による裸傭船登録とはその目的を異にする。

で登録済みの船舶については当該登録を抹消した上でなければ、香港での登録を認めないので、これは便宜置籍国で行われる二重登録ではない。従って、裸傭船登録の場合でも、所有権や抵当権も香港で登記され、一切の物権の変動についても、同様に、香港で登記されるという特異な制度となっている。ただし、ここでも、我が国の商法703条のように、裸傭船は、その後登記された抵当権に対する優先権を持たない。

　そこで、裸傭船契約において、裸傭船者が裸傭船契約を遵守する限り、抵当権の実行を自粛することを合意する船舶融資者作成の文書を求めることが多い。この船舶融資者の合意文書を、QUIET ENJOYMENT AGREEMENT という。

　船舶所有者が破綻した場合には、船舶融資者にとって、本船の交換価値が唯一の返済財源となるから、船舶抵当権の実行が制限されるということは極めて重大事である。しかしながら、裸傭船船舶に対し融資する者は、多くの場合、裸傭船料が滞りなく入金される限り、融資金が利息とともに完済されることを前提に融資を決断するわけであり、合意された裸傭船料は、本船の市場価格と異なり、変動しないことを考慮に入れると、本船の交換価値以上に、融資金の返済財源として確実なものといえる。もちろん、裸傭船者の財政能力に依拠するところもあるが、基本的には、QUIET ENJOYMENT AGREEMENT を合意することは、船舶融資者にとって、特別なことであるとは思われない。特に、船舶が負担する費用の内、主要登録国におけるトン税及び融資金債務を除くと、そのほとんどが、裸傭船者の負担するものであることを考慮に入れると、船舶所有者が破綻しても、本船が第三者によって競売などの執行を受ける可能性は少ない。従って、船舶所有者が破綻しても、裸傭船者が裸傭船契約を履行する限り、抵当権の実行を先送りして、裸傭船料による債権回収を継続することは、必ずしも、誤った選択とは思われない。この点、定期傭船の場合の QUIET ENJOYMENT AGREEMENT とは異なる[16]。

---

[16] 定期傭船の場合の QUIET ENJOYMENT AGREEMENT については、IV. 11において、詳述する。

8 倒産法における裸傭船契約と抵当権実行制限

裸傭船者が破綻した場合に、船舶融資者は、船舶を裸傭船者から取り上げ、売却処分するか、あるいは、新たな傭船者に切り替える必要がある。その場合、船舶所有者、あるいは、船舶所有者から譲渡を受けた船舶融資者は、裸傭船者から船舶を取り上げることが出来るかどうかが問題となる。

日本海運集会所の裸傭船契約書の標準書式では、裸傭船者が破綻しただけでは当然に本船を引き揚げあるいは契約を解除することができるという規定を設けてはいないが、それが、裸傭船契約の違反を惹起し、「故意又は重大な過失」と認定される場合には、船舶所有者あるいは譲渡を受けた船舶融資者において契約を無催告にて解除することができるとされている[17]。

BARECON書式でも、裸傭船者が破綻しただけでは当然に本船を引き揚げあるいは契約を解除することができるという規定を設けてはいないが、傭船料の不払いの場合について、7連続日を超えて不払いが続く場合に、船舶の引揚げを認めている。尤も、準拠法が英国法である場合、英国法では、この船舶引揚げ権は、反対給付を止め、裸傭船を終了させる効果しかなく、当然に、契約解除を認め、引揚後の新たな傭船料との差額について逸失利益を請求することができる訳ではないことは、IV.10（9）において詳述する。

こうした、船舶引揚げや契約解除も、裸傭船者の破綻が、会社更生手続や民事再生手続の開始決定という事態となる場合には、会社更生法や民事再生法の制約を受けることがある[18]。

裸傭船者が外国法人で、類似の手続きが当該外国において開始される場合には、同様に、同外国の手続法の制約を受けることがある[19]。

---

[17] 準拠法が日本法である限り、日本の民法541条による法定解除権の行使も可能である。
[18] 裸傭船契約において、裸傭船者の会社更生の申立てを裸傭船契約の解除事由とする条項は無効とする説が有力である（伊藤眞『会社更生法』（有斐閣、2012年）281頁）が、それは、管財人の双方未履行の双務契約の解除権を認めている会社更生法の趣旨によるものであり、傭船料の不払いを理由とする契約解除まで無効とするものではない。
[19] 近時、KOREA LINEやSTX PAN OCEANといった韓国の上場海運会社の倒産が多いが、いずれも、「債務者回復並びに破産に関する法律」という制定法に基づく手続きで、管財人の双方未履行の双務契約の解除権など、我が国の会社更生法と酷似した制度が採用されている。

9 裸傭船料債権譲渡担保ならびに裸傭船契約上の地位の譲渡予約

さて、このような、法的性格、ならびに、特性を有する裸傭船が稼働形態として取り入れられる船舶融資案件にあっては、船舶融資者が選択する担保として裸傭船料債権譲渡担保がある。そこで、裸傭船料債権譲渡担保に関連する種々の問題について、次の通り、検討する。

(1) 裸傭船料債権譲渡担保において譲渡されるのは、裸傭船料債権や裸傭船者が将来、契約に違反した場合の損害賠償債権などの金銭債権であるが、船舶引揚権や契約解除権などの形成権も譲渡対象とすることが出来るかどうかは、裸傭船契約の準拠法による[20]。

(2) 裸傭船料債権譲渡担保は、ほかの債権譲渡担保と同様に、譲渡人と譲受人間の譲渡担保契約の締結によって成立し、日本法のもとでは、裸傭船者への譲渡通知、および、裸傭船者からの承諾によって裸傭船者に対する対抗要件を具備する。第三債務者(裸傭船者)及び第三者(裸傭船料債権を差押えた船舶所有者の債権者など)に対する対抗要件は、係争地の裁判所が採用する国際私法によって決まるが、係争地が日本である場合には、裸傭船料債権の準拠法、すなわち、裸傭船契約の準拠法によって決まる(法の適用に関する通則法23条)[21]。従って、裸傭船料債権譲渡担保契約の準拠法を日本法としたとしても、それだけで当然に、民法467条が適用され、裸傭船者を除く第三者に対抗するためには、確定日付ある譲渡通知あるいは承諾を必要とすると判断してはならない[22]。

---

[20] 日本法では、当事者が合意する限りこうした形成権の譲渡も有効であるが、これを民法466条の指名債権の譲渡に準ずるかどうかについては争いがあるところである。

[21] 米国統一商法典では譲渡人所在地法を採用するので(UCC第9-301条)係争地がアメリカの場合には船舶所有者の所在地の法が採用され、ローマ条約第12条第2項を踏襲する英国では我が国同様、譲渡対象債権準拠法を採用するので、係争地が英国である場合には裸傭船契約の準拠法が採用される。フランスでは、債務者住所法主義と譲渡対象債権準拠法主義が対立していることから、フランスが係争地となった場合には、裸傭船者の住所地の法律か、あるいは、裸傭船契約の準拠法のいずれを採用するか不明である。

[22] 現在の海運実務で裸傭船契約の準拠法として採用される可能性が高い英国法においては、我が国と同様に、債権譲渡通知あるいは承諾のいずれかをもって対抗要件を具備することになり、競合する場合にはその日付の早い順で決定される。確定日付は採用されない。また、英国では、

（３）裸傭船の場合には、定期傭船と異なり、必ずしも、傭船料は前払いとはかぎらないが、前払いの場合には、定期傭船の場合と同様、裸傭船料債権譲渡の担保的機能は、ほとんどない。なぜなら、裸傭船契約も双務契約であり、裸傭船料の支払いは、船舶所有者が船舶を裸傭船者に対して使用させる債務と対価関係にたち、しかも、裸傭船料の支払いが先履行の関係にある限り、裸傭船者が本船を使用継続しない限り、未払いの裸傭船料債権は存在しないからである。すなわち、譲受人である船舶融資者が、船舶所有者の債務不履行を理由として、裸傭船者に対し、裸傭船料を直接、支払うように請求しても、裸傭船者は、次回の支払日が到来するまで、これに答える必要がないからである。後払いの場合、裸傭船者の本船使用が止まった場合には、そこまでの未払い裸傭船料は、譲受人である船舶融資者に支払われる。このように、傭船料債権譲渡担保とは、船舶所有者に融資契約上の債務不履行事由が発生した場合、船舶所有者の反対給付が継続すること、言い換えれば、裸傭船者が継続使用して初めて、意義がある担保といえる。

（４）裸傭船料債権譲渡担保のもう一つの狙いは、入金した傭船料の円滑な留保と返済充当の手続きを確立することにある。多くの場合、裸傭船料は、融資金の返済と同じ周期か、あるいは、融資金の返済周期よりも短い周期で支払われる。たとえば、融資金の返済が３ヶ月毎で、裸傭船料の支払いは毎月と言った事例である。この場合には、次回返済金額にたいし、裸傭船料の支払い周期を融資金の返済周期で除した比率、たとえば、その事例では、３分の１を乗じた金額まで、各回の裸傭船料を留保し、次回返済日に引き落として返済充当するという手続きが合意される。この合意は、裸傭船料債権譲渡による担保としての機能そのものではないが、裸傭船料債権譲渡担保契約書の重要な構成要素である。

（５）ついで、裸傭船料債権譲渡担保と並行して行われるものとして、裸

我が国と異なり譲渡通知の通知人は譲渡人でも、譲受人でもかまわないとされている。

傭船契約上の地位の譲渡予約がある。

　双務契約上の一方当事者Aの地位を、たとえば、Bに移転する場合、移転すべきものは当然その契約から生じる債権だけでなく、債務も含まれる。すなわち、双務契約上の地位の移転には、当然に、債権譲渡と債務引受の両要素がふくまれることとなる。したがって、債務者の同意を要することとなる[23]。この双務契約である裸傭船契約上の船舶所有者の地位を融資者あるいは融資者の指名する第三者に移転することをあらかじめ予約するのが、裸傭船契約上の地位の譲渡予約である。予約完結権が融資者に与えられ、融資契約上の債務不履行事由の発生が、その予約完結権行使の条件となる。この裸傭船契約上の地位の譲渡予約は、日本の金融機関が好む担保で、従来、ヨーロッパの船舶融資において利用されていなかったが、昨今では、利用されつつある[24]。

(6) この裸傭船契約上の地位の譲渡予約は、船舶所有者に債務不履行事由が発生した場合、裸傭船契約から船舶所有者を排除し、融資者あるいは融資者が指名する第三者が船舶所有者に代わって、裸傭船契約上の当事者となって、船舶所有者やその管財人あるいは債権者から切り離し、裸傭船契約を継続して、裸傭船料という弁済財源を確保することを目的とするものである。ここで最も重要な前提条件となるのが、船舶所有権の融資者あるいは融資者が指名する第三者への移転である。船舶融資者が船舶所有者に代わって裸傭船契約を履行するといっても、船舶所有者が本船を所有継続しているかぎり、船舶所有者の債権者による差押などの障害をさけられない。そのためには、船舶融資者あるいは融資者が指名する第三者に所有権を移転する必要がある。従って、裸傭船契約上の地位の譲渡予約証書においては、単に裸傭船契約上の地位の移転にとどまらず、船舶の所

---

23) 我妻榮ほか『我妻・有泉コンメンタール民法総則物権債権』(日本評論社、2009年) 872頁。
24) 英国を舞台とする船舶融資では、傭船料債権に限らず、すべての債権、形成権等の権利を融資者に譲渡する裸傭船契約譲渡担保という制度が利用されており、債務の承継まで含む地位承継は利用されてこなかった。

有権も融資者あるいは融資者が指名する第三者に移転することを合意しておく必要がある。もちろん、スムーズな所有権の移転に対する抵抗が懸念されるのであれば、あらかじめ、所有権移転のための白紙委任状などの保全措置を講じることになる[25]。その場合、所有権移転の対価をどう考え、どのような法的及び経済的な精算を行うかを検討しなければならない。たとえば、代物弁済[26]、信託的譲渡[27]などの考え方である[28]。

IV 定期傭船方式の稼働形態

1 定期傭船契約と船舶金融

多くの船舶融資案件では、船舶を大手のあるいは比較的規模の大きい船舶運航会社に長期間の定期傭船に出し、その定期傭船料を返済財源とすることが予定されている。通常は、融資期間は予定された定期傭船期間と一致し、定期傭船が期間満了するまで、融資金の約定弁済が進み、期間満了時に船舶を市場にて売船して、残債を一括返済する方法が採用される。

---

[25] スムーズな所有権の移転に対する抵抗が懸念される場合の代替策として、船舶所有者の株式の質入という制度がある。船舶所有者は通常、便宜置籍国の法人であり、その親会社が株式を船舶融資者に質入れすることである。この場合、船舶の所有権の移転に替えて、株式の移転により、船舶所有者を船舶融資者の子会社とすることで、実質的に所有権を取得したのと同等の効果がある。勿論、この場合でも、永久に株式を移転する場合には、代物弁済とする必要があり、その株価の査定が重要となる。そこで株式の信託的譲渡という方法が考えられる。それは、裸傭船が終了するまで、暫定的に融資者が船舶所有者の株主となり、裸傭船料を継続して、船費及び融資金の弁済に充当し、完済時に、株式を船舶所有者の旧親会社に戻すという考え方である。

[26] 船舶による代物弁済の場合には、船舶の価格の査定が重要である。

[27] 船舶の信託的譲渡とは、裸傭船が終了するまで、暫定的に融資者あるいは融資者の指名する第三者が登記上の所有者となり、裸傭船料を継続して、船費及び融資金の弁済に充当し、完済時に、所有権を債務者に戻すという考え方である。

[28] 船舶による代物弁済にせよ、船舶の信託的譲渡にせよ、あるいは、株式質入れにせよ、融資者が銀行である時は、銀行法第12条及び第16条ノ2による制約があり、船舶所有者やその親会社となることが出来ない。従って、第三者にこれを委託することとなるが、その場合、第三者にどのような条件で委託するかは、個別に検討しなければならない。

傭船料収入が、返済財源となること、したがって、傭船者が傭船契約を遵守が極めて重要であることは、裸傭船の場合と変わることはない。しかしながら、裸傭船と異なり、傭船期間を通じて、定期傭船者は、船腹の排他的使用権を有するも、船長以下、乗組員はすべて、船舶所有者の被用者であるため、傭船者が船舶を直接、占有、管理しない点で、裸傭船と異なる。

従って、船舶の第三者に対する法的責任、船荷証券における責任主体、船舶所有者の負担すべき費用、定期傭船者の負担すべき費用、定期傭船者の船舶所有者に対する法的責任、オフハイヤー、傭船料の不払と船舶引揚及び契約解除、定期傭船者の倒産と船舶所有者の取り得る対応など、定期傭船に関する種々の問題は返済財源の減少のみならず、債務者である船舶所有者の財政の悪化につながるものであり、船舶融資者にとって、これらの法的な関係を十分に理解したうえで、然るべき対策を融資関連契約に盛り込むことが必要となる。

そこで、本項では、定期傭船契約の法的性格を分析し、定期傭船に関する種々の問題を検討することとする。

2 定期傭船契約の定義

定期傭船には、「船舶を所有し、船長その他の船員を雇用する船主が、一定の期間について、当該船舶を定期傭船者の自由な利用に供することであり、船舶組織を持たない定期傭船者があたかも自己の船舶のようにこれを利用できる点に特徴がある」と説明されている[29]。

3 定期傭船契約の標準書式の特異な条項

定期傭船契約の法的性格について、後記の通り、種々の説があり、我が国の判例も変遷している。そもそも、定期傭船契約書の書式は、我が国の国内船向けには日本海運集会所の定期傭船契約書式[30]、外航船向けには、一般書式としてのボールタイム書式[31]やプロデュース書式[32]から、専用船の定期

---

29) 中村＝箱井・前掲（注3）79-80頁。
30) 初版は昭和2年で複数の改訂を重ね、現在は平成10年3月改訂が最終版となっている。
31) ボールタイム書式は1909年に The Baltic and International Maritime Counsil (BIMCO)

傭船契約書式³³⁾まで、種々にわたるが、共通して、次の6つの約款を含んでおり³⁴⁾、これが、定期傭船契約の法的性格の分析を難しくしている。因みに、次の6つの約款の引用文言は、プロデュース書式1993（NYP93）からの引用文である。

(1) 船舶貸与傭船約款： 船主が一定期間船舶を定期傭船者に貸与する旨の規定　（NYP93第1条：The Owners agree to let and the Charterers agree to hire the Vessel from the time of delivery for a period of …..）（船主は引渡の時から一定期間本船を傭船者に貸与し、傭船者がこれを傭船する）

(2) 利用約款：船主が船舶を定期傭船者の自由な利用に委ねる旨の規定（NYP93第2条：The Vessel shall be placed at the disposal of the Charterers at…..）（本船は…において傭船者の使用に委ねられる）」

(3) 使用約款： 船長その他の船員が定期傭船者の指揮に従うことを定める規定　（NYP93第8条 (a)：The Master shall …. (although appointed by the Owners) be under the orders and directions of the Charterers as regards employment and agency）（船長は…（船主に任命されたとはいえ）本船の使用及び代理業務に関し、傭船者の指揮に従わなければならない）

(4) 不満足約款： 定期傭船者による船長その他の船員の交換を定める規定　（NYP93第8条 (b)：If the Charterers shall have reasonable cause to be dissatisfied with the conduct of the Master or officers, the Owners shall, on receiving particulars of the complaint, investigate the same, and if necessary, make a change in the appointments）（傭船者に船長又は職員の行為を不満足とする相当な理由があるときは、船主は、その苦情書を受け取り次第、

（バルチック国際海運協議会）がコードネーム Baltime 1939として制定した。その後、1974年に改訂されている。

32) プロデュース書式は、New York Produce Exchange（ニューヨーク物産取引所）が1913年に制定し、1993年に改訂をしている。このボールタイム書式とプロデュース書式は単に一般貨物船用ではあるが、船種によらず、定期傭船契約のリーディング書式として広く使用されている。

33) タンカー用として広く利用されている書式としては、SHELLTIME 4やExxon Mobil Time 2005、コンテナ用のBOXTIMEがある。

34) 中村＝箱井・前掲（注3）81頁。

その事実を調査し、必要なときは、彼らの任命を変更しなければならない)

（5）船主負担費目約款： （NYP93第6条 The Owners shall provide and pay for the insurance of the Vessel…and for all provisions, cabin, deck, engine-room and other necessary stores, including boiler water; shall pay for wages and, consular shipping and discharging fees, and discharge for port services pertaining to the crew; shall maintain the Vessel's class and keep her in a thoroughly efficient state in hull, machinery and equipment for and during the service, and have a full complement of officers and crew)（船主は本船の保険、食料品、船室、甲板、機関室その他船用品（ボイラー水を含む）を手配し、かつ、その費用を支払い、乗組員の給料、乗組員の雇入れ、雇止めにかかる領事館費、乗組員にかかる港費を支払うほか、本船の船級を維持し、傭船期間中、船体、機器、及び備品を十分な稼働状態に置き、職員及び船員の定員を確保する)。

（6）傭船者負担費目約款： （NYP93第7条 The Charterers ... shall provide and pay for all bunkers .... shall pay for port charges (including compulsory watchmen and cargo watchmen and compulsory garbage disposal), all communication expenses pertaining to the Charterer's business at cost, pilotages, towages, agencies, commissions, consular charges (except those pertaining to individual crew members or flag of the Vessel), and all other usual expenses except those stated in Clause 6)（傭船者は..全ての燃料を手配し、かつその支払いをなし、(強制見張り、貨物見張り及び強制廃棄物処分を含む)港費、傭船者の業務に関するすべての通信費、水先案内料、曳航料、代理店料、手数料、(各乗組員及び本船の国籍に関するものを除く)領事館費その他6条に記載されたものを除く、一切の通常の費用を支払う)。

4　定期傭船契約の法的性格

我が国の制定法には、定期傭船に関する規定がない。したがって、上記のような特性を持つ定期傭船契約の法的性格について、特に、①商法704条を適用して定期傭船者の責任を認めるか、それとも、商法704条の適用を否定して定期傭船者の責任を否認するかという問題[35]、並びに、②定期傭船者が荷主との間で別途航海傭船契約や箇品運送契約等の運送契約を締結した場合

に商法759条[36]に基づき船主が運送責任を負うかどうかという問題[37]について、判例学説において、種々の見解が主張されている。

(1) 純運送契約説：定期傭船契約を純粋の運送契約とし、商法704条の適用を否定し、商法759条を適用する。これは英国法[38]に近いもので、海技事項については、定期傭船者の不法行為責任を否定し、For the Master として発行された船荷証券における運送責任者を船主とし、積荷損傷に関する定期傭船者の損害賠償責任を否定する。

(2) 禁反言説：内部関係では定期傭船契約を運送契約とするが、第三者との不法行為に関しては商法704条の適用を認め、第三者との取引に関しては第三者が船主を海上運送人と信じたのなら商法759条を適用し、第三者が傭船者を海上運送人と信じたのなら商法759条の適用を否定する。しかし、これは、商事事項について、主観的な基準によ

---

35) いわゆる海技事項と言われるもので、特に船舶衝突など本船の不法行為に関して、定期傭船者が責任を負うかという議論となる。
36) 「759条　船舶ノ全部又ハ一部ヲ以テ運送契約ノ目的ト為シタル場合ニ於テ傭船者カ更ニ第三者ト運送契約ヲ為シタルトキハ其契約ノ履行カ船長ノ職務ニ属スル範囲内ニ於テハ船舶所有者ノミ其第三者ニ対シテ履行ノ責ニ任ス」
37) いわゆる商事事項と言われるもので、特に、船長あるいは、傭船者の代理店が、For the Master と記載して発行した船荷証券における運送人は船主なのか（したがって、積荷の損傷について損害賠償を負担するのは船主なのか？）、それとも、定期傭船者なのかという議論に関連する。
38) 英国法では、(1) 船長は船舶所有者の一般的な代理人であるから、船長が自ら署名した船荷証券については船舶所有者が船荷証券の運送人となる (Wehner v. Dene Steam Shipping [1905] 2K. B. 92他)、(2) 定期傭船契約で「船長は傭船者の代理人として署名する」という規定があっても善意の所持人は船舶所有者を船荷証券の運送人と主張することができる (Manchester Trust v. Furness, Withy [1895] 2Q. B. 539)、ただし、船荷証券に「船長は傭船者の代理人として署名する」という文言が書き加えられた場合には定期傭船者が船荷証券の運送人となる (Elder Dempster v. Paterson, Zochonis [1924] A.C. 522)、(3) NYP93の第8条において「…the Captain who is to sign Bills of Lading for cargo as presented … (…船長は、船荷証券の提示がなされた場合..これに署名しなければならない」と記載されていることに関連して、「船長は傭船者から呈示された船荷証券に署名しなければならずその船荷証券上の運送人は船主であ」り、「傭船者自身が船長の代理人として船荷証券に署名することができ、その船荷証券上の運送人は船主である」とされ (Tillmanns & Co. v. S. S. Knutsford [1908] 2K. B. 385)、(4) そしてこれは、傭船者の代理店や再傭船者や再傭船者の代理店が署名した船荷証券にも及んでいる (The Vikfrost [1980] 1 Lloyd's Rep. 560)。

って、積荷の損傷について責任を負う当事者が船主であったり、定期傭船者であったりと、静的安全に欠ける。

(3) 混合契約説：定期傭船契約を船舶賃貸借と船員の労務供給の混合契約とし、商法704条を適用し、商法759条の適用を否定する。これは、判例の見解である[39]。商事事項、特に、船長あるいは、傭船者の代理店が、For the Master と記載して発行した船荷証券における運送人は船主なのか（したがって、積荷の損傷について損害賠償を負担するのは船主なのか？）、それとも、定期傭船者かという議論については、昭和10年9月4日の第十三共同丸事件において、大審院は、混合契約説に立って、商法704条を適用し、商法759条の適用を否定し、定期傭船者のみを船荷証券上の運送人とし、船舶所有者の責任を否定した。勿論、これは、For the Master と記載して発行した船荷証券を Owner's B/L とみる英国の考え方と相反するものとして、多くの実務家から批判を受けた。

第十三共同丸事件から60年余経って、最高裁判所は、平成10年3月27日、ジャスミン号事件において、「船荷証券を所持する第三者に対して運送契約上の債務を負担する運送人が誰であるかは船荷証券の記載に基づいてこれを確定するべきである」と判事して、少なくとも、商事事項に関する第十三共同丸事件における大審院の判例を変更した[40]。

---

39) 混合契約説は、商事事項に関連して、昭和3年6月28日に大審院が最初に取り入れた。その後、海技事項、すなわち、不法行為事件（所謂フルムーン号事件）に関連して、昭和49年6月17日に東京地裁が混合契約説を適用して商法704条の類推適用の手法にて、定期傭船者の損害賠償責任を認めた。

40) 判決は、「ニューヨーク・プロデュース書式等に基づく定期傭船契約によって傭船されている船舶…に積載された貨物につき船長により発行された船荷証券については、船舶所有者が船荷証券に表章された運送契約上…の債務者となり得るのであって、船荷証券を所持する第三者に対して運送契約上の債務を負担する運送人がだれであるかは、船荷証券の記載に基づいてこれを確定することを要するものと解するのが相当である。けだし、…船舶賃貸借契約の下では、…賃借人において船舶を艤装し、船長を選任して船員を雇い入れるのであり、船舶賃借人が船長以下の船員を指揮監督することにより当該船舶を全面的に支配し占有するものであるから、賃貸人である船舶所有者が当該船舶に積載された貨物について運送人として運送契約の当事者

また、海技事項に関しても、最高裁判所は、平成4年4月28日判決をもって、契約内容だけでなく、その他の事情を考慮に入れて、「定期傭船者が船舶所有者と同様の企業主体として経済的実態を有していたかどうか」を判断基準として商法704条を類推適用した[41]。

(4) 海技・商事区別説：定期傭船者は、海事事項については、責任を負わず、商事事項については責任を負うとする見解である。フランスもこの見解であると言われている。但し、船荷証券における運送人の確定に当たっては、ジャスミン号事件の最高裁の考えに近く、船荷証券の記載内容と外形理論から運送人を探索する。例え「for the master」という記載があっても、船荷証券の頭書に記載のある会社が運送人であり、頭書にその記載がない船荷証券にあっては、船舶の名称その他、船荷証券に記載される事項から割り出すとされている[42]。

(5) 企業賃貸借説：船員と船舶を有機的な一体としての「企業」としてとらえ、定期傭船をその企業の賃貸借として捉える、石井照久教授の見解で、結論的には、混合契約説と同様である。

となる余地はないが、…定期傭船契約の下では、船舶所有者において船舶を艤装し、船長を選任して船員を雇い入れた上で、これを提供するものであるから、定期傭船者がいわゆる商事事項に属する一定の事項について船長に指示命令をする権限を有することはともかく、船舶所有者は、船長以下の船員に対する指揮監督権限を保持することにより依然として当該船舶を支配し占有し続けることができるのであり、右のような相違を考慮すると、定期傭船者を船舶賃借人と同視し、右のような定期傭船契約がされていることから直ちに、商法七〇四条一項を適用ないし類推適用し、当該船舶に積載された貨物について船長により発行された船荷証券の記載のいかんにかかわらず、常に定期傭船者のみがこれに表章された運送契約上…の債務者となり、船舶所有者は何らの責めを負わないと解することはできないからである。大審院昭和九年（オ）第23020号同10年9月4日判決・民集14巻1485頁は、右と抵触する限度で変更すべきものである。」

[41] この判決が海技事項についても混合契約説を否定したと判断するのは早計である。なぜなら、この事案では、定期傭船契約標準書式を使ったのではなく、「船舶の使用に関する一切の命令指示等の権限は傭船者に属する」という一枚の簡単な文書があったにすぎず、これだけで混合契約を根拠付けることができなかった事案であるからである。

[42] 早法72巻3号（1997）箱井崇史教授の論文「船荷証券の解釈による運送人の特定―フランス判例の研究―」にフランス法について詳細に分析されている。

5 速力の保証

実際の速力が、定期傭船契約において表示された速力に満たない場合に、定期傭船者が、その間の時間の喪失を理由に、傭船料を減額し、あるいは、損害賠償を請求することがある。この場合、定期傭船契約における速力の表示が、いつの時点の速力を担保しているのか？　が問題となる。勿論、文言の内容が、速力を継続して維持する保証と判断される場合を除き、単に傭船船舶の特定の為に記載された速力の表示に関しては、定期傭船契約締結時においてその速力があることのみを担保しているのであり、その後その速力を維持できなくとも、船舶所有者は定期傭船者に対して責任を負わないと判断される[43]。

6 貨物の積込、積付と積荷による船体の損傷

積荷の船積あるいは陸揚に当たり、定期傭船者が雇った荷役人 (stevedore) の落ち度によって、船体に損傷を与えることがある。この場合、船舶所有者は、定期傭船者に対して、損害賠償の請求ができるか？

ＮＹＰ93の第8条78行は、「Charterers are to load, stow and trim the cargo at their expense under the supervision of the Captain (傭船者は、自らの費用により、船長の監督の下に、積込、積付及び荷均を行う)」と規定する。

英国法では、元来、荷物の積込、積付及び荷均は、コモンロー上の船主の義務とされるが、これを「Charterers are to load, stow and trim the cargo at their expense (傭船者は、自らの費用により、積込、積付及び荷均を行う)」と規定することにより、荷物の積込、積付及び荷均の義務を定期傭船者に転嫁することになるため、船舶所有者は、定期傭船者に対して、損害賠償の請求ができる[44]。因みに「under the supervision of the Captain (船長の監督の下に)」という文言を追加しても、船長の監督に起因しない限り船舶所有者は、定期傭船者に対して、損害賠償の請求をすることができる[45]。

ところが、「and responsibility (と責任)」という文言を追加して、「under

---

43) Lorentzen v. White Shipping (1943) 74 Ll. L. Rep. 161
44) Brys & Gylsen v. Drysdale (1920) 4 Ll. L. Rep. 24
45) Court Line v. Canadian Transport (1940) 67 Ll. L. Rep. 161

the supervision and responsibility of the Captain（船長の監督と責任の下に）」と変更する場合には、荷物の積込、積付及び荷均の義務は、船主に再転嫁されるので、船長の監督に起因しない場合であっても、それが定期傭船者の特定の指示に従ったことに起因しない限り、船舶所有者は、定期傭船者に対して、損害賠償の請求をすることができない[46]。

7 安全港／安全バース指定義務違反と損害賠償

ＮＹＰ93の第5は「The Vessel shall be employed in such lawful trades between safe ports and safe places within ………excluding ……as the Charterers shall direct（本船は傭船者の指示により………を除く、………内の安全な港及び安全な場所の間の適法な航海に使用される）」と規定する。これを、定期傭船者の安全港／安全バース指定義務という。

定期傭船者が、安全港指定義務に違反した結果、船舶が全損等の損傷を受けた場合には、定期傭船者は船舶所有者に対し、損害賠償責任を負う[47]。

船舶所有者に対し、本船の購入資金を融資する金融機関は、全損保険金で回収できるので、定期傭船者が船舶所有者に対し、損害賠償責任を負うかどうかは、金融機関にとって、特に、重要な意味を持たない。しかし、定期傭船者がこの賠償金を支払っても回収する方法[48]がなければ、財政的に大きな問題を抱えることは避けられず、この定期傭船者が長期の定期傭船をしている他の船舶の購入資金を融資している金融機関にとっては、重大な問題だと言える。

そこで、定期傭船者の安全港／安全バース指定義務に関連する問題点と多くの定期傭船契約で準拠法として選択される英国法のもとでの各種の判例を

---

46) AB Marintrans v. Comet Shipping (1985) 1 Ll. L. Rep. 568
47) 最近、The Ocean Victory 号事件で、英国の高等法院は、定期傭船者の損害賠償責任を認めた。Ocean Victory 号は、茨城県鹿島において、軽貨状態で同港沖合に向けて鹿島水路を出航中、強風と高い波浪を受けて操船不能な状態に陥り、鹿島港南防波堤北端に衝突した。船舶は全損となり、全損保険金を支払った保険会社が船舶所有者を代位して、定期傭船者を相手取って、安全港指定義務違反を理由に損害賠償訴訟を提起した事件である。
48) 定期傭船者が Charterers Liability Insurance （傭船者損害賠償保険）を付保していれば、損害賠償金は保険でカバーされる。

次の通り紹介する。

(1) 安全性の要素：適切な操船航海技術だけでは避けられない危険にさらされることなく入港し、使用し、出港することができるかどうかが安全性の要素である[49]。したがって、危険が高度の操船航海技術でなければ回避できない性質のものであれば、非安全港となる[50]。

(2) 安全性の判断時：安全かどうかは、定期傭船者が港を指定した時を基準とする[51]。但し、指定時には安全であっても、その後、非安全となった場合には、傭船者は別の安全港を指定しなおす第二次義務がある[52]。

(3) 傭船者の非安全の認識：定期傭船者が指定した港が非安全であることを知らなくとも、損害賠償の責任はある[53]。

(4) 一時的な危険：一時的な危険があってもそれが理由で非安全港とはならないが、その結果、長期間航行が遅延する場合には非安全港となる[54]。

(5) 船舶毎の判断：当該港が当該船舶にとって非安全港かどうかであって、港や船舶が異なれば安全であったとしても、問題とはならない[55]。

(6) 接近時の安全性：船舶の構造物の一部を取り外さなければ安全に港に着けない場合や積荷の一部を取り除かなければ安全に港に着けない場合はいずれも非安全港である[56]。

(7) 滞在時の安全性：安全に入港できるだけでは不十分で、当該船舶が

---

[49] The Eastern City [1958] 2 Lloyd's Rep. 127
[50] The Polyglory [1977] 2 Lloyd's Rep. 353
[51] The Evia (No. 2) [1982] 2 Lloyd's Rep. 307
[52] The Evia (No. 2) [1982] 2 Lloyd's Rep の Roskill 卿の見解。
[53] Lensen Shipping v. Anglo-Soviet Shipping [1935] 52 Ll.L. Rep. 141及び The Evia (No. 2) [1982] 2 Lloyd's Rep 307
[54] たとえ、結氷が一時的であっても極端な遅延をもたらせば非安全となる。The Sassex Oak (1950) 83 Ll.L Rep. 297
[55] Brostrom v. Dreyfus (1932) 44 Ll.L Rep. 136
[56] Re Goodbody and Balfour, Williamson (1899) 5 Com. Cas. 59, Hall v. Paul (1914) 19 Com. Cas. 384

そこにとどまることが安全でない場合も非安全港である[57]。
(8) 気象警報の提供：荒天に際し沖出しを必要とする場合、船長に対して十分な気象警報を提供しなかった傭船者には本船の損害について責任がある[58]。警報の提供があっても、沖出しに十分な水面の余裕がなく立ち往生した場合も非安全港となる[59]。
(9) 港の特質：非安全性は、港の特質それ自体から発生したものでなればならない。「例えば、危険なものが的確に照らし出されていたが、電源供給が突然ゲリラ活動により切断されたという異常な事態により灯火が消える場合、その港は非安全港であるとはいえない」[60]
(10) 悪意の船主の権利義務：非安全港であることを知っている船主は、指定を無効としてこれに応じない権利があるが[61]それでも敢えて傭船者の指示に応じることを明白に示した場合には、指定を無効とする権利は放棄されたこととなるが、それでも安全港指定義務違反ではあるので、船主は傭船者に対して損害賠償を請求することができる[62]。指定された港の安全性に不安を持つ船長が入港を決断したことに過失があっても安全港指定義務違反と損害発生の因果関係を中断させるものではない[63]。
(11) 特定港の傭船契約と安全バース指定義務：NYP書式でも、引渡港や返船港が特定されている場合には、傭船者には安全港指定義務はないが、安全バース指定義務があり[64]、安全性の判断基準及び船長

---

57) Johnson v. Saxon Queen Steamship (1913) 108 L.T. 564
58) The Dagmar [1968] 2 Lloyd's Rep. 563
59) The Khian Sea [1979] 1 Lloyd's Rep. 545
60) The Saga Cob [1992] 2 Lloyd's Rep. 545
61) Lensen Shipping v. Angro-Soviet Shipping (1935) 52 Ll.L Rep. 141
62) The Kanchenjunga [1987] 2 Lloyd's Rep. 509
63) The Stork [1954] 2 Lloyd's Rep. 397
64) The A.P.J. Priti [1987] 2 Lloyd's Rep. 37.
 NYP93の12条は「The Vessel shall be loaded and discharged in any safe dock or at any safe berth or safe place that the Charterers or their agents may direct, provided that the Vessel can safely enter, lie and depart always afloat at any time of tide (本船は、傭船者又は代理人が指図するいかなる安全なドック、安全なバース又は安全な場所においても船積み

の権利義務については上記（1）～（10）が適用される。

8　船舶所有者の負担すべき費用、定期傭船者の負担すべき費用

　船舶の運航に関する費用の内、船舶所有者が負担すべき費用項目については、NYP93第6条及び第7条に記載があり、船舶の維持、船級の維持、船員配乗、雇入れ、雇止め、保険、食料品、船用品及び稼働状態維持費用などを船舶所有者の負担すべき費用とし、燃料、港費、水先案内料、曳航料、代理店料、手数料などを傭船者の負担費用としている[65]。

　その中でも、特に重要なものはNYP93第7条において傭船者が供給すべきであるとされる「燃料」である。NYP93第9条（b）は次の通り、粗悪油を提供した定期傭船者の責任を規定している。

　9. Bunkers

　　　（b）The Charterers shall supply bunkers of a quality suitable for burning in the Vessel's engines and auxiliaries and which conform to the specifications as set out in Appendix A. The Owners reserve the right to make a claim against the Charterers for any damage to the main engines or the auxiliaries caused by the use of unsuitable fuels or fules not complying with the agreed specifications. Accordingly. If bunker fuels supplied do not conform with the mutually agreed specifications or otherwise prove unsuitable for bunkering the Vessel's engines or auxiliaries, the Owner shall not be held responsible for any reduction in the Vessel's speed performance and/or increased bunker consumption, not for any time lost and any other consequences（傭船者は本

　　または荷揚げを行う。しかし、それらは、潮の干満に関係なく本船が常に浮揚して、安全に到着し、碇泊し、発航できる所でなければならない）」と規定している。
65) NYP93の第6条及び第7条は前記Ⅳ．3（定期傭船契約の標準書式の特異な条項）の（5）（6）に詳細記載するが、船主の負担する費用以外の費用はすべて傭船者負担という構成をとっていることに注目すべきである。

船の主機関及び補機関の使用に適し、かつ、追加規定Aに表示された仕様に適合する質の燃料油を提供しなければならない。船主は、不適当な燃料油又は合意された仕様に適合しない燃料油の使用によって生じる主機関又は補機関のすべての損害について、傭船者に対して賠償請求する権利を留保する。更に、提供された燃料油が相互に合意された仕様に適合せず、又は、その他の理由で本船の主機関又は補機関に使用するのに不適当であると証明された時は、船主は、本船の航海速力の低下及び/又は燃料消費量の増加及び時間の喪失その他の結果について責めを負わない。)

9 オフハイヤー

NYP93の17条は、次の通り、定期傭船者が、定期傭船料の支払いを停止することを認めている。

17. Off Hire

In the event of loss of time from deficiency and/or default and/or strike of officers or crew, or deficiency of stores, fire, breakdown to hull, machinery or equipment, grounding, detention by arrest of the Vessel (unless such arrest is caused by events for which the Charterers, their servants or agents or subcontractors are responsible) or detention by average accidents to the Vessel or cargo unless resulting from inherent vice, quality or defect of the cargo, drydocking for the purpose of examination or painting bottom, or by any other similar cause preventing the full working of the Vessel, the payment of hire and overtime, if any, shall cease for the time thereby lost (本船の完全な稼働を阻害する、職員もしくは船員の不足及び/又は怠慢及び/又はストライキ、船用品の不足、火災、船体、機器もしくは備品の故障又は損傷、座礁、本船の差押による拘留(その差押が傭船者、その使用人、代理人又は下請け業者が責めを負うべき事由によって生じた場合を除く)、貨物固有の瑕疵、品質又は欠陥に拠らない本船又は貨物の海損事故による滞泊、船底の検査又は塗装の為のドライドックその他一切の同様の事由によって時間を喪失したときは、傭船料及び時間外手当の支払いは、それ

によって喪失した期間について中断する)

　そこで、この休航(オフハイヤー)に関連する問題点と多くの定期傭船契約で準拠法として選択される英国法のもとでの各種の判例を次の通り紹介する。

(1) 債務不履行責任ではない：定期傭船契約は双務契約であり、傭船料は船腹を傭船者の用に供することの対価であるから、傭船者が船腹を利用できない場合には、傭船料の支払いも行わない。これがいわゆる休航(オフハイヤー)である。その原因は、船舶所有者の故意または過失であることを要しない。したがって、オフハイヤーの原因が船舶所有者の故意または過失に起因する場合には、同時に債務不履行となり、定期傭船者は、単に、その間の傭船料を支払わないだけでなく、船舶所有者に対し、傭船者に生じた損害も併せて請求することができる[66]。

(2) 正味喪失時間：NYP93の17条は、傭船料支払の中断を、該当事由の発生時から終了時までの期間とはせず、「喪失した期間について中断する」とし、列挙した事由の発生によって傭船者が喪失した正味通算時間について休航(オフハイヤー)としている。したがって、傭船者は実際に時間を喪失したことを証明しなければならず、複数のクレーンの一つが故障しても、別のクレーンが使用可能である限り、時間の喪失はない[67]。

(3) 本船の完全な稼働を阻害する事由：NYP93の17条は、「本船の完全な稼働を阻害する」事由であることを要求している。したがって、船員がチフスに感染しているのではないかという嫌疑によって検査を受けた場合には、その検査が本船の完全な稼働を阻害すると言う理由で、休航(オフハイヤー)となると判示された[68]が、船舶がパナマ運河を通る際に過積載を理由に遅延した場合は、本船自体、機関、設備、船員には何の欠陥もなく、過積載は本船の完全な稼働を阻害

---

66) The Ioanna [1985] 2 Lloyd's Rep. 164
67) Hogarth v. Miller [1891] A.C. 48 The Ira [1995] 1 Lloyd's Rep. 103
68) The Apollo [1978] 1 Lloyd's Rep. 200

するものではないとして休航（オフハイヤー）とはならないと判示された[69]。
（4）定期傭船者の義務違反によって生じたる事由：NYP93の17条にいう「本船の完全な稼働を阻害する」事由が傭船者の義務違反によって生じた場合には、傭船者は休航（オフハイヤー）を主張することができない[70]だけでなく、船主に対して損害賠償責任を負う。

休航（オフハイヤー）が認められると、その間の定期傭船料は支払われなくなる。もっとも、傭船料は前払が多いので、実際には、次回以降の傭船料から控除される。これはすなわち、船舶融資において融資金の返済財源の不足をもたらす。休航（オフハイヤー）に関しては、不稼働損失保険があり、必要に応じて、付保されるが、保険料によるコスト増から必ずしも、付保率は高くない。勿論、債務者の財務能力にもよるが、付保するにこしたことはない。

10　傭船料の不払と本船引揚と契約解除
NYP11条は次の通り規定する。
　11. Hire Payment
　　（a）Payment
　　　　［⋯⋯⋯⋯］ Failing the punctual and regular payment of the hire or on any fundamental breach whatsoever of this Charter Party, the Owners shall be at liberty to withdraw the Vessel from the service of the Charterers without prejudice to any claims they (the Owners) may otherwise have on the Charterers.（傭船料が遅滞なく、かつ、定期的に支払われないとき、又は、本傭船契約の根本的な違反があったときは、船主は、任意に傭船者の業務から本船を引き揚げることができる、この引揚によって、船主

---

69) The Aquacharm [1980] 2 Lloyd's Rep. 237
70) Nourse v. Elder Dempster (1992) 13 Ll.L. Rep. 197

が傭船者に対して有するいかなる請求権も妨げられない)

(b) Grace Period

Where there is a failure and punctual and regular payment …, the Charterers shall be given by the Owners …clear banking days (as recognized at the agreed place of payment) written notice to rectify the failure, and when so rectified within those … days following the Owners' notice, the payment shall stand as regular and punctual. Failure by the Charterers to pay the hire within ….. days of their receiving the Owners' notice as provided herein, shall entitle the Owners to withdraw as set forth in Sub-Clause 11 (a) (……傭船料が遅滞なくかつ定期的に支払われないときは、船主は、正味…日の(約束された支払地で認められる)銀行営業日前に、書面で不払いの補正通知を傭船者に発する。その通知に従って、上記…日以内に支払われたときは、支払は遅滞なくかつ定期的になされたものとする。ここに規定された船主の通知を受けた後…日以内に傭船料が支払われない場合、船主は上記11条 (a) に基づいて本船を引き揚げることができる)

この条項の目的は、傭船料の不払いを繰り返す定期傭船者に対して、圧力をかけ、船主が定期傭船者の破産手続きに巻き込まれる前に船舶の利用を回復する為である[71]。最近、立て続けに起きた、韓国の上場海運会社の倒産事件では、(日本の会社更生手続に類似する) 回生手続開始の申し立てと同時に弁済禁止の保全処分命令が出され、これを理由に支払いを止めており、破産手続き前の事前の措置ではなくなっている。しかし、多くの場合、定期傭船者は、後日の支払いを示唆しながら、弁済禁止を理由に支払いを止め、不払いのまま、本船の使用を継続しようとする。これに対して、NYP11条に基づく、「引揚権の行使」がどのような効果をもたらすのか、引き揚げて、他社に低い傭船料率で傭船に出した場合の残りの期間についての傭船料の差額を逸失利益として損害賠償請求できるかという点について、検討を要する。

---

71) 中村＝箱井・前掲（注3）310頁。

この点について、契約解除に関する日本法と英国法の考えに基本的な違いがあるため、この傭船料の不払と船主に与えられた救済に関連する問題点と多くの定期傭船契約で準拠法として選択される英国法のもとでの各種の判例を、日本法との対比を交えて、次の通り紹介する。

（１）一時的な引揚はできない：NYP11条にいう本船の引揚は永遠の引揚でなければならず、不払傭船料を支払うまで引揚げるといった一時的な引揚権の行使はできない[72]。

（２）遅滞した支払は引揚権行使を阻止できない：一旦不払いが起きるとその時点で引揚権の行使は可能となるのであるから、後日支払っても引揚権行使は妨げられない[73]。

（３）引揚の通知は明瞭でなければならない：引揚は傭船の終了を意味するのであるから、場合によっては傭船を継続することを匂わせる通知は引揚の通知とはならない。しかし、引き揚げ通知後、積荷を荷揚港まで運んだとしても、引揚権を消滅させない[74]。

（４）反厳格解釈条項：船主は不払いがあったからと言って、いきなり、本船を引き揚げることを通知することはできない。先ず、NYP11条(b)により、補正期間を設けなければならない。

（５）補正期間徒過後の支払いの受領：補正期間徒過した後に、無条件にて未払い傭船料を受け取った場合には、本船引揚権の放棄とみなされるが、それを担保として受け取る場合は、その限りではない[75]。

（６）一部不払い：傭船料不払いが一部だけであっても、引揚権は発生し、支払われた一部の傭船料を保持しても、本船引揚権の放棄とみなされない[76]。

（７）合理的に早い時期の本船引揚権の行使：本船引揚権行使の通知は合

---

72) The Agios Giorgis [1976] 2 Lloyd's Rep. 192
73) The Laconia [1977] 1 Lloyd's Rep. 315
74) The Tropwind (No. 2) [1981] 1 Lloyd's Rep. 45
75) The Brimnes [1974] 2 Lloyd's Rep. 241
76) The Mihalios Xilas [1979] 2 Lloyd's Rep. 303及び The Kanchenjunga [1990] 1 Lloyd's Rep. 391

理的な期間内に出さなければならない。合理的な期間とは、「船主が相手方の不払いを知り引揚の決定を発するのに合理的に必要とされる最短の時間である[77]」が、重大な決定であるから、熟慮し、専門家の法的助言を求める時間は許容される[78]。

(8) 引揚後の積荷の処理：船積後に本船引揚を実行した場合には、船上に積荷が残る。この場合、船荷証券が発行され、船主が船荷証券の運送人となる場合には、船舶所有者は、船荷証券に基づく運送義務として、荷揚港まで積荷を運び、荷受人に引き渡す義務がある[79]。しかし、荷送人がすでに定期傭船者に運賃を支払い済みだった場合には、船主は荷受人から運賃を受け取ることは出来ず、定期傭船者に請求するしか方法がない[80]。

(9) 契約解除と引揚の効果の相違—逸失利益の回収：傭船料不払いは、明らかな債務不履行である。したがって、日本法においては、民法415条、541条及び545条[81]が適用される。したがって、一回でも、傭船料の支払いを怠ったら、本船の引揚を実行するとともに傭船契約を解除することもできる。この場合、他社との間で低い傭船料率に基づいて、新たな傭船契約を締結した場合の傭船料の差額を残りの期間について逸失利益として請求できると思われる。

しかしながら、英国法の下では、本船引揚は、契約解除ではない。

---

77) The Mihalios Xilas [1979] 2 Lloyd's Rep. 312〜316
78) The Scaptrode [1981] 2 Lloyd's Rep. 425
79) Hayn v. Culliford (1878) 3. C. P. D 410
80) The AES Express (1990) 20 N.S.W.L.R. 57
81) 415条（債務不履行による損害賠償）「債務者がその債務の本旨に従った履行をしないときは、債権者は、これによって生じた損害の賠償を請求することができる。債務者の責めに帰すべき事由によって履行をすることができなくなったときも、同様とする。」
　541条（債務不履行による損害賠償）「当事者の一方がその債務を履行しない場合において、相手方が相当の期間を定めてその履行の催告をし、その期間内に履行がないときは、相手方は、契約の解除をすることができる。」
　545条（債務不履行による損害賠償）「当事者の一方がその解除権を行使したときは、各当事者は、その相手方を原状に復させる義務を負う。ただし、第三者の権利を害することはできない。2．前項本文の場合において、金銭を返還するときは、その受領の時から利息を付さなければならない。3．解除権の行使は、損害賠償の請求を妨げない。」

契約解除の場合には、当該契約は終了し、当該契約を履行する義務はなくなると言う意味での消極的効果とそれによって生じる（逸失利益をふくむ）損害賠償請求という積極的効果があるが、本船引揚は、双務契約において傭船料の不払いに対し、対価関係に立つ船舶提供義務の履行を拒むという効果であり、結局は、本船引揚の効果は、当該傭船契約を終了させるにすぎず、その意味では、契約解除の消極的な効果でしかない。

英国法で、（逸失利益をふくむ）一切の損害賠償請求が可能となるためには、言い換えると、契約解除が可能となるためには、repudiationやrepudiatory breachとかfundamental breachを構成するものでなければならない。即ち、履行拒絶あるいは履行拒絶的不履行もしくは根本的な不履行でなければならない。数回支払いを遅延しているだけでは履行拒絶あるいは履行拒絶的不履行もしくは根本的な不履行とはならない[82]。傭船者の行為を通じて、傭船者が傭船料を支払う意思が無いことや、支払不能が明確である場合に限定される[83]。

しかし、米国法では、一回でも傭船料の支払いを怠った場合には、船主は、これをrepudiationとして取り扱うことができ、これを理由に傭船契約の解除も許され、したがって、他社との間で低い傭船料率に基づいて、新たな傭船契約を締結した場合の傭船料の差額を残りの期間について逸失利益として請求できる。

11　定期傭船契約と抵当権実行制限のQUIET ENJOYMENT AGREEMENT

裸傭船の場合と異なり、船舶所有者の負担する費用が多く、それが不払いとなると船舶先取特権やスタチュートリーリーエンによって船舶差押競売へと発展する可能性が高く、船舶融資者から抵当権実行制限の合意文書（いわゆるQUIET ENJOYMENT AGREEMENT）を取り付けても、決して安全とは

---

82) The Georgios C [19713] 1 Lloyd's Rep. 7
83) Leslie Shipping v. Welstead [1921] 3 K.B. 420

言えないことから、裸傭船の場合ほど、この文書を求める傭船者は多くないはずであるが、実際には、抵当権実行制限の合意文書（いわゆるQUIET ENJOYMENT AGREEMENT）を希望する定期傭船者は決して少なくない。

また、船舶融資者にとっても、裸傭船と違って、船舶先取特権やスタチュートリーリーエンによって船舶が差押競売される可能性があるので、抵当権の実行を制限してまで定期傭船者に運命を託す必要もない。したがって、QUIET ENJOYMENT AGREEMENT を締結するかどうかは、船舶所有者と定期傭船者の財務内容を対比したうえで決めるべきであり、QUIET ENJOYMENT AGREEMENT の内容についても、抵当権実行制限の例外事由の設定や船舶所有者の倒産時に、代替船主の選定や傭船者による本船買取オプションの設定などの諸策を講じた後の最後の手段として、抵当権実行の道が残される様にする必要がある。

12　定期傭船料債権譲渡担保ならびに定期傭船契約上の地位の譲渡予約

定期傭船船舶に融資する融資者が採用する担保権として定期傭船料債権譲渡担保及び定期傭船契約上の地位譲渡予約がある。基本的には、裸傭船料債権譲渡担や裸傭船契約上の地位譲渡予約と同じであり、したがって、第III. 9（1）～（6）における説明がそのまま、定期傭船についてもあてはまる。

V　結論

以上の通り、シップファイナンスにおいて、傭船契約からの収益は融資金の元利返済の重要な財源であるだけでなく、傭船契約との係りは、種々に及ぶのであり、船舶融資者は勿論のこと、融資を受ける船舶所有者においても、傭船契約に関する法律問題とそれを解決するために、いかなる対策を講じ、融資関連契約のなかで、船舶所有者において遵守すべき、いかなる Covenants を設けるべきかを検討するうえで、本論文が何らかの役に立つことを期待する。

船舶金融と船舶抵当権

清 水 恵 介

I　はじめに ─ 船舶金融における船舶抵当権の位置付け
II　船舶抵当権総論
III　船舶抵当権の設定
IV　船舶抵当権の効力
V　船舶抵当権の限界と非典型担保
VI　おわりに

I　はじめに ─ 船舶金融における船舶抵当権の位置付け

　船舶金融に伴う担保の供与において、船舶抵当権（商法848条）は、古典的であるとはいえ、いまだになお、約定担保の中心的存在である[1]。

　民法上、動産の約定担保としては質権のみが用意されている（民法342条以下）。しかし、運送や漁獲の事業手段である船舶について、その占有を事業者から剥奪する質権は、適合的な担保手段とならない。

　その一方で、船舶は、土地上の建物と同様の巨大な構築物として、不動産に比肩し得る財産的価値を有し[2]、それゆえに単体での担保目的物として十分な価値と特定性とを有する。

1）　船舶抵当権（根抵当権を含む。）の設定登記数は、925件だった平成15年以降、591件、449件、465件、453件、538件、482件、402件、402件となっており、平成24年は528件と、年間400件〜600件の間で推移している。これは、年間120万件〜160万件で推移している建物抵当権の設定登記数と比べれば圧倒的に少ないものの、船舶所有権の保存登記数が同じ期間中、147件〜242件の間で推移している点に鑑みれば、新造船舶数に見合った恒常的な需要の存在をうかがい知ることができる。

2）　例えば、刑法260条が、「建造物」と並べて、「艦船」を毀棄罪の対象物としているのは、建物と船舶との価値の同等性に依拠するものといえる。

そこで、世界の国々は、登記による公示を前提とした船舶抵当制度を設けることで、船舶についても、融資者に占有を移転しない非占有型約定担保の設定を可能にしている。

わが国でも、19世紀にヨーロッパ諸国で相次いで行われた船舶抵当立法の影響を受け、19世紀末（1899年）に施行された商法中、船舶抵当制度が導入された。昭和初期の農業用動産抵当（1933年）、戦後に導入された自動車抵当（1952年）・航空機抵当（1953年）・建設機械抵当（1954年）へと続く、動産抵当制度の先駆け的存在でもある[3]。

そして、船舶抵当権の設定が可能とされる限り、法律関係の複雑化を回避すべく、船舶上の質権設定は禁止されることとなっている（商法850条）。

以下では、こうした位置付けをもつ船舶抵当権につき、わが国の法制を中心に[4]、現在の法体系の下で問題となる点を指摘し、若干の検討を加えることとしたい。

II　船舶抵当権総論

1　船舶抵当権の特徴

動産である船舶を不動産に準じて抵当権の対象にしたことは、その担保としての特徴をも不動産と同視することに、当然にはつながらない。

すなわち、航海による長距離の、しかも場合によっては国境を越えた移動を伴う船舶は、担保競売の手続が困難となりがちであるほか、難破等による

---

3) もっとも、我妻栄『新訂担保物権法』（岩波書店、1968年）には、動産抵当の款（同書579頁以下）において、船舶抵当のみがなぜか脱落している。

4) 日本の外航商船の7割以上がいわゆる便宜置籍船とされる現状（柏倉栄一「船舶ファイナンス」西村総合法律事務所編『ファイナンス法大全（下）』（商事法務、2003年）442頁）は、旗国法主義（広島高決昭和62年3月9日判時1233号83頁は、船舶抵当権の成立・内容・効力・順位は、物権の準拠法である目的物の所在地法（旗国法）により決定されるとする。）の下、船舶抵当権の準拠法を便宜置籍国のものとし、そもそも日本法が適用されない事態を多く招くこととなっている。すなわち、主な便宜置籍国はパナマとリベリアであるから、その場合は、これらの国の船舶抵当法が適用される。しかし、本稿では、わが国の船舶抵当法制そのものに着目した近時の研究が乏しい状況に照らし、筆者の専門である民法学・担保法学の観点から、ひとまず、同法制の諸問題を扱うにとどめた。

減失・損傷のリスクが高い海面を活動領域とすることや、自然損耗による財産価値の減少が急速であることなど、担保としての適格性において不動産よりも劣る面が多いといえる。

したがって、船舶抵当権には、民法上の抵当権に関する規定が準用され(商法848条3項)、その限りでは、船舶を不動産に準じて取り扱っているものの、すべての規定が等しく準用されるとは限らない。

2 民法上の抵当権規定の準用
(1) 地上権等に関する規定の不準用

まず、性質上、地上権や永小作権に関するものなど、土地の存在を前提とする抵当権規定は、船舶抵当権に準用されない。民法369条2項、372条・304条2項、388条、389条及び398条がこれに当たる。

(2) 2003年改正法による諸規定の準用の可否

また、2003 (平成15) 年の担保・執行法改正により新設された諸規定の準用の可否も問題となる。なぜなら、自律的な規定群を擁する自動車・航空機・建設機械の各動産抵当制度 (自動車抵当法・航空機抵当法・建設機械抵当法) とは異なり、船舶抵当においては、準用除外を明示しない包括的な準用規定 (商法848条3項) を設けるのみで、個々の規定の準用の可否については解釈に委ねられているところ、2003年改正法の諸規定については、それらが不動産領域における執行妨害行為の横行を機縁としているため、必ずしも船舶抵当における準用を念頭においておらず、また、かかる準用に関する立法後の解説もみられず、依然として解釈に委ねられているものと思われるからである。

① 抵当船舶使用者の引渡しの猶予

具体的に問題となる規定として、まず、抵当建物使用者の引渡しの猶予に関する現行民法395条が挙げられる。これは、いわゆる短期賃貸借保護制度を定めていたかつての民法395条が、建物につき執行妨害手段として悪用されていたことを受けて廃止されたため、抵当権設定に後れる賃借権が一律対抗できなくなったことに対する正当な建物賃借人への代替措置として新設された規定である。それゆえ、この規定は、抵当権者に対抗することができな

い建物賃貸借にのみ適用され、土地賃貸借には適用されない。

　この点、検討すると、船舶を建物に準じて扱い、抵当権と利用権の調和をはかることを重視するか、あるいは、2003年改正前は、船舶抵当にも準用されていた旧民法395条が、動産としての船舶につき、少なくとも6ヶ月を超えない賃貸借（民法602条4号参照）に対抗力を付与していたのであるから[5]、この点の改正の船舶抵当への影響につき特段の検討がなされていない以上、改正後もこれと同等の保護を維持すべきであると考えるかにより、現行民法395条の準用を肯定する立場も考えられる。

　しかし、旧法が改正された趣旨である執行妨害手段としての利用実態が船舶については特段指摘されておらず、船舶を念頭においた立法がなされたようには思われないこと、むしろ6ヶ月の猶予期間中に船舶賃借人が当該船舶を出航させてしまうと引渡しの実現が困難となり得る点に鑑みれば、現行民法395条は建物に限定した規定であると解した上で同条の船舶抵当への準用を否定し、船舶競売の買受人と元船舶賃借人との個別交渉に委ねる立場が妥当であろう。

　②　収益執行と法定果実への物上代位

　また、2003年改正法が創設した担保不動産収益執行制度（民事執行法180条2号）は、船舶上の担保権の実行方法として予定しておらず、船舶抵当につき担保船舶競売の手続のみを設けていることから（同法189条）、同収益執行に言及する民法上の抵当権規定は、その部分につき準用されないものと解される（民法398条の20第1項1号参照）。では、同収益執行の実体法上の根拠規定として創設された現行民法371条は、船舶抵当にも準用されるであろうか。

　この点、同条は、「抵当権は、その担保する債権について不履行があったときは、その後に生じた抵当不動産の果実に及ぶ」と定めるところ、ここにいう「抵当不動産」を「抵当船舶」に改める形での準用が可能かは、慎重な検討が必要であるように思われる。なぜなら、動産抵当のような可動物件上の非占有型担保においては、当該動産の使用の対価として生じる法定果実

---

[5]　東京地判裁判年月日不明新聞243号8頁は、不動産上の抵当権には包含されない動産に関する6ヶ月の期間（民法602条4号）は、これを準用する船舶上の抵当権にも適用されず、最少の期間たる3年を超えない賃貸借に対抗力を付与すべきものと説く。

（民法88条2項）として、運送賃債権が考えられるところ、商法上は、船舶先取特権（842条）について明示的に未収運送賃に効力が及ぶ旨規定されているのに対し、船舶抵当権にはその旨の規定がなく、2003年改正前の民法371条も、法定果実には適用がないものと解されていたため[6]、改正後の同条にいう「果実」が天然果実のみならず法定果実を含むものとして改められたものであるとしても、それはあくまで法定果実としての賃料債権を念頭においたものにすぎず、この規定の準用から直ちに、運送賃債権への効力を導くべきものではないはずだからである。現に、運送賃債権に対しては、そもそも物上代位の対象とされず（民法372条・304条1項本文参照）、船舶抵当につき収益執行制度も用意されていないことから、担保権実行の手続規定がなく、実効性を欠いている。

また、船舶の賃料債権についても、これに対する物上代位を、民法372条・304条1項本文の準用から仮に導いた場合には、運送賃債権に抵当権の効力が及ばないにもかかわらず、賃料債権にはなぜ効力が及ぶのかということの実質的な根拠付けが求められるところ、それは困難であるように思われる。とりわけ、船舶における傭船料債権についていえば、それが運送賃としての性質を有する航海傭船と、それが賃料としての性質を有する裸傭船とで物上代位の扱いを異にすべき論拠が問われることとなるし、定期傭船のように、契約の法的性質自体に大きな争いがあり[7]、いずれの性質とも断じ得ないものの処遇も問題となろう。

そうすると、2003年改正法により、賃料債権への物上代位や収益執行が可能であることが明確化された民法上の抵当権とは異なり、船舶抵当においては、運送賃債権はもちろん、賃料債権についても物上代位を否定し、船舶からは性質上生じ得ない天然果実のみならず、法定果実についても抵当権の効力が一般に及ばないと、なお解する余地があり、そう解した場合には、現行民法371条は、船舶抵当に準用されないものと捉えるべきこととなろう[8]。

---

6) 大判大正2年6月21日民録19輯481頁、大判大正6年1月27日民録23輯97頁
7) 中村眞澄＝箱井崇史『海商法〔第2版〕』（成文堂、2013年）82頁以下参照
8) ちなみに、自動車・航空機・建設機械の各動産抵当法においては、現行民法371条に準じた内容の規定を置いておらず、収益執行手続も予定していない。しかし、民法304条1項に準じた規

そして、こうした立場は、担保不動産収益執行制度を船舶につき準用しなかった手続法上の扱いとも整合するように思われる。

(3) 抵当権消滅請求制度の準用の当否

以上に加えて、立法論としてではあるが、他の動産抵当制度では準用が明確に否定されている抵当権消滅請求制度（民法379条～386条）を、船舶抵当においてのみ準用していることの当否も問題となる。

先に述べた船舶抵当権の特徴は、とりわけ、抵当船舶が譲渡され、第三取得者が出現した場合において、抵当権者の地位をよりいっそう脅かす要因となる。船舶抵当は、船舶を対象とする対物信用としての要素のほか、船舶の運航に対する評価を踏まえた対人信用としての要素があるため、抵当船舶の譲渡による所有者の交替は、抵当権者による担保価値の評価を大きく損ねる要素となるからである。

したがって、所有者による抵当船舶の自由譲渡性を前提に、第三取得者による抵当権消滅請求を認めることで、むしろ抵当船舶の流通を促進しようとしている現行法の立場は、船舶抵当権者にとって最も不利な法制を採用するものと評することができる。この点の立法的解決が望まれる[9]。

III　船舶抵当権の設定

1　適用対象としての「登記シタル船舶」

法は、船舶抵当権の目的物として、「登記シタル船舶」（商法848条1項）を予定している。このことは、「登記」可能な「船舶」の意義を通じて、船舶抵当制度の適用対象が絞り込まれることを意味している。この点、とりわけ、船舶の用途・重量からの絞込みが重要である。

定をそれぞれ擁しており（自動車抵当法8条、航空機抵当法8条、建設機械抵当法12条）、賃料債権への物上代位を正面から認めていることから、解釈上、賃料債権については物上代位を否定することが困難である。

9) 大橋光雄「船舶抵当法の将来」『船荷証券法及船舶担保法の研究』（有斐閣、1941年）467頁以下参照

(1) 船舶の用途（航海船）

まず、船舶抵当権の目的物となる「船舶」とは、航海の用に供するもの、すなわち航海船をいい（商法684条１項、船舶法35条本文、船舶登記令２条１号)[10]、専ら又は主として海以外の水域を航行する、いわゆる内水船には、理論上、船舶抵当権を設定することができないこととなる[11]。

しかし、こうした航海船と内水船の区別は、それが主に活動する水域の一般的な危険性に応じたものであり、海商法の独自性を基礎付ける根源的な区別というべきものであるが、担保法の観点からは、必ずしも区別の必然性を基礎付けるものではない。なぜなら、内水船とて、単体の担保目的物として相応しい財産的価値をもったものがあり得るところであり、海上企業体ではなくとも、造船時の融資に際して、利用を設定者に委ねつつ担保化する抵当権設定の需要は相当程度存在するはずだからである。それゆえ、船舶抵当権に関する規定は、内水船にも等しく類推適用されるものと解すべきであろう[12]。

(2) 船舶の重量（総トン数20トン以上）

つぎに、船舶抵当権設定の前提となる船舶登記の条件として、総トン数20トン以上の大型船舶であることが要求される（686条２項)[13]。一定以上の財産的価値をもつ航海船を、その重量を指標として区別する趣旨といえる。

① 漁船の処遇

もっとも、船舶の中でも漁船については、商法上の船舶登記・登録とは異なる漁船法上の登録がないと漁船として使用することができないものの（漁船法10条１項)、この登録とは別に、総トン数20トン未満の漁船につき、農業動産信用法上の抵当権設定が可能である（同法２条２項、同法施行令１条９号本

---

10) ただし、官庁又は公署の所有に属する船舶（公船）は除かれる（船舶法35条ただし書)。
11) この考えに従うならば、内水船の担保化には、民法上の質権を利用するか、あるいは、譲渡担保権等の非典型担保を利用することとなろう。
12) 村田治美『体系海商法〔２訂版〕』（成山堂書店、2005年）46頁参照
13) 端舟その他櫓櫂のみをもって運転し又は主として櫓櫂をもって運転する舟、いわゆる櫓櫂船（ろかいせん）は商法上の「船舶」でなく（商法684条２項)、船舶抵当権も設定できないが、およそ20トン以上の船舶は櫓櫂船でないものと思われるから、船舶抵当との関係では重量要件を確認するをもって足りよう。

文)[14]。同法上、水産動植物の採捕又は養殖も「農業」とみなされており（同法1条2項）、かかる小型漁船も農業用動産の一種として、農業用動産抵当権の設定対象とされているためである。

なお、こうした取扱いは、漁船が航海船か内水船かによって異ならないものと解される[15]。この点からも、商法上の船舶抵当権の利用が予定されている20トン以上の大型漁船については、船舶抵当と農業用動産抵当のいずれも利用できない不都合を回避するため、内水船についても船舶抵当権の規定を類推適用する前述の解釈が妥当しよう。

また、漁船については、これを含めて組成された漁業財団への抵当権設定も可能である（漁業財団抵当法2条1項2号）[16][17]。

② 小型船舶の処遇

これに対し、漁船以外の小型船舶（総トン数20トン未満のもの）については、現在、小型船舶の登録等に関する法律（平成13年7月4日法律第102号）が、所有権の得喪の対抗要件となる小型船舶の登録制度（同法4条）を設けているものの、抵当権設定の対象とはならないばかりか、質権設定までもが禁止されている（同法26条）。

小型船舶における質権設定禁止の趣旨は、「所有権と質権との権利関係の錯綜を防止する」[18]点にあるとされ、類似の規定として、商法上の大型船舶や自動車、航空機における質権設定の禁止（商法850条、自動車抵当法20条、航空機抵当法23条）が参照されるものの、これらの規定はいずれも、抵当権設定を認める反面、一般には不便な質権設定を禁止することで、担保権者間の権利関係の錯綜を防止するという趣旨にすぎず、したがって、この趣旨は、そも

---

14) ただし、総トン数5トン未満の漁船については、発動機の備付けがあるもの、又は長さ7メートル以上のものに限る（農業動産信用法施行令1条9号ただし書）。また、抵当権者は、銀行や信用金庫等、一定の金融機関に限定されている（同法12条1項、同法施行令2条2項）。

15) 例えば、湖等での淡水漁業のための漁船があり得る。

16) この場合、財団を組成する漁船は未登記であってもよいものとされる（香川保一『特殊担保』（金融財政事情研究会、1963年）578頁、漁業財団抵当登記取扱手続9条参照）。

17) 財団抵当としては、他にも、港湾運送事業財団における財団組成船舶への抵当権設定があり得る（港湾運送事業法24条2号）。

18) 藤本厚・法令解説資料総覧239号44頁（2001年）

そも抵当権設定が認められていない小型船舶には妥当しないように思われる。はたしてこうした立場が妥当か、再考を要しよう。

ともあれ、現行法の下、漁船以外の小型船舶を担保化するには、譲渡担保や所有権留保といった非典型担保によらざるを得ないこととなる。

2 製造中の船舶への設定

以上の要件を満たした船舶、すなわち、総トン数20トン以上の航海船であれば、製造中の船舶に抵当権を設定することが可能である（商法851条）。もっとも、「製造中の船舶」といえるためには、いかなる状態に達してなければならないかについては、必ずしも明らかでない。

この点、かつては、「単に製造工事に着手しただけでは足りず、その特定性を具備するに至ることを必要とし、従って竜骨を備えるに至るか又はこれと同視し得べき状態となった」ことを要する[19]などと説かれていた。しかし、「今日では、小型船を除いてこのような建造工法はとられず、ブロック建造法がとられるため、…ある程度工事が進んでその建造物がもはや他の船舶の構成部分に転用されたりできないような段階に達していることが必要」[20]と説かれるに至っている。そのため、2004年改正前船舶登記規則33条2号が、「竜骨」又は「航（かわら）」（小型の和船の船底材）を登記事項としていたのに代えて、改正後は、単に「計画における船舶の長さ」を登記事項とすることに改めている（船舶登記令25条3号）[21]。

もっとも、この制度の利用実態については従来、懐疑的な見方が強かった。すなわち、「わが国の実情では、大手の造船所では、製造中の船舶に抵当権が設定されることは殆どなく」[22]、「注文者の取引銀行が造船代金を融資

---

19) 香川保一・前掲論文（注16）946頁、森田果「造船とファイナンス」『海法大系』（商事法務、2003年）159頁
20) 大隅健一郎ほか編『判例コンメンタール13下〔増補版〕』（三省堂、1985年）980頁。木村宏「船舶」鎌田薫編『債権・動産・知財担保利用の実務』325頁（新日本法規、2008年）も参照。
21) 松田敦子＝杉浦直紀「船舶登記等の関係政省令の整備についての解説」登記研究編集室編『平成16年改正不動産登記法と登記実務（解説編）』（テイハン、2005年）560頁
22) 石井照久『海商法』（有斐閣、1964年）140頁、平野忠昭『〔付〕船舶抵当』（第一法規、1972年）25頁

する場合でも、船舶の完成後その所有権保存登記のなされる際に、同時に（または若干おくれて）船舶抵当権の設定登記がなされるのが通例であ」り、「製造中の船舶に抵当権が設定されるのは、中小海運会社の注文により中小造船所が建造する場合に事実上限られているようであ」る[23]などと説かれていた。

しかし、実務上、製造中の船舶の所有権が造船者に帰属する旨定められていることから、「造船契約解除による代金返還（損害賠償）請求権の担保として造船者が注文者に抵当権も設定するという形態」や、「海外船主の業績悪化に伴い、造船者が本担保制度を利用した金融調達を行なって建造を続行し、船舶完成後に第三者への転売の可能性を含めて資金の回収を意図しているもの」など、造船者側の融資手段として用いられる余地はあるであろう[24]。

3 目的物の範囲
（1）従物と属具

船舶抵当権の効力が及ぶ目的物の範囲については、民法上の抵当権規定の準用（商法848条3項、民法370条）により、抵当船舶の付加一体物に及ぶこととなる。そして、この付加一体物には、船舶本体の構成部分だけでなく、船主（船舶所有者）が、その船舶の常用に供するために付属させた、自己の所有に属する他の物、いわゆる従物（民法87条）が含まれる。この点、抵当権設定後に付属させた従物に抵当権の効力が及ぶかが問題とされ、民法370条と同87条2項のいずれに依拠するかにつき争いがみられるものの、結論的にはいずれにせよ効力が及ぶものと解することに今日ほとんど異論がない[25]。

また、商法は、これに加えて、抵当船舶の属具にも抵当権の効力が及ぶも

---

23) 小島孝「判批・大阪地判昭和45年4月3日」『海事判例百選〔増補版〕』212頁（有斐閣、1973年）
24) 水澤愼「製造中の船舶に対する抵当権」金法1122号（1986年）5頁。山口伸人「船舶建造融資と債務不履行発生への対応」金法1839号（2008年）36頁以下も参照。
25) 高木多喜男『担保物権法〔第4版〕』（有斐閣、2005年）124頁、道垣内弘人『担保物権法〔第3版〕』（有斐閣、2008年）137頁など。

のとしている(商法848条2項)。属具とは、船舶の構成部分たる船体・機関等から独立したもので、船舶の常用に供するため船舶に付属させた物をいう[26]。例えば、救命艇や錨、羅針盤といったものが挙げられる。

原則として船中に備え置くべき属具目録(商法709条1項)に記載した物は、船舶の従物と推定される(同685条)。このように、船舶の「属具」と「従物」とは密接な関連性を有し、同義と解する立場[27]もみられるものの、従物ではない属具[28]もあるとして、両者を区別するのが通説とされる。

もっとも、従物ではなく、たとえ付加一体物とはいえない属具であったとしても、付加一体物に準ずるものとして民法370条ただし書を適用し、「設定行為に別段の定めがある場合[29]及び第424条の規定により債権者が債務者の行為を取り消すことができる場合」には、なお抵当権の効力が及ばないとの扱いは認められるべきであろう。

(2) 船主に属しない属具への効力

この点に関し、船主に属しない属具に抵当権の効力が及ぶかが問題となる。なぜなら、民法上の従物は、条文上、主物の所有者の所有に属することを要求しているところ、属具についてはこれと異なり、船主の所有に属することを要しないものと解する余地があるからである。

しかし、近時は、民法上の従物自体、条文に反して、所有権の帰属を問わないものとする解釈が有力である[30]。この解釈によれば、船主に属しない従物・属具については、あくまで他人物の処分行為として扱えば足りるものとされる。「主物・従物の関係は当事者の意思を離れた客観的観点(社会経済上の必要)からとらえるべき」[31]ものであり、属具概念についても同等に解す

---

26) 中村=箱井・前掲書(注7)50頁参照
27) 小町谷操三『海商法要義上巻』(岩波書店、1932年)56頁
28) 中村=箱井・前掲書(注7)51頁は、「船舶賃借人が自己所有のボートを船舶に付属させた場合、そのボートは従物ではないが船舶の属具であることは否定できない」とする。
29) 当該別段の定めについては、その旨の登記をしなければ、第三者に対抗することができない(船舶登記令35条1項前段、不動産登記法88条1項4号)。
30) 内田貴『民法Ⅰ〔第4版〕』(東京大学出版会、2008年)356頁、四宮和夫=能見善久『民法総則〔第8版〕』(弘文堂、2010年)171頁
31) 四宮=能見・前掲書(注30)171頁

るならば、かかる客観的観点からは、(i) 性質上およそ従物・属具とはなり得ない物と、(ii) 従物性・属具性は認められるものの、船主の所有に属しないために、当該従物・属具の所有者の同意がない限り、主物の処分に従った従物・属具の処分効が直ちには生じない物[32]とを区別すべきこととなろう。

しかも、例えば、主物の売買においては、たとえ従物・属具とはなり得ない物であっても、当事者が明示的にその物を売買目的物に加えればよいのに対し、主物（不動産・船舶）への抵当権設定においては、従物・属具のみの抵当権実行が認められるか否かにつき疑義が存するため[33]、従物性・属具性がそのまま抵当権実行の一単位性を画することとなった場合には、(i) と (ii) の区別がいっそう重要となる。なぜなら、(i) については、船舶競売の対象からそもそも除外されるのに対し、(ii) については、ひとまず船舶競売の対象に含めた上で、従物・属具の所有者からの第三者異議の訴え（民事執行法38条）に委ねることとなるはずだからである。

また、担保船舶競売では、代金の納付による買受人の船舶の取得は、担保権の不存在又は消滅により妨げられないとの公信的効力（民事執行法189条前段・184条）が認められているため、仮に船主の所有に属さず、抵当権の効力が及んでいない従物・属具が競売に付されたとしても、代金納付済みの買受人の従物・属具取得は保護されるものと解される。

(3) 船舶抵当権に基づく物上代位と債権譲渡担保

船舶抵当権に準用される民法上の物上代位規定（商法848条3項、民法372条・304条1項）は、その文言上、広範な債権への代位を可能にしている。すなわち、「目的物の売却、賃貸、滅失又は損傷」によって生ずる債権、典型的には、(i) 売買代金債権、(ii) 賃料債権、(iii) 保険金債権、(iv) 損害賠償債権への代位が可能であるかのように定められている。

しかし、これらのうち、(i) 賃料債権については、II 2 (2) ②で前述したとおり、2003年改正法により賃料債権への物上代位が明確となった民法上

---

32) 高松地判昭和33年11月14日下民集9巻11号2248頁は、そのような物に関する事例といえる。
33) 分離物に対する競売方法につき、高木・前掲書（注25）132頁以下、高橋眞『担保物権法〔第2版〕』（成文堂、2010年）115頁参照。

の抵当権の立場に反して、明文にない運送賃債権[34]はもちろんのこと、賃料債権についても物上代位を否定する解釈が成り立つ余地がある。

また、(ii) 売買代金債権についても、抵当権に追及効が認められ、かつ、第三取得者につき代価弁済制度（商法848条3項、民法378条）[35]が用意されている中で、あえて強制的な債権回収方法としての物上代位を認める必要はないとも考えられる[36]。

他方、(iii) 保険金債権と (iv) 損害賠償債権については、物上代位を認めることに今日ほぼ異論はないものの、船舶抵当に関していえば、共同海損分担請求権（商法788条以下）につき、物上代位が認められるかはなお問題となり得る。運送賃債権と同視してこれを否定する見解[37]と、損害賠償債権と同視してこれを肯定する見解[38]とがみられる。

このように、物上代位においては、とりわけ、その船舶抵当への応用に際して、法解釈・適用上のリーガルリスクが存在する。また、諸外国の船舶抵当法においては、物上代位の範囲がわが国よりも限定的であることが多いため、仮に国際私法上、他国の船舶抵当法が適用された場合には、物上代位が認められないこともあり得る。

そこで、実務上は、以上の債権につき、債権譲渡担保の方式が多く用いられている[39]。とりわけ、傭船料債権や保険金債権に対する譲渡担保権の設定が行われる[40]ほか、船舶抵当権の設定契約上、設定者が第三者に対して将

---

34) 救助に従事した船舶につき、船主が有する救助料請求権（商法805条1項参照）も、運送賃と同様に、物上代位の対象とはならないものと解される（田中誠二『海商法詳論〔増補第3版〕』（勁草書房、1985年）585頁）。
35) 代価弁済制度は、他の動産抵当にも等しく用意されている（農業動産信用法12条2項、自動車抵当法13条、航空機抵当法15条、建設機械抵当法19条）。
36) 近時の多数説とされる（道垣内・前掲書（注25）145頁）。もっとも、大判明治40年6月19日民録13輯685頁は、船舶抵当権者は、船長又は船主が受けるべき水難救護法17条に基づく公売の残余代金に対してその権利を行うことができるものと判示している。
37) 田中・前掲書（注34）585頁。ただし、立法論としてはこれを包含させるべきであるとする。
38) 大橋・前掲論文（注9）459頁
39) 木村・前掲論文（注20）345頁参照
40) 詳しくは、瀬野克久『船舶融資取引の実務』（日本海運集会所、2012年）49頁以下参照。傭船料債権の譲渡担保ではなく、傭船契約上のOwnerたる地位の譲渡担保が行なわれる場合もある（同書51頁以下）。

来取得する損害賠償請求権を譲渡する旨の定めが置かれる[41]。

しかも、債権譲渡担保の方式によるならば、(i) 裁判所を介した法的実行手続、すなわち「差押え」（民法304条1項ただし書、民事執行法193条）を必要としない点、(ii) 配当要求の終期の到来（民事執行法159条3項）や転付命令の確定（同法165条）による失権など、執行法上の権利行使制限を回避できる点、(iii) 債務者対抗要件（民法467条）を具備することで、被代位債権の譲渡人に対する金銭の払渡しを法的に阻止できる点、(iv) 担保権実行前の段階であっても、第三債務者から直接担保権者に対してなされた任意弁済を受領できる点、(v) 債務者の異議をとどめない承諾による人的抗弁の切断（民法468条1項前段）が可能である点、(vi) 船舶の譲渡担保及び所有権留保にも難なく応用可能である点、(vii) 契約時の合意次第で被代位債権の範囲の拡張が可能である点、(viii) 契約時に合意した範囲において将来債権を一括で捕捉できる点、(ix) 本体上の担保権が被担保債権に関するもの以外の理由で不発生となり、又は消滅したとしても、被代位債権には影響が及ばない点、(x) 根担保の場合に被代位債権を取り立てても元本の確定を引き起こさない点において、物上代位よりも有利な扱いとなる[42]。

(4) その他の補充的な担保権設定

以上に述べたほか、補充的な担保権の設定対象となり得るかが問題となるものとして、以下のものがある。

① 内航船における納付金免除船舶引当資格

内航船に関しては、日本内航海運組合総連合会が1998年4月から開始した内航海運暫定措置事業において内航船に認められる納付金免除船舶引当資格につき、当該内航船上の船舶抵当権の効力が及ばないとした近時の裁判例が

---

41) そのような定めのある船舶抵当権設定契約書の文例として、瀬野・前掲（注40）277頁、木村・前掲論文（注20）334頁、御室龍「船舶・小型船舶」石井眞司＝西尾信一編『特殊担保』（経済法令研究会、1986年）205頁参照。
42) 拙稿「物上代位」円谷峻編著『社会の変容と民法典』（成文堂、2010年）141頁以下、同「流動動産譲渡担保権に基づく物上代位」日本法学78巻2号（2012年）339頁参照。もっとも、債権の対抗問題における優劣決定基準時など、債権譲渡担保よりもむしろ物上代位の方が有利となる場合もある。この点につき、同「物的担保に基づく物上代位と債権譲渡担保」日本法学71巻1号（2005年）183頁以下参照。

ある[43]。

② 漁船における漁権

漁船に関しては、いわゆる漁権（許可を受けて指定漁業を営むことのできる地位）への担保権設定があり得る。漁権は実定法上の権利とはいえないものの、少なくとも船舶とともに担保の目的とすることは判例上も認められており[44]、学説上も、漁船上の抵当権は、従たる権利に準ずるものである漁権にも及ぶものと解されている[45]。

4 船舶抵当権設定契約と船舶登記手続
(1) 設定契約の締結

船舶抵当権者は、船舶先取特権を有するような、いわゆる船舶債権者に限定されるものではなく、その被担保債権の範囲は無限定であって、海事融資に関して設定されたものでなくてもよい。また、不特定の債権を担保する根抵当権の設定も可能である（商法848条3項、民法398条の2以下）。

設定対象は、複数の船舶に対するもののほか、不動産と船舶との共同抵当権の設定も可能であるが、その場合は代価の配当に関する特則（民法392条）は適用されないものと解される。また、流動動産譲渡担保に準ずる形で、種類等によって特定された流動性のある船舶に抵当権を設定することも認められない[46]。

船舶抵当権の設定は、船主が行うのが原則であり、船舶共有において選任される船舶管理人や船舶賃借人[47]にも抵当権の設定権限は認められないが

---

43) 大阪高判平成21年4月23日金法1879号37頁
44) 最三小判昭和54年12月18日判タ406号79頁
45) 宇津木旭「漁船抵当に関する諸問題（中）」手研292号（1979年）19頁以下、堀内仁「漁業許可と漁船抵当権の効力」手研297号（1980年）6頁
46) 理論上は、流動動産譲渡担保の設定が考えられるものの、その公示方法として考えられる動産譲渡登記（動産・債権譲渡特例法3条）は、あくまで民法178条の「引渡し」と擬制するにすぎないものであることから、船舶登記等を対抗要件とする船舶には、そもそも適用の余地がないものと解される。
47) 船舶賃借人は、あくまで「利用ニ関スル事項」についてのみ船主と同一の権利義務を有し（商法704条1項）、抵当権設定のような処分権限は有しないものと解されている（小町谷・前掲（注27）海商法要義上巻157頁）。

(商法700条1項1号、704条1項参照)、船長には認められるものとされる（同715条)。

(2) 設定契約の内容と当事者の権利関係

船舶抵当権の設定にあたっては、主として抵当権者の法的地位が不当に害されることのないよう、契約書に付随的な条項を設けて、設定当事者の権利関係を詳細に定めておくのが通常である。

例えば、当然に必要な (i) 設定者に登記義務を課す条項や、(ii) 傭船料請求権・保険金請求権・損害賠償請求権の譲渡条項がそうであるし、不動産上の抵当権設定においてもみられる (iii) いわゆる増担保条項や、(iv) 任意売却条項のほか、(v) 抵当権の行使を妨げる権利・事実の不存在についての表明保証条項、(vi) いわゆるネガティブプレッジ条項[48]なども定められる。また、船舶抵当権に特有の条項として、(vii) 船舶先取特権の通知条項や、(viii) 船舶の譲渡制限条項[49]も定められることがある[50]。

(3) 設定当事者の権利関係

① 設定者による抵当権侵害行為の規律

他方、当事者の権利関係としては、設定契約に明示されるか否かを問わず、被担保債権の期限の利益喪失事由（民法137条2号）と結び付いた設定者による抵当権侵害行為の規律が重要である。

この点まず、不動産上の抵当権については、非占有担保といえども、「抵当不動産の交換価値の実現が妨げられ抵当権者の優先弁済請求権の行使が困難となるような状態があるとき」には、抵当権侵害が認められるものとされる[51]。そこで、これを船舶抵当権に応用させ、抵当"船舶"の交換価値の実現が妨げられ抵当権者の優先弁済請求権の行使が困難となるような状態があるときに、"船舶"抵当権の侵害があるものと考えるならば、これには、不

---

48) 他の債権者のために担保権を設定してはならないという条項。松岡久和「クロスデフォルト条項・ネガティブプレッジ条項の民事法的検討」ジュリ1217号（有斐閣、2002年）2頁参照。
49) 船舶の譲渡につき抵当権者の承諾を要するものとする条項であるが、これに違反した譲渡を無効にするまでの効力はなく、あくまで条項違反を利用として期限の利益喪失等を基礎付けるにとどまる。
50) （注41）に掲げた船舶抵当権設定契約書の各文例参照。
51) 最大判平成11年11月24日民集53巻8号1899頁、最一小判平成17年3月10日民集59巻2号356頁

動産上の抵当権と若干異なる配慮が求められるものと思われる。

　すなわち、可動物件たる船舶については、船舶の財産的価値そのものにたとえ特段の減少が認められずとも、船舶の不当な運航により交換価値の実現を妨げることがあり得るであろう。例えば、堪航能力のない船舶をあえて発航させようとし、又は著しく危険な航海をしようとする場合がこれにあたる。また、後発の船舶先取特権が船舶抵当権者の地位を相対的に低減させ不利益を与える点に鑑みるならば、船舶以外に資力がないにもかかわらず、あえて巨額の船舶先取特権を生じさせるような航海をしようとする場合も、船舶抵当権の侵害になり得るものといえる[52]。

　② 抵当権者による利用妨害行為の規律

　以上に加えて、船舶抵当権においては、抵当権者による利用妨害行為の規律も問題となり得る。なぜなら、商法689条本文は、発航の準備が終わった船舶に対する差押えを禁止しているため、抵当権者といえども、これを無視して担保権実行としての差押えをした場合には、これによる損害を賠償する責任を負うべきものといえるからである[53]。

(4) 船舶登記手続

　船舶抵当権設定契約に基づき、船舶登記手続が行われる。船舶登記は、第三者対抗要件としての意義のほか、抵当権実行開始文書（民事執行法189条・181条1項3号）としての意義がある。

　現在は、2004年の不動産登記法改正に際して全面改正された船舶登記令（平成17年1月26日政令11号）及び船舶登記規則（平成17年2月28日法務省令27号）がその手続を定める。(i) 船舶登記については、当面、コンピュータ処理を予定していないことから、新不動産登記法の立場とは異なり、従前通り、登記用紙を備える登記簿による事務処理を前提とした規定となっていること、(ii)「船舶」と「製造中の船舶」とで異なる登記手続を明確化したことが新法の特徴となっている。

---

[52] 小町谷・前掲書（注27）292頁は、これらの場合に、期限の利益を喪失するものと説く。

[53] 旧商法543条の下で抵当権者の損害賠償責任を認めた裁判例として、神戸地判昭和4年3月21日新聞3014号13頁参照。

IV　船舶抵当権の効力

1　船舶抵当権の順位
有効に設定された船舶抵当権の優先順位は、以下のとおりとなる。
(1)　船舶抵当権相互の順位
まず、同一の船舶について数個の抵当権が設定された場合の、船舶抵当権相互の順位は、登記の前後による（商法848条3項、民法373条）。
(2)　船舶先取特権との順位
他方、船舶先取特権（商法842条）は、成立の前後を問わず、船舶抵当権に先立って行使することができるとされ（同849条）、前者が常に優先する。
(3)　民法上の先取特権との順位
これに対し、民法上の先取特権、すなわち、動産先取特権[54]又は船主を債務者として成立した一般先取特権との優先順位については、必ずしも明確でないものの、以下のように解すべきであろう。

①　動産先取特権との順位

まず、動産先取特権との優先順位については、民法334条を類推適用して、船舶抵当権者は、動産質権者と同様、民法330条の規定による第1順位の先取特権者と同一の権利を有するものと解される。なぜなら、同条による第1順位の先取特権（不動産賃貸・旅館宿泊・運輸）は、いずれも当事者の意思の推測に基づく一種の法定質権ともいうべき性質のものであり、これらの先取特権とほぼ同じ根拠によって優先権を有する動産質権はもちろん、動産抵当権についても、その順位関係についてはこれらと同列におくのが相当であり[55]、現に、他の動産抵当権についてはすべて、民法334条に準じた規定（農業動産信用法16条、自動車抵当法11条、航空機抵当法11条、建設機械抵当法15条）を

---

54)　理論上は、船舶登記制度を基盤として、不動産先取特権（民法325条以下）に準じた処遇をはかることも可能であるが、現在の船舶登記制度は、不動産登記制度（不動産登記法3条5号）と異なり、先取特権の登記を予定しておらず（船舶登記令3条参照）、民法上は、船舶も動産の一種として、公示を前提としない動産先取特権が成立するにとどまる。

55)　林良平編『注釈民法（8）』〔西原道雄〕（有斐閣、1965年）211頁参照

設けているからである。

したがって、船舶につき実際上問題となる動産保存先取特権（民法311条4号、320条）と動産売買先取特権（同311条5号、321条）との順位関係は、第1順位が船舶抵当権、第2順位が動産保存先取特権、第3順位が動産売買先取特権となるが（同330条1項参照）、船舶抵当権者は、抵当権設定時において動産保存若しくは動産売買の先取特権者があることを知っていたときは、これらの者に対して、又は、船舶抵当権者のために物を保存した者に対して、優先権を行使することができない（同330条2項）。

② 一般先取特権との順位

つぎに、船主を債務者として成立した一般先取特権との優先順位については、船舶抵当権者の利益となる共益費用の一般先取特権（同329条2項ただし書参照）を除き、船舶抵当権は、常に一般先取特権に優先するものと解される（同336条本文参照）。不動産とは異なり、船舶上には先取特権の登記が許容されておらず、登記の先後によって優劣を決することがないためである。

(4) 留置権との順位

留置権（民法295条、商法521条など）に優先弁済的効力はなく、競売時の配当において、留置権者は、一般債権者と同等の扱いを受けるにとどまる。この点で、船舶抵当権は、留置権に常に優先する。

しかし、船舶上の留置権は、競売を経ても買受人によって引き受けられる扱いとなっているため（民事執行法189条前段・121条・59条4項）、被担保債権を弁済等によって消滅させない限り、留置権者は船舶を留置し続けることができる。その結果、留置権者は、事実上の優先弁済を得ることとなる[56]。

ただし、船主が破産した場合は、扱いが異なる。民事留置権（民法395条）は、破産財団に対して効力を失う扱いとなり（破産法66条3項）、商事留置権

---

56) もっとも、留置権による競売（民事執行法195条）においても消除主義をとり、売却代金の配当手続を実施して、留置権者も一般債権者と同順位で配当するとの実務運用（東京地方裁判所民事執行センター実務研究会編著『民事執行の実務〔第3版〕不動産執行編〔下〕』（金融財政事情研究会、2012年）381・386頁）によれば、留置権者自らの申立てに基づく競売においては、事実上の優先弁済は得られないこととなる。かかる実務運用は、共有物分割のための不動産の形式競売（民法258条2項、民事執行法195条）につき消除主義（同法59条）が準用されるものとした近時の判例（最三小決平成24年2月7日判タ1379号104頁）により正当化されつつある。

（商法521条など）は、破産財団に対する関係で、他の動産先取特権よりも劣後する動産先取特権とみなされる扱いとなる（破産法66条1・2項）。したがって、前述のとおり、船舶抵当権が第1順位の動産先取特権として扱われる以上、動産先取特権化した船舶上の商事留置権は、船舶抵当権にも劣後する扱いとなろう。

もっとも、ここでの劣後扱いが、配当順位における劣後を意味するにとどまるのか、それとも、優先権を有する債権者に対して留置的効力をも対抗することができなくなるといった意味（民法347条ただし書参照）をも含むのかは、なお明らかでない[57]。後者であるとすれば、船舶抵当権の設定登記後に成立した商事留置権は、抵当権者に対抗できず、競売による買受人との関係で留置が否定されることとなる。

(5) 船舶賃貸借との順位

船舶も、不動産（民法605条）と同様に、その賃借権を登記することができる（商法703条）。したがって、船舶抵当権と船舶賃借権の優劣は、登記の先後により決することとなる。

この点、かつては、抵当権に後れる賃貸借であっても、6ヶ月を超えない短期の賃貸借についてはなお抵当権者に対抗することができるものとしていた（商法848条3項、旧民法395条・602条4号）。しかし、2003年改正法により廃止され、その代わり、建物賃貸借につき6ヶ月の引渡猶予の規定（現行民法395条）が設けられたものの、この規定が船舶の賃貸借に準用されるかについては、前述のとおり、疑問がある。

2　船舶抵当権の消滅原因

船舶抵当権の消滅原因は、船舶の減失や抵当権の放棄など、物権一般の消滅原因や、被担保債権の弁済など、担保物権一般の消滅原因が妥当するほか、登記した船舶が設定対象であることから、船舶登記の抹消事由が船舶抵当権の消滅原因となる。

---

57) 後者の見解をとる裁判例として、福岡地判平成9年6月11日判時1632号127頁、東京高決平成10年11月27日判時1666号143頁、大阪高決平成23年6月7日金判1377号43頁参照。

すなわち、(i) 船舶の滅失・沈没[58]・解撤、(ii) 船舶の日本国籍喪失、(iii) 船舶が総トン数20トン未満の船舶となり、又はいわゆる櫓櫂船となったとき、及び、(iv) 船舶の存否が 3 ヶ月間明らかでないときが、いずれも船舶登録の抹消事由とされ（船舶法14条 1 項）、しかも、管海官庁が抹消登録をしたときは、遅滞なく、船舶登記の抹消を登記所に嘱託しなければならないものとされているため（船舶登記令24条）、これらの抹消登録事由がそのまま抹消登記事由となり、同時に船舶抵当権の消滅原因となる。

なお、船舶については、不動産に準じて、船舶登記及び船舶国籍証書への記載が所有権移転の公示方法とされているのであるから（商法687条）、動産取引に関する即時取得制度（民法192条以下）の適用はないものと解される[59]。

もっとも、民法397条が準用されるため、第三取得者による船舶所有権の時効取得（民法162条）に伴い、抵当権が消滅することはあり得る。

以上に対し、農業用動産抵当権が設定された小型漁船については、なお即時取得制度の適用があり（農業動産信用法13条 2 項）、第三者の即時取得に伴い抵当権が消滅する。

V 船舶抵当権の限界と非典型担保

船舶抵当権の弱点として繰り返し指摘されるのは、船舶先取特権に対する劣後的扱い（商法849条）である。そこで、こうした扱いを回避するために、船舶抵当権に代えて、譲渡担保や所有権留保などの非典型担保を利用することが考えられる。しかし、こうした非典型担保の利用にあたっては、以下に述べるようないくつかの問題がある。

まず、譲渡担保・所有権留保[60]については、近時の判例[61]に従う限り、

---

[58] もっとも、船舶が沈没しても、船舶が船舶としての存在を保っている場合には、なお抵当権は消滅しないとの裁判例がある（東京控判明治40年 3 月14日新聞426号 8 頁）。
[59] 登録自動車の即時取得を否定する判例として、最二小判昭和61年 4 月24日判時1243号24頁参照。
[60] 船舶に関しては、他にも、船舶共有、ファイナンス・リースとしての裸傭船、リース・バック（売渡担保）といったものが、同様の非典型担保として捉えられよう。
[61] 自動車の留保所有権者に関する最三小判平成21年 3 月10日民集63巻 3 号385頁参照。

少なくとも被担保債権の弁済期経過後、担保権者（譲渡担保権者・留保所有権者）につき、所有者としての責任を課すことになる点が大きな障害となる。

また、そもそも譲渡担保や所有権留保を利用することで、船舶先取特権の優先性を回避できるのかも問題となる。

この点、商法704条2項によれば、賃借人による船舶の利用について生じた先取特権は、船主に対しても効力を生じるものとされているのであるから、譲渡担保・所有権留保における設定者・買主の利用関係を賃借人の利用に準じて考えるならば、その利用により生じた先取特権は、譲渡担保権者・留保所有権者との関係でも効力を生じるものと解される。そのため、譲渡担保権・留保所有権の実行により担保権者が確定的に所有権を有することになったとしても、船舶先取特権は覆滅することなく存続するものといえる。

もっとも、担保権者が処分清算として第三者に当該船舶を売却処分した場合には、先取特権者に対する1ヶ月以上の期間の公告の上、債権の申出がない先取特権を消滅させることは可能であるから（商法846条）、その限りで船舶先取特権の優先性を回避できる余地はある。

他方、船舶についていわゆるオフバランス化を図るとともに、船主の会社更生時においても更生担保権としての処遇を回避して倒産隔離機能（倒産手続に服さず、倒産手続外でその権利を実行できるという機能）を享受するため、船舶の流動化・証券化が行われることもある[62]。これも、広い意味では、船舶抵当権に代わる債権担保手段として位置付けられよう。

VI　おわりに

船舶抵当権が民法上の抵当権規定を包括的に準用するものである限り、抵当法における判例・学説・立法の動向は、必然的に船舶抵当権にも波及し、その影響を遮断できない構造となっている。ところが、かかる抵当法の動向は、ほとんどの場合、船舶抵当権を度外視して進められている。

幸い、現在検討されている運送法制の現代化[63]は、船舶抵当権を正面か

---

[62]　柏倉・前掲論文（注4）449頁以下

ら見直しの対象とする絶好の機会である。この機に、船舶先取特権を含めた船舶担保法制全般を見直し、船舶抵当権については、民法上の抵当権との相違を踏まえた独立の抵当制度としての再構築が求められよう。

---

63) 運送法制研究会（座長・山下友信）『運送法制研究会報告書』（商事法務研究会、2013年）（http://www.shojihomu.or.jp/unsohosei/unsohosei.pdf）参照。こうした状況を受けて、2014年（平成26）年2月7日、法制審議会は、諮問第99号に基づき、新たに「商法（運送・海商関係）部会」を設置して、運送・海商関係法の見直しに着手した。

船舶金融と船舶先取特権

志津田　一彦

I　はじめに
II　船舶金融2条約の内容と動向
III　船舶先取特権をめぐるいくつかの問題点
IV　むすびにかえて

I　はじめに

　海上先取特権および抵当権に関する国際条約として、1926年条約、1967年条約、1993年条約があり（以下、26年条約、67年条約、93年条約と略す）、現行商法842条以下、国際海上物品運送法、船主責任制限法、船舶油濁損害賠償保障法などとの関連性が問題となる。また、他方で、船舶アレスト条約として、1952年条約、1999年条約があり（以下、52年条約、99年条約と略す）、民事執行法、民事保全法などとの関連性が問題となる。

　ここでは、国際条約・比較法的現状と動向、最近のわが国の裁判例における論点、リーエン禁止条項や、船舶先取特権の被担保債権の起源である冒険貸借の起源など、この分野で最近注目すべき問題点をとりあげながら、船舶先取特権について、いくつかの検討を行おうと思う。

II　船舶金融2条約の内容と動向

1　海上先取特権および抵当権に関する国際条約の基本的方向性

　船舶先取特権は占有も公示も必要とせずに船舶抵当権に優先するため（明治31年商法修正案683条・現行商法849条。なお、ロエスレル商法草案913条12号「質物登

記簿ニ記入シタル要求但其記入日附ノ順序ニ従フ」・旧商849条12号「船舶登記簿ニ登記シタル債権但其登記ノ日附ノ順序ニ従フ」も参照)、船舶抵当による金融に支障となることは早くから指摘され、先取特権の被担保債権を解釈論または立法論としてできるだけ制限しようとする傾向にある(『商法修正案理由書』210頁、212頁(明治31年7月、第4版、博文館蔵版)など参照)。

26年条約(1931年6月2日発効)では、被担保債権を限定し、米国の制度を参考に船舶抵当権に劣後する先取特権というカテゴリーを設けた(3条2項)。67年条約(未発効)では、契約債権に先取特権を認めないという方針で(4条1項(iv)号)、さらに限定した。93年条約は、前の二つの条約の批准状況が思わしくなかったので、できるだけ多数の国家の同意が得られる条約を作成するべく検討された(2004年9月5日発効)。

1993年条約は、10ヵ国目のNigeriaが2004年3月5日に加盟し、その6カ月後の9月5日に、同条約19条により発効している。Russian FederationとSpainが加盟していることが注目され、2013年9月18日段階で17ヵ国が加盟している。

2　船舶先取特権を生ずべき債権

第一に、最大の論点は、いかなる債権に船舶先取特権が賦与されるかであり(明治31年商法修正案677条参照)、従来から、次の(1)(2)(3)の分類が、一般的である。

(1) 担保の原因をなす債権

①船舶・属具の競売費用と競売手続開始後の保存費用(商842条1号、26年条約2条1号、67年条約11条2項、93年条約12条2項)。②最後の港における船舶・属具の保存費(商842条2号、26年条約2条1号、67年条約11条2項)。③水先案内料・挽船料(商842条4号)。水先案内料につき、26年条約2条1号、67年条約4条1項(ii)号、93年条約4条1項(d)号。条約は、挽船料については、認めない。④救助料・船舶の負担に属する共同海損の債権(商842条5号、26年条約2条3号、67年条約4条1項(v)号。救助料につき、93年条約4条1項(c)号。共同海損分担請求権については、93年条約は、先取特権を認めない)。⑤航海継続の必要によって生じた債権(商842条6号、26年条約2条5号)。67年条約は、契約債権に先取特

権を認めず、93年条約も同様。⑥船舶が、その売買または製造の後いまだ航海をなさない場合における、その売買または製造・艤装によって生じた債権および最後の航海のためにする船舶の艤装・食料・燃料に関する債権（商842条8号）。67年条約は、契約債権に先取特権を認めないが、6条2項では、造船者の債権と船舶修繕者の修繕債権については、留置権・possessory lien（先取特権に劣後、抵当権に優先）を国内法が認めていれば賦与してよい。93年条約は、留置権を賦与（7条）。

(2) 公益的あるいは社会政策的意味のある債権
①航海に関して船舶に課した諸税（商842条3号、26年条約2条1号）。67年条約4条1項(ii)号、93年条約4条1項(d)号は、水路の料金のみ、認める。②雇用契約によって生じた船長・海員の債権（商842条7号、26年条約2条2項、67年条約4条1項(i)号、93年条約4条1項(a)号）。なお、93年条約同号は、船舶所有者の支払う社会保険料も賃金の一部と考え、含める。

(3) 責任制限の対抗をうける債権
①船主責任制限法95条。67年条約4条1項(iii)号、93年条約4条1項(b)号は、船舶の利用に直接関連して生じた人の死傷に関する債権に先取特権を与える。67年条約4条1項(iv)号は、財産的損害の場合は、契約債権に先取特権を認めず、不法行為による債権にのみ先取特権を賦与する。93年条約4条1項(e)号は、不法行為による財産的損害について、物理的損害のみを対象として経済損失を含まないとし、順位を67年条約の4位から5位に下げた。②船舶油濁損害賠償保障法40条。67年条約は、明確に規定していないが、油濁損害も人的損害や不法行為による物的損害に含めうる。93年条約4条2項(a)号は、放射性物質から生じた損害などとともに油濁から生じた債権に対しても先取特権を賦与しない。③国際海上物品運送法19条1項。93年条約4条1項(e)号但書は、複合運送において、真の荷主の実際運送人に対する不法行為に基づく損害賠償請求を排除する。

なお、以上の債権については、他の手段による債権回収の可能性、制度の役割分担から、あるいは、個別具体的に債権（被侵害利益の価値）ごとに、考察するアプローチもある。

第二に、船舶先取特権の目的物・効力・消滅についてである。

商法842条・843条・851条、26年条約4条は、先取特権の目的物については、同様である。67年条約は、船舶に限定し、属具と未収運賃には言及していないが、国内法で属具と未収運賃に及ぼすことを禁じる趣旨ではないといわれる。93年条約4条1項もこれと同様である。消滅については、商法847条、26年条約9条（ただし、2条5号の債権は6ヵ月）、67年条約8条1項は、ほぼ同様に、1年の除斥期間を定める。93年条約9条も、同様であるが、1年の期間の始期を船員の賃金債権などの場合のみ、船員保護の観点から改められている（9条2項(a)号）。

第三に、準拠法についてである。

わが国の通説は、担保物権も物権の一種であるから、被担保債権の準拠法に加えて、物権の準拠法も累積的に適用し、船舶の「物権の準拠法」を旗国法とするが、船舶先取特権の実行は事実上アレストと一体であり、法廷地法を加味する見方もある。

3　船舶アレストに関する国際条約の改正と論点の吟味[1]

国際的に運航する船舶に関係する者にとって船舶の運航を止めるアレストのルールは明確で国際的にも統一されていることが望ましいが、英米法系、特にイギリス法系と、大陸法系のルールは大きく異なる。両者の調整を要する主な論点は、①アレストを認める海事請求権の限定の有無、②アレストされうる船舶の範囲、③違法なアレストがなされた場合の救済の要件、④アレストと本案管轄の有無、が挙げられる。52年条約は、これらの対立点について一定の歩み寄りをはかり、かつアレストに関する基本ルールを示す（1956年2月24日に発効）。99年条約は、荷主国対船主国、先進国対発展途上国の対立も反映されたといわれており、基本的には渉外関係に適用されるルールである（8条）。

1999年条約は、10カ国目のAlbaniaが2011年3月14日に加盟し、同条約14条(1)項によりその6か月後の9月14日に発効している。2013年9月18日段階で、加盟国数は10カ国のままで、LiberiaとSpainが加盟していること

---

1) Francesco Berlingieri, Arrest of Ships, 5th ed. 2011など参照。

が注目される。

4 比較法的現状
(1) パナマ

Roy C. Durling Jr. & Jorge Loaiza III は、Maritime Law Handbook ★★★〔3巻〕Part I Suppl. 35（2009年12月）pp. 1 et seq.の「序注」で、次のように述べている。

「1977年のパナマ運河条約（いわゆる"条約"）の制定より以前は、パナマ運河における、および、パナマ共和国の諸ターミナル港における海事裁判管轄権は、アメリカ合衆国政府によって、1連邦裁判所を通して、行使されてきた。その条約の制定に基づき、その裁判所の削除がなされ、パナマ共和国は、1982年3月30日法第8号を採用した。その法は、海事裁判所を創設し、アップ・ツー・デイトな規則を採用するべく、海事訴訟手続（いわゆる"法典"）を規制した。その法典は、アメリカ合衆国の民事訴訟手続法に関する、より柔軟な諸連邦ルールと、アルゼンチンの海事訴訟手続法典によってもたらされたのであり、訴訟手続に関する伝統的な諸民事法典からは、幾分外れている。その最初の2～3年の適用後、当該法典は、いくつかの技術的な修正や改善を入れるため、1986年3月23日法第11号により改正された。それに続いて、2001年6月1日の法第23号によって同じ目的で改正され（それは第2海事裁判所を創設した）、そして2009年1月23日法第12号によって改正された（それは一般的な海事手続を現代化する目的で多くの改正を導入した）。」と。

続けて、「1. 実質法（local law）の諸法源」として、次のように述べる。

「諸船舶のアレストとアタッチメントに関する一般的諸ルールは、当該法典第VI章に含まれている。

諸船舶のアレストやアタッチメントを扱う制定法は、民事訴訟法典の諸規定を除いて、ほかにない。そして、それは、当該法典と矛盾しない範囲で、諸海事裁判所の前の諸訴訟手続にも適用される。

判例法あるいは先例は、パナマにおいて、理論上ほとんど関係がない。というのは、パナマは、1市民法国家であり、諸先例に従わないからである。しかし、実務では、上訴において、海事裁判所の諸判決から援用される最高

裁判所の諸判断は、諸訴訟当事者の議論においてその当事者達によって、および、諸海事裁判所の諸判決において諸海事裁判所によって従われるべき諸ガイドラインおよび先例として、しばしば引用されている。」と。

さらに、「2．諸国際条約」として、「2．1．多数国参加の国際条約」として、「パナマ共和国は、ブラッセルの1926年国有船舶の免責に関するある規則の統一に関する国際条約、あるいは、ブラッセルの1952年海上航行船舶のアレストに関する国際条約の当事国ではない。しかし、これらの諸条約の諸規定に類似の諸規定が、当該法典により国内法に具体化された。」と述べ、「2．2．2国間条約」として、「パナマ共和国が、パナマ運河の諸船舶の通過を保証するものとすると、条約は述べている。この原則に基づいて、パナマ運河を通過している諸船舶のアレストのケースにおいて、パナマの諸海事裁判所は、そのような諸船舶がアメリカの連邦裁判所の執行官（the Court Marshal）の監督の下、それらの通過を完遂することを認める慣行を発展させてきた。その運河の通過が終わるとすぐ、連邦裁判所の執行官は、アレスト命令を強制する。」と述べる。

Roy C. Durling Jr. & Jorge Loaiza III は、Id. pp. 1 et seq. で、「5．アタッチメントあるいはアレストが要請されうる諸クレームの諸タイプ」として、次のように解説する。

「当該諸海事裁判所の管轄権の範囲内にある諸クレームの諸タイプは、…海商そして海事取引から生起するものである。当該法典（1982年3月20日法第8号。1986年3月23日法第11号、2001年6月1日法第23号、2009年1月23日法第12号により改正：筆者挿入）166条は、1船舶のアタッチメントやアレストは、次の諸場合に命じられうると規定する：

（1）訴訟手続を無駄にするのを防ぐために、そして、アタッチメント〔あるいはアレスト〕の訴訟手続になりやすいような、被告が資産を移動したり、散在したり、妨害したり、譲渡したり、毀損したりすることがないように。

（2）訴訟原因がパナマの国内で起ころうと国外で起ころうと、外国人の諸被告に対してパナマの海事裁判所の前で、諸海事クレームを強制することを可能にするために。

（3）同じ物への諸海上リーエンを強制するために、アタッチメント〔あるいはアレスト〕の影響を受けやすい財産の物理的な差押えを達成するために。

パナマ法の下で、1船舶は、いかなるタイプのクレームのためにも、アタッチされうるし、アレストされうるであろう。当該クレームが当該船舶の当該所有者に対して存在し、または、当該船舶に対する1リーエンによって確保されている場合にはである。

諸船舶に対する特権（諸海上リーエン）を引き起こす当該諸クレームおよびそれらの優先性の順序は、2008年8月6日法第55号の244条において、次のように列挙されている。

244条．次の諸海事債権は、当該船舶の上に1リーエンを享受し、その価値に関し、本条で明示されている優先順位で、同時に生起するものとする。すなわち：
（1）諸海事債権者の共通の利益のために負わされた裁判費用；
（2）最後の航海に関して当然支払われるべき救援・救助のための経費、賠償金および賃金；
（3）最後の航海に関し、当該船長および乗組員に支払われるべき賃金、補償金および賠償金；
（4）当該船舶モーゲージ；
（5）当該船舶に関する年年の税金および義務のためパナマ政府に支払うべき総額；
（6）その最後の到着の際、当該船舶の船積みおよび陸揚げのために、当該船舶の当該所有者、管理人あるいは船長によって直接に雇われている港湾荷役請負業者およびその他の港湾労働者に支払うべき賃金や手当；
（7）過失またはネグリジェンスによって引き起こされた損害への補償；
（8）共同海損分担金；
（9）当該船舶の必需品および補給品のために負わされた債務で支払うべき総額；
（10）そのような債務が契約された港から当該船舶の発航前に、もし当該

契約が始まり、そして履行されるならば、当該船舶の船体および貯蔵品のための装備用具、艤装品およびテークルに対する冒険貸借でえられた総額；および最後の6か月の保険料；
(11) 水先人および見張り人の賃金、および最後の航海および入港後、当該船舶、その装備用具および貯蔵品の維持および管理の費用；
(12) 最後の航海で当該船長または乗組員に帰すことができる船上にしまわれた当該カーゴあるいは諸動産を引き渡すことができなかったことに対して、諸荷送人および諸乗客に支払われるべき賠償金、あるいはその損害のための賠償金；および
(13) 当該船舶の取得価格および最後の2年間に支払うべき利息。」と[2]。

(2) アメリカ合衆国

Maritime Law Handbook ★★★〔3巻〕Part III pp. 20 et seq. Suppl. 45（2013年2月）〔Geoffrey D. Ferrer 執筆〕は、「B．諸請求権の優先度」の中で、「8．優先順位：8．1実質法」と題し、次のように述べている。

「……合衆国では、時とともに、次に掲げるリーエン・ランキング・システムが一般に採用されてきた。
（1）訴訟手続費用。それは、当該地方裁判所によって訴訟手続費用と考えられるいかなる付加的な経費と同様に、合衆国連邦裁判所の執行官の報酬（US Marshal's fees）、訴訟費用、維持経費および代理手数料を含んでいる。
（2）諸優先的海上リーエン；
　(a) 船員の賃金；
　(b) 契約による海難救助を含む海難救助；
　(c) 共同海損；
　(d) 海事不法行為；
　(e) 当該船舶に対する1優先的モーゲージの記録のための書類提出

2）　以前のパナマ商法典1507条の原文は、志津田一彦『船舶先取特権の研究』132頁以下（成文堂、2010）（以下「研究」と略す）、日本語訳については、馬木昇『パナマ便宜置籍船の法律実務』464頁以下（成山堂、1993）参照。なお、1510条の運賃に対する優先権、1511条の貨物に対する優先権も参照。

(filing) 前に契約によって発生しているすべての海上リーエン（「必需品」、曳船、など）；
（３）46USC Section 31322で規定されているように合衆国の諸法の下で、または、合衆国の１州の諸法の下で記録されている１船舶をカバーする優先的モーゲージ・リーエン、または、そのモーゲージが1936年の海運法 (the Merchant Marine Act) の Title XI の下で保証されている１外国船舶をカバーしている１優先的モーゲージ・リーエン；
（４）１優先的モーゲージ・リーエンでカバーされており、そして当該モーゲージが1936年海運法の Title XI の下で保証されていない場合、１外国船舶に、合衆国で供給された「必需品」のための諸海上リーエン；
（５）合衆国以外の１国の諸法の下で記録されており、当該モーゲージが1936年海運法 Title XI の下で保証されていない場合、１船舶をカバーする優先的モーゲージ・リーエン；
（６）カーゴ・クレームから発生する諸海上リーエンおよび外国で発生する諸契約リーエン；
（７）諸非海上リーエン；
　　(a) 政府の諸クレームおよび諸税リーエン；そして
　　(b) possessory liens を含む、州で創設された諸リーエン。
　これとともにいわれるのは、競合する諸海上かつ優先的モーゲージ・リーエンの相対的優先順位を再構築するべく、衡平法上の従属関係の原理を使用するように、当該諸裁判所が諸優先的海上リーエンの相対的優先順位を少し変更することは、稀なことではない。付言するに、当該諸裁判所は、１つのさもなくば有効な海上リーエンを無効にするべく、出訴期限（laches）または権利の放棄（waiver）という諸概念を使用するかもしれない。」と。

(3) フランス

　「航海船その他の船舶の地位に関する1967年１月３日の法律第67号―５号」の第31条〔船舶先取特権のある債権〕は、Code des transports PARTIE LEGISLATIVE の Artcle L5114－8にほぼそのまま引き継がれている[3]。ただし、6°には、その最後に、「船長の立場でおよびその代わりに船舶のもっ

ともな（標準的な）必需品を供給するに、船主に逆らって荷送人（回送業者）の行為によって生まれた債権についても、同様である。」と付加されている[4]。

III 船舶先取特権をめぐるいくつかの問題点

1 わが国最近の裁判例をめぐる諸問題
(1) 「航海継続ノ必要ニ因リテ生シタル債権」をめぐって

「航海継続ノ必要ニ因リテ生シタル債権」に関する平成後の最近の判例・裁判例として、次のようなものがある。

①東日本フェリー株式会社所有船舶事件（東京地決平成16年4月7日判タ1153号294頁）、②ぎおん丸事件（(i) 神戸地決平成13年1月26日金判1150号42頁→大阪高決平成13年3月14日（平成13年(ラ)第180号）金判1150号30頁→最決平成14年2月5日判時1787号157頁、判タ1094号114頁、金法1650号73頁、金判1150号21頁、裁判集民205号395頁：競売申立て一部却下決定に対する執行抗告棄却決定に対する許可抗告事件、(ii) 神戸地決平成13年1月24日→大阪高決平成13年3月14日（平成13(ラ)第176号、第177号）金法1632号44頁：競売手続取消決定に対する執行抗告事件、(iii) 神戸地判平成15年2月24日 TKC法律情報データベース文献番号2808759→大阪高判平成16年7月30日→上告審に継続中（浦野雄幸『判例不動産登記法ノート第5巻』102頁（テイハン、2005）（以下「ノート」と略す）。その後、平成17年6月28日上告不受理と判断された。：配当異議事件、(iv) 東京地判平成15年9月30日判タ1155号291頁、金法1718号73頁→東京高判平成17年2月1日（浦野・ノート97頁以下）：不当利得返還請求事件、(v) 結果的に、最高裁平成22年12月2日の上告棄却の判断で、動産保存の先取特権により、三和ドックは約5000万円の配当を受けている。③阿蘇丸事件（福岡地小倉支判平成1年6月29日→福岡高判平成1年12月21日（控訴審・確定）判タ731号176頁、判時1356号139頁。

---

3) Arnaud Montas, Droit Maritime 2012, pp. 77 et seq.
4) Legifrance. gouv. fr 参照。

第一に、①②③の事例を通していえることは、「航海継続ノ必要ニ因リテ生シタル債権」の認定において、できる限り限定的な方向で解釈されており、各船舶について帰港後に行われた定期検査および中間検査により発生した本件各債権は、既に開始された航海を継続するために必要な事由によって生じたものではなく、帰港後に新たな航海を開始するために必要な事由によって生じたものであることが明らかであるから、商法842条6号にいう「航海継続ノ必要ニ因リテ生シタル債権」に含まれない旨、判断しており、妥当な線であると思われる。

　第二に、動産保存の先取特権を認めて差支えないか。その競売手続は、どうなるか。ここでの主な争点は、①船舶に対する動産先取特権の成否、②商法704条2項の「先取特権」の意義、③私文書を提出する方法による動産先取特権に基づく船舶競売申立ての可否である。

　①については、多くの裁判例・学説が認める。

　林良平編『注釈民法（8）』118頁以下〔甲斐道太郎〕（有斐閣、1965）は、民法311条の〔動産の先取特権を有する債権〕についての注釈の中で、動産の先取特権を①民法上のものと②特別法上のものとに分け、船舶先取特権を特別法上のものとして位置付け、これに関して、類似の民法上または特別法上の先取特権を基準に次のように分類している。

　ⅰ．租税（商842条3号）、ⅱ．公吏保証金の先取特権に類似するもの（なし）、ⅲ．動産保存の先取特権に類するもの（商810条、商842条1号2号5号6号）、ⅲ．動産売買の先取特権に類するもの（商842条8号）、ⅳ．その他（国際海運19条、商法842条4号・7号・9号〔現在、船主責任制限95条〕）。

　また、動産の先取特権の順位について、次のように解説する。

　「①動産の先取特権は一般の先取特権に先んじるが、共益費用の利益を受けた債権者は共益費用の先取特権に優先される（329）。

　②動産の先取特権相互間では、次の順位で優先する（330）。
第1　不動産賃貸・旅客宿泊および運輸の先取特権
第2　動産保存の先取特権
第3　動産売買・種苗肥料供給および農工業労役の先取特権
　③特別法上の先取特権の順位については、それぞれの特別法に規定があ

中田明「船舶先取特権の諸問題」前田庸先生喜寿記念『企業法の変遷』295頁（有斐閣、2009）によると、商法848条・850条などの規定から、「登記船が動産保存の先取特権の目的となりうるのかという疑問がない訳ではないが、これを否定する明文のない以上、肯定せざるを得ないであろう」と述べる。また、中田・同上301頁によると、「民法311条４号の動産保存の先取特権による船舶の競売は、動産競売の方法によるのではなく、船舶競売の方法によるべきである」とする。「もっとも、動産保存の先取特権の成立を肯定したとしても、民法で認められている以上の特別の保護を与える必要はない。特に、民法の先取特権には、商法847条１項の１年間の除斥期間の適用がないので、債権が累積する可能性がある。したがって、商法849条や704条２項は、船舶先取特権との関係で設けられている特別規定であるから、動産保存の先取特権には適用がないものと解するべきであると考える。」とする（中田・同上295頁）。

　他方、田中誠二『海商法詳論』577頁以下（勁草書房、増補３版、1985）は次のように述べている。「船舶先取特権と民法の認める通常の先取特権とが同一目的物に対し競合する場合は少なくはあるが、存在する。すなわち民法第311条に認める動産の先取特権の場合は、船舶を目的としては起り得ないが、民法第306条の一般の先取特権発生の場合は船舶を目的として起り得る。この場合には、船舶先取特権と通常の先取特権との競合を生ずるが、これについては陸上債権者に対して海上債権者を特別に保護する趣旨から船舶先取特権が優先するとした（845条、国際海運19条３項）。ただし共益費用の先取特権は、その利益を受ける総債権者に対して優先する（民329条）。1926年条約はこれについて特別の規定を設けておらない。」とする。

　浦野雄幸編『基本法コンメンタール』492頁〔浦野雄幸〕（日本評論社、第５版、2005）の民事執行法189条の注釈の中で、同第４版463頁の自説を改説され、「本書４訂版では、動産の特別の先取特権〔民311〕も生ずる記述がある〔なお、最決平成14・２・５判時1787号157頁は、これを肯定する〕が、本条の目的となる総トン数20トン以上の船舶については、実体法上動産の先取特権は発生しないし、不動産執行の手続により行われる船舶執行の手続におい

ては、動産担保権者は、二重競売の申立てはもちろん、配当要求もすることはできない〔189・51〕。このように、登簿船舶については、動産の先取特権は発生するすべがない。」と述べられる。

　小塚荘一郎「判批」ジュリ1321号232頁も、前記最決平成14年2月5日や前記東京地判平成15年9月30日の解釈の当否はかなり疑わしいとする。江頭教授は、「債務者以外の所有物に対し先取特権が成立するのは、海商法に特有の慣行に基づく法理であり（民306条・311条・325条対比）、したがって、船舶賃借人が債務者である修繕費を被担保債権とする動産保存の先取特権（民311条4号・320条）が商法704条2項に基づき船舶所有者に対し効力を生ずると解する（最判平成14年2月5日判時1787号157頁）ことには疑問がある。」とする（江頭憲治郎『商取引法』324頁（弘文堂、第7版、2013））。

　比較法的に見ると、必要費債権などにつき船舶先取特権、船舶抵当権には劣後するが、わが国の動産保存の先取特権程度の保護をしているところも見受けられ、また、最高裁決定をはじめ、多くの裁判例が肯定していることからみると、立法論・新たな制度設計という観点からも、適正な手続を充実させていくべきで、解釈論としても問題がなければ、認められるのではなかろうか。ただし、②のぎおん丸のケースは、船舶共有の持分についての事例であって、商法704条2項の先取特権に動産保存の先取特権が一般的に含まれるか、含まれるのが妥当かについては、ケース・バイ・ケースで慎重に検討する必要があろう。

　また、民事事件の最終的な処理のあり方として、②のぎおん丸事件では、配当異議訴訟と不当利得返還請求権のあり方が問題となっている。最高裁は制限的積極説をとっており、一般債権者については、「配当期日において配当異議の申出をしなかった一般債権者は、配当を受けた他の債権者に対して、その者が配当を受けたことによって自己が配当を受けることができなかった額に相当する金員について不当利得返還請求をすることができない」と判示する（最判平成10年3月26日民集52巻2号513頁）。担保権者については、「抵当権者は抵当権の効力として売却代金から優先弁済を受ける権利を有する」ことを根拠として、配当実施は配当金の帰属を確定するものではないとし、配当期日に配当異議の申出をしなかった抵当権者の不当利得返還請求を容認

した（最判平成3年3月22日民集45巻3号322頁、最判平成4年11月6日民集46巻8号2625頁）。本件もこれを前提とした判断で、無難な見方と考えられる（なお、中野貞一郎『民事執行法』548頁以下（青林書院、増補新訂6版、2010）（以下「執行法」と略す）など参照）。

　第三に、③の阿蘇丸のケースで、船舶に動産保存の先取特権を認めた上で次の点が既に問題となっている。

　ⅰ．担保物権の物上代位は保険金請求権に及ぶか。

　中村眞澄「判批」私法判例リマークス3号98頁は、「事故による保険金は実質的に船舶の代位物と同視すべきもの考える。」とする。志津田一彦・研究287頁以下参照。

　ⅱ．民法304条1項但書の差押えの意義および効力をどのように解するか。

　中村・前掲98頁は、「差押えの意義はやはり特定性の保持に求めるべきものと解される。」とする。

　ⅲ．動産保存の先取特権と質権の優先順位をどのように解すべきか。

　中村・前掲98頁は、③の控訴審判決と同様、「抵当権の場合と異なり、公示手段をもたない先取特権については、これに基づく保険金請求権の差押えの時期と、質権が対抗要件を具備した時すなわち質権者が確定日付ある承諾証書を具備した時との先後によって解決すべき」であるとする。妥当であろう。

　第四に、留置権は認められるかという問題がある。中村・前掲98頁は、本件での可能性を肯定する。妥当であると思われるが、留置権の位置づけ、実行方法についても明確化していく必要があろう（浦野・ノート83頁など参照）。

　第五に、内水船には商法842条の適用があるかについて、中田明「判批」ジュリスト1036号128頁以下は肯定する。志津田一彦・研究336頁以下参照。

　第六に、20トン未満の不登記船について、動産質は認められるとして（浦野・ノート80頁）、動産保存の先取特権の成立や、譲渡担保権などのあり方についても、検討する必要があろう。第五、第六の点についても、できれば明文で明確化していく必要があろう。

　第七に、②のぎおん丸事件についてもいえることは、運輸施設整備事業団

などを通して、船舶金融の面からも海事関係者保護の政策的考慮が加わっていることも感じられる。

(2) 船主責任制限法95条をめぐって

①東京高決平成12年2月25日判時1743号134頁以下

本件は、仮渡しにより生じた損害賠償請求権につき、船主責任制限法95条1項の船舶先取特権の成立が否定された事例である(志津田一彦・研究272頁参照)。本件の場合、私見としては、船主責任制限法95条1項の船舶先取特権の成立は困難であると思われる。なお、積荷の荷主の積載船舶の船舶所有者への船舶先取特権は、排除される方向にあり、保険制度などとの役割分担の観点からもその方向性は合理性があると考えるが、当面の問題として、国際海上物品運送法19条1項の船舶先取特権が成立する余地はあったものと思われる。しかし、本件では、抗告人の主張に手続上の問題があったため、その当否について検討するまでもなく、採用できないとしている。

②東京地決平成4年12月15日判タ811号229頁以下

本件は、船舶の衝突により、所有船舶およびその積載貨物の全損、乗組員全員死亡、流出油の対策費の損害を受けたとする船主が、日本の船主責任制限法95条および油濁損害賠償保障法40条の船舶先取特権を根拠に、上記の損害賠償債権について弁済を受けるため、船舶の代わりに、船体保険により被保険者に給付される保険金に物上代位して、債権差押命令の申立てをした事件である。本件は、船舶先取特権の成立および効力についての準拠法が、法廷地法である日本法であるとされた事件である。

本件決定は、理由の中で、「本件において提出された資料によれば、インドネシア・スマトラ島沖のマラッカ海峡において、平成4年9月20日、債権者所有のコンテナ貨物船オーシャン・ブレッシング号の左舷に債務者ランサー・ナビゲーション所有のオイル・タンカーであるナガサキ・スピリットが衝突し、債権者に担保権・被担保債権・請求目録記載の損害が生じたことを認めることができる。そして、…その衝突については、ナガサキ・スピリットの運航上の過失は免れ難いものと認める。」と判断している。

森田博志「判批」ジュリ1051号126頁参照。

③東京地決平成3年8月19日判時1402号91頁以下、判タ764号286頁以下、金法1299号30頁以下

本件は、船舶の沈没（衝突によるものではない。）により貨物の損害などを受けたとする定期傭船者が、日本の船主責任制限法95条の船舶先取特権を根拠に、定期傭船契約に基づいて有する上記の損害賠償債権について弁済を受けるため、船舶の代わりに、船体保険により被保険者に給付される保険金に物上代位して、差押え命令の申立てをした事件である。

本件は、船舶先取特権の成立および効力の準拠法が、法廷地法である日本法であるとされた事件である。

（2）や次の（3）の事例に関していえることは、近時、特に船舶の衝突に関して、その過失割合の類型化が、再び、国内外で議論されている。海上衝突予防法の実効性の強化の点からも、さらには国際関係においても、適正なルールの再検討とその徹底が求められるところでもある。

(3) 船舶先取特権の存在の証明度

東京高裁平成21年8月6日決定（船舶競売申立却下決定に対する執行抗告事件）金法1896号96頁、志津田一彦「判批」ジュリ1444号116頁以下。

〔参照条文〕民事執行法181条1項4号・189条、船舶所有者等の責任の制限に関する法律95条、海上衝突予防法14条・17条・38条

〔事実〕

本件は、貨物船と漁船の衝突事故（以下、本件事故という。）により死亡した上記漁船の乗組員Dの法定相続人である抗告人らX_1（Dの妻）、X_2（Dの父）が、貨物船の船長A_1および一等航海士A_2については民法709条・719条に基づき、貨物船の共有者らY_1汽船株式会社、Y_2フェリー株式会社、Y_3（独立行政法人鉄道建設・運輸施設整備支援機構）については商法690条に基づき、それぞれ本件事故により発生した損害を連帯して賠償する責任があると主張し、同人らを債務者とする船舶の所有者等の責任の制限に関する法律95条所定の船舶先取特権に基づき、上記貨物船について、船舶の競売を申し立てた事案である。

債権者X_1・X_2らは、本件事故に関する損害賠償請求権を被担保債権とする船舶先取特権に基づき、本件貨物船について、担保権の実行としての競売

手続の開始などを東京地裁に申し立てたが、原審（東京地決平成21年5月18日金法1896号101頁）は、本件申立てを却下した。債権者らは、これを不服として、抗告した。

〔決定要旨〕

抗告棄却〔抗告許可申立不許可、特別抗告棄却・確定〕。

抗告審では、とくに、A_2一等航海士が、本件貨物船を見張り不十分で減速させなかったとする点について、X_1らが提出するS作成の意見書、本件審判開始申立通告書、海難審判所の理事官によるA_2一等航海士に対する質問調書、本件貨物船を傭船した会社の社内事故調査委員会議事録である「本件漁船衝突事故」と題する書面が、証拠として提示され、次のように判示した。

Ⅰ．「…原決定の認定によれば、A_2一等航海士は、両船がほとんど真向かいに行き会う状況になった時点で、海上衝突予防法14条1項本文に従い、進路を右転させ、法規に従った行動をとっており、他方、前記質問調書…及びC同乗者の陳述書…によれば、本件漁船が法規に従って右転せず、かえって左側に進行し、本件貨物船から疑問信号が発せられていたのであるから、本件漁船はこれに気付いて進路を変えるべきであったのに、本件貨物船の前を突っ切るように進行して本件衝突に至った経緯が認められ、同航海士において、上記のような本件漁船の法規違反の行動を予測して、本件貨物船が減速すべき義務があったとまで直ちに認めることは困難である。」

Ⅱ．「また、当審で追加された証拠資料を併せて検討しても、本件事故当時における本件貨物船と本件漁船の位置関係、航行経路、それぞれの航行速度、制動距離等は必ずしも明らかではなく、したがって、A_2一等航海士が本件貨物船を減速させていれば、本件事故を回避できたとまでは認めることはできず、同一等航海士が上記減速の措置をとらなかったことと本件事故との間に因果関係があったと認めることもできない。」

Ⅲ．「本件申立ては、疎明資料による仮の処分ではなく、船舶の競売という強制執行であり、それにより相手方が被る影響は極めて重大であるところ、本件に現れた証拠資料からは、上記…のとおり認定判断するほかなく、相手方の反論や反対証拠の提出がない本件申立事件の手続の中で、抗告人ら

が提出している証拠資料のみから抗告人らの主張する過失の存在を認めるのは困難であるといわざるを得ない。」

〔評釈〕判旨に概ね賛成する。

I　本件は、船主責任制限法95条の船舶先取特権に基づく担保権の実行としての船舶の競売に関する民事執行法189条で準用されている同法181条1項4号にいう先取特権の「存在を証する文書」の提出があったといえるかということが問題となった事例である。なお、民事執行法189条の「一般の先取特権又は商法第842条に定める先取特権」には、本条の船舶先取特権も含めて解すべきであり、本決定でも認めている。

この先取特権の「存在を証する文書」の意義については、裁判例においては、当初は準名義説に近い説示をなすものが多かったが、その後、書証説に立つ裁判例が支配的となっている。名古屋高決昭和62年6月23日判時1244号89頁の後は、担保権を証明するための文書に制限を設けないとする一方で、債権者は高度の蓋然性をもって担保権の存在を証明しなければならないという裁判例が続いており、実際の運用もこれで統一されているようである（菱田雄郷・民執・保全百選〈第2版〉156頁以下、秋吉仁美「先取特権に基づく差押えとその優先関係」東京地裁債権執行等手続研究会編著『債権執行の諸問題』369頁以下（判例タイムズ社、1993）など)。なお、動産売買先取特権を実効化するためには、文書の制限を撤廃するというだけでなく、担保権の存在を認定するために要求される証明度を緩和することが必要であるという有力説があるが（中野貞一郎『民事手続の現在問題』507頁以下（判例タイムズ社、1989))、動産売買先取特権に基づく物上代位権が実行される際には債務者が倒産状態であることが多く、有力説の説くように債務者からの執行抗告提起によって不当な担保権実行が是正されることは期待できない、という指摘がある（菱田・前掲157頁)。

船舶先取特権に基づく競売申立てと担保権の証明度に関する先例としては、仙台高決平成17年11月11日（金判1231号24頁、清水恵介「判批」金判1244号14頁以下）がある。この事例は、「航海継続ノ必要ニ因リテ生シタル債権」を被担保債権とする船舶先取特権（商842条6号）で、海外で生じた債権に関するものである。この仙台高決は、抗告棄却により担保船舶競売の申立却下決定が確定した事例である。この仙台高決は、「Xの申立ては、担保権実行の必

要不可欠な要件である被担保債権及び請求債権の特定を欠くので、この点において既に失当である。」「以上の点はさておくとしても、以下のとおり、XがYに対し、何らかの債権を有している点については、本件全書証をもっても証明されているとはいい難く、結局、商法842条所定の船舶先取特権の存在を証する文書の提出（民執189条・181条1項4号）がされたということはできない。……Xは、船舶に対する補給業務の特殊性にかんがみ、個別の取引に関して上記のような証明力のある書証を提出することは困難である旨主張するが、それは、Xが、将来的な債権保全の必要性よりも、現在の簡易迅速な取引の必要性を優先させた結果にほかならず、それによる不利益が生じたとしてもXがこれを享受すべきであって、X主張の事情があるからといって、船舶先取特権に関する証明度を引き下げることは相当でないといわざるを得ない。」と、判断している。ちなみに、同決定によると、例えば、抗告人XとXなどを傘下とするA漁業協同組合連合会（Aとなんらかの関係のある現地法人がY組合員に対して部品・燃油・飼料・船体修理などを実施した）との契約書やAがインマルサット（衛星）を利用した船舶電話で各種の連絡をすることによって発生する権利義務の根拠となる契約書なども提出されていない旨、述べている。

　この仙台高裁の事例に対し、本件は、衝突事故による損害賠償請求権を被担保債権とする船主責任制限法95条の船舶先取特権の事例である。本件の場合、X_1らが提出している証拠資料のみから抗告人X_1らの主張する因果関係および過失の存在を認めるのは困難であるといわざるを得ないと判断している。本件の場合、旅客ではなく乗組員に関し、相手方貨物船よりどちらかと言えば乗組員が乗船していた漁船の方に過失があったとも判断できる場合に、漁船乗組員側は、相手方船舶にかかっていけるかについての裁判例として、意味があると思われる（組織過失の問題という側面もあろう）。もし、この寄与度にもとづく（後述の海上衝突予防法17条3項に基づくものも含めて）損害賠償額が確定された確定判決が出ておれば、状況は変わる可能性もないとはいえないかもしれないが、本件のような担保執行の場合においては、本件の判断でやむを得ないのではなかろうか（志津田一彦・研究38頁以下・254頁以下参照）。ちなみに、本件の場合、救助は成功していないが、事故後相手方船舶は、救助

活動を試みている。信頼の原則も適用には慎重であるべきで、本件の判示のように具体的に過失・因果関係などついて分析する必要があろう。

本件のような船舶先取特権の場合には、担保権の存在の証明度としてどの程度が相応ないし相当であるか、さらに類型的にかつ具体的に検討し、累積していく必要があろう。

II 船舶の担保競売に際しては、先行的抑留処分である船舶国籍証書などの航行所要文書の引渡命令が申し立てられることが一般的である。この船舶国籍証書などの航行所要文書の引渡命令は、文書引渡執行の債務名義（民執22条3号・115条5項）となり、告知の日から2週間という執行期間の制限はあるが、全国どこでも船舶が到った地の執行官に申し立てて執行でき、船舶競売の先行処分たる建前上、執行官は、航行所要文書の引渡しを受けた日から5日以内に債権者の船舶競売申立て実施を証する文書の提出がないと、航行所要文書を債務者に返還してしまう（民執115条4項。ただし、5日後でも返還前に開始決定があれば、返還すべきではない）が、適時に競売申立てがあれば、執行官が保管中の航行所要文書は、競売開始決定の付随処分たる取上提出命令（民執114条1項）を受けた執行官を通じ執行裁判所に提出される（中野・執行法360頁・597頁以下。浦野雄幸「船舶競売の基本構造—船舶担保権の実行と Arrest」三ヶ月古稀祝賀『民事手続法学の革新下巻』227頁以下（有斐閣、1991）も参照）。

前述のように、本件船舶に対する執行申立て前に船舶国籍証書などの引渡命令の申立てに関しては、松山地今治支決平成21年5月15日判時2074号81頁とその抗告審である高松高決平成21年7月31日判時2074号77頁がある。松山地裁今治支部は、申立てを却下したが、高松高裁は、民事執行法189条・115条1項にいう「船舶競売の申立て前に船舶国籍証書等を取り上げなければ船舶競売が著しく困難となるおそれ」の有無は、「目的船舶が同一の港等に継続的に所在している間に船舶競売の申立てから船舶国籍証書等の取上げまでの一連の手続を実効的になし得るか否かを勘案して判断すべきであり、目的船舶が開始決定時に停泊していた管轄裁判所の管轄区域内所在の港等からいったん出港した後に一定期間内に同一の港等に再び入港する予定があるか否かを考慮するのは、相当でない」として、上記のおそれを認めた上で、本件衝突事故が発生した主な原因は、Cの海上衝突予防法14条1項本文の義務違

反にあるとする一方、海上衝突予防法17条3項により、義務付けられた協力動作をとらなかった点において、A_2にも本件衝突事故についての過失が認められると述べて原決定を取り消し、被担保債権である損害賠償請求権の額について更に審理させるために松山地裁に差し戻した（確定）。

　この決定は、船舶執行のあくまで先行的処分としての視点からの判断として、位置づけることができよう（瀬戸さやか・民執・保全百選〈第2版〉94頁など参照）。

2　リーエン禁止条項について

　傭船契約の先取特権禁止条項の効力について、志水巌『船舶と債権者』41頁（日本海運集会所、1988）は、概ね次のように述べている。

　「①傭船契約のフォームには、傭船者に対して先取特権を発生させることを禁ずる条項が入っているのが通例である。例えば、ニューヨーク・プロデュース・フォーム第18条後段は次のように規定している。

　　『傭船者は、船主の船舶所有権に優先し得る先取特権若しくは担保権（encumbrance）を、自ら若しくはその代理店により発生させ又は存続させてはならない』

　この条項の効力につき結論から先に言えば、不法行為債権に対しては無効であるが、契約債権については、この条項の存在を知っている債権者に対してのみ対抗できる、とされている。

　②まず不法行為債権については、例えば裸傭船者の過失により衝突事故を起こした場合船主に責任がなくとも先取特権が発生する（The Barnstable事件判決）、より一般的には、船主が船舶の占有と管理を第三者に委ねている間にその第三者の過失により発生した不法行為債権について船主に責任がなくとも先取特権が発生することは前述した。このような不法行為債権については、傭船契約上の先取特権禁止条項をもってしても先取特権の発生を阻止し得ないことは、判例上確定している。

　③契約債権については、先取特権禁止条項の存在を知っている債権者に対してはこれを対抗できる。その条文上の根拠はやや複雑である。

　海事先取特権法第971条や第972条により、傭船者又はその代理店と取引す

る債権者が先取特権を取得するのは、当該船舶が傭船であることを全く知らなかった場合か、傭船契約にたまたま先取特権禁止条項が挿入されてなかった場合に限られることになる。米国船の船上には次のような掲示がよくなされているのは、以上のような次第により船主の利益を擁護するためである。

　『本船は、傭船されている。傭船契約により傭船者又は船長が米国海事先取特権法に基づく供給品、修繕その他必要なものの提供を受けることにより先取特権を発生させることは禁じられている。　　　　　　（船主）』」と。

　Michael Wilford、Terence Coghlin and John D. Kimball（郷原資亮監訳）『定期傭船契約』564頁以下、576頁以下（信山社、第4版、2001）など参照。同著577頁以下では、「傭船者のリーエンの優先権」において、次のように述べている。「傭船された本船が担保物受戻権喪失手続の対象となった場合、傭船契約不履行についての、傭船者が本船に対して有するクレームの優先度合いの問題が出てくる。一般的な原則として、船主の傭船契約違反により生ずる海事リーエンは、優先度の低い契約上のリーエンである。*The Bold Venture,* 638 F. Supp. 87, 1987 AMC 182（W. D. Wash. 1986）事件では、傭船者は自らのリーエンの請求が、不法行為の地位を有している、と主張した。裁判所はこの主張を退け、傭船契約不履行のクレームは単に契約上のものにすぎない、と判断した。」と。

　ちなみに、Gilmore & Black, The Law of Admiralty 2$_{nd}$ ed. 1975, at p. 686 et seq. など参照。

3　船舶先取特権の被担保債権の起源である冒険貸借の起源について

　冒険貸借の原型について、木村栄一教授は、その著『海上保険』2頁（千倉書房、1984）において、「冒険貸借の原型はすでにバビロニアでみられたといわれる。そこでは製造業者からその製品の販売を委託された隊商は、無事帰還したら利益の半分を支払うが、途中で強盗にあった場合は何の責任もなかった。そしてフェニキアではこの強盗の危険が航海の危険に代った。」と述べている。

　佐藤信夫『古代法解釈―ハンムラピ法典楔形文字原文の翻訳と解釈』315頁以下（慶應義塾大学出版会、2004）によると、「第Ⅶ章　委託者（商人）と受託

者の規定」(第100条〜第107条) の中で、次のように述べている。

ハンムラビ法典では、前面の下部 (第65条後半から第100条前半部分と判断されている) が削り取られており、中田一郎教授は、第100条から第107条の条文が、現代語で「コマーシャル・ローン」を述べたところと解釈しているとし、中田教授の所見を次のように紹介する。「§§100-107は商人 (*tamkārum*) と行商人 (*šamallûm*) の責任その他にかかわる。商人 (*tamkārum*) は、ハンムラビ『法典』ではむしろ商業資本家とでも呼べる役割を果たしており、実際に遠隔地に赴き営業を行う行商人 (*šamallûm*) に投資したり商品を提供する立場にあった。ハンムラビの時代までの約1世紀間は、これらの私営の商人達が活発に遠隔地交易に携わった時代であった。§100は商人が行商人に資本金を融資した場合で、行商人が利益を上げられなかった場合でも、商人は100％の利息が保障されていたことがわかるが (§101)、商業旅行の途中敵に遭遇、持ち物を失った場合は、融資を受けた資本金の返済が免除された (§103)。他に、*tadmiqtum* ローンもあった。これは、銀あるいは商品の前貸とも考えられる… (§102)。§104は売り掛けの形で、行商人に商品を提供した場合。おそらく§104の場合にも§102と§103が適用されたものと思われる。§§105-106は、行商人の責任を、また§107は商人の責任を規定している。§106の賠償義務と§107のそれは大きく違うが、この違いは、商人の不正により厳しい賠償義務を科すという考え方によるものか、あるいはドライバーーマイルズの言うように、(融資を受けたことを) 否定する罪より、根拠なく (返済を) 要求する罪の方が重いという考えによるものか、あるいは別の考え方によるものか、確かなことはわからない。」(中田一郎訳『ハンムラビ「法典」』109頁以下 (リトン、1999) 参照) と。

第103条につき、佐藤教授は、「その (第102条等に出てくる) 商人(タムカルム)(委託者) に雇われた行商人(シャマルルム)(営業補助者としての受託者) が、旅行 (貿易をするための旅) の途中において盗賊に襲われ、その運搬しているものを奪われるような事態に陥った時には (その後に戻ってから)、受託者 (行商人として商人に雇われた貿易従事者) は、『両手をあげて神に宣誓する』ことによって、その身柄は釈放されなければならない。」と訳し (佐藤・前掲書324頁以下)、中田教授は、「第103条　もし、(商用) 旅行の途中、敵が彼 (行商人) の持っていた物を彼に放棄

させたなら、行商人は（そのことが真実であることを）神に誓ったのち釈放される。」と訳される（中田・前掲書30頁）。なお、第48条〜第51条も参照。ちなみに、佐藤・前掲書324頁は、ハンムラピ法典第103条の原文と逐語訳について次のように紹介する。

第103条（原文・逐語訳）

šum-ma har-ra-nam i-na a-la-ki šu
もし　途中　　での　旅　彼の

na-ak-ru-um mi-im-ma ša na-šu-u₂　　na-šu 担う、運ぶ
敵（盗賊）が　何であれ　所の　運ぶ

uš-ta-ad-di šu šamallūm ni-iš i-lim　　nadū 置く、投げる
投げさせたなら　彼に　販売人は　手を挙げ　神に　注意　it-ta-din < nadānu 与える

i-za-kar ma u₂-ta-aš-šar　　u-te-id-di < adū 認める
宣誓する事によって　釈放される　　　　　mašāru 自由に行く
　　　　　　　　　　　　　　　　　　　　zakāru 名を呼ぶ、宣誓する

IV　むすびにかえて

　船舶に関し優先順位の極めて高い船舶先取特権の機能として、船舶先取特権による差押えは担保目的のことが多いので、差押え後に、P＆Iや船体保険者のL/Gと交換に船舶を解放し、執行停止（民執189条・183条）に際し、請求債権全額の保証の提供（供託や、日本船主責任相互保険組合や銀行と支払保証契約を締結する（民執117条5項・15条、民執規10条・78条1項））は得られることもある。

　船舶先取特権の位置づけ、その内包と外延について、他の担保物権—たとえば、船舶留置権や動産保存の先取特権など—との兼ね合いも考慮しながら、船舶に関わるすべての担保権の執行方法などについてもできれば法文に

より明確化していく必要があろう[5]。

---

[5] なお、本稿脱稿後に公表された『運送法制研究会報告書』109頁以下（商事法研究会、2013年12月）も参照。

英国法上のリーエンと海事債権の実行

長田 旬平

I　はじめに
II　船舶先取特権（Maritime lien）
III　制定法上のリーエン（Statutory lien）
IV　その他のリーエン（Possessory lien, Equitable lien）
V　おわりに

I　はじめに

　船舶金融に携わる者にとって、自己の債権の最も重要かつ確実な担保となるものは、船舶そのものの上に成り立つ抵当権であろう。船舶の価値を中核とするアセットファイナンスは、債務者がデフォルトに陥った局面では船舶を換価して投下資本を回収しうるという考えの上に成り立っている。ところが、船舶抵当権者としては、自らの債権が他の債権に劣後し満足な回収を得られない、または自らの予期しないタイミングで第三者の手によりアレストされ船舶競売が実行されるという事態がありうるとすれば、債権保全の上で大きな脅威となる。
　そのような脅威をもたらす主な要因は、船舶先取特権の存在である。船舶先取特権は、後に述べるように、被担保債権が成立する前から登録されていた抵当権にも優る強力な担保物権であるから、抵当権者その他の債権者の立場からすると、どのような場合に船舶先取特権が成立するのかを事前に知っておくことは、非常に有益なことである。逆に、船舶に関連して生じた債権を保持する債権者にとっては、将来問題となる準拠法の下で、自己の債権について船舶先取特権または類似の担保物権（総称してリーエンと呼ぶことが多い）が成立しないかをチェックすることが重要である。

船荷証券や傭船契約書式に基づく海上運送契約をはじめ、船舶に関連して締結される契約では、その準拠法が英国法とされ、英国裁判所を専属的合意管轄とする条項またはロンドン仲裁条項が置かれることが多い。そのため、多くの海事事件において、英国法上のリーエンが成立するか否かが問題となることがある[1]。そこで、本稿は、英国法上のリーエンがいかなる場合に成立し、またそれがいかなる効力を生じるかについて検討することを主眼とするものである。

　海事債権に関して成立しうるリーエンとしては、①船舶先取特権（maritime lien）、②制定法上のリーエン（statutory lien）、③留置権（possessory lien）、④エクイティ上のリーエン（equitable lien）が考えられる[2]。ここでは、訴訟手続で特に問題となることが多い①および②を中心に考察する。③および④については、実務上特に問題となりやすい「契約によって成立するリーエン」を中心に検討を加えることとする。

　ところで、英国海事法上のリーエン制度は、対物訴訟（action *in rem*）という英国法独自の司法制度と密接に結びついている。リーエン、特に②制定法上のリーエンについて考察する上では、この対物訴訟制度について概要を理解することが欠かせない。また、異なる種類のリーエン相互の関係については、対物訴訟の法的性質をどのようにとらえるかという問題と深く関連している。そこで、制定法上のリーエンに関する第Ⅲ章では、対物訴訟制度の概観およびその法的性質に関する議論についても簡潔に触れることとする。

---

1) わが国における先行研究としては、山戸嘉一「英法に於ける海上先取特権」神戸法学雑誌5巻3号（1955年）325頁、志水巌「英国における船舶の差押と先取特権（上）（中）（下）〔改訂〕」海事法研究会誌80号1～9頁、81号1～10頁、82号8～13頁（1987年～1988年）、谷川久「船舶先取特権を生ずべき債権」成蹊法学12巻（1978年）111頁等が英国法上のリーエンについて詳細な検討を行っている。もっとも、これらはいずれも後述する *The Indian Grace* 号事件判決以前の研究であることから、同判決において示された対物訴権の法的性質に関する示唆を踏まえて全体的に再検討する必要性は非常に高いと考えられる。
2) それぞれのリーエンに関する明確な定義は、判例法上も制定法上も定まっていない。多様なリーエンの類型が存在する英国法において Maritime lien だけを「船舶先取特権」と訳すことには若干の不自然もあるが、ここでは、わが国における船舶先取特権（商法842条）と最も近い性質を有する Maritime lien を船舶先取特権と訳するのが適切であると考えている。

II　船舶先取特権（Maritime lien）

1　概要
(1) 沿革
　船舶先取特権は、英国コモンローの世界に当初から存在していたものではなく、大陸法（Civil law）の影響を受けつつ海事裁判所（Admiralty Court）の権限拡大とともに独自の発展を遂げてきたものである。判例法上の歴史は The Bold Buccleugh 号事件判決[3]に遡るが、同判決によって創造された権利というわけではなく、既に存在していた権利がこれによってベールを脱いだにすぎないと解されている。

　英国では伝統的に、船舶先取特権は、実体法上の権利というよりも、救済的なもの、あるいは手続法的なものとして理解されている。すなわち、直接的な財産権を生じさせるものではなく、発生原因の存在だけでは「未完」（inchoate）の状態であった権利が対物訴訟という手続を通じて具現化するものであると解されている[4]。もっとも、なかには船主の個人的責任の存在を成立要件とする船舶先取特権もあることから、実体法的な側面が併存することは否めない。そのため、現在では、一概に法的性質を二者択一で論じることはできず、また無意味であるとする考え方も存在する[5]。

(2) 特徴
　船舶先取特権の最大の特徴は、その効力の強大さである。すなわち、船舶先取特権者は、抵当権等の担保物権および一般債権に優先して債権を回収することができる。とりわけ、被担保債権の発生前から登記されていた抵当権にさえ優先することは、特筆すべき点である。しかも、当該船舶に関して生じた債権であれば、傭船者や船舶管理人が債務者であっても船舶先取特権が

---

[3]　(1850) 7 Moo PC 267（13 English Rep. 884）

[4]　Ibid.

[5]　Hilton Staniland, Theory versus policy in the reform of admiralty jurisdiction, International journal of private law ［2013］ Vol. 6, No. 4. 対物訴訟全体の法的性質論については、III3にて後述する。

成立しうるため、船主の立場からすれば自己の与り知らない債務を原因として自己保有船舶がアレストされるリスクに晒されるのである。

船舶先取特権は、対物訴訟の手続によってのみ、また海事裁判所（Admiralty Court）においてのみ実行することができる[6]。船舶先取特権を有する債権者は、自動的に対物訴訟を提起する権利（対物訴権；Statutory right *in rem*）を有することとなる。ただし、海事債権として対物訴訟の管轄が認められるからといって、常にその債権に船舶先取特権が成立するわけではない点には注意が必要である。船舶先取特権は、あくまで判例法を根拠としてのみ成立するものである。

他のリーエンと比較した場合に大きく際立つ船舶先取特権の特徴としては、以下のようなものが挙げられる。

① 船舶先取特権は、後述する制定法上のリーエンと異なり、担保権者による何らの作為または意思表示（訴状の提出等）を要することなく、法の発動により自動的に発生する（*ipso jure*）[7]。

② 抵当権と異なり、登記が不要である。そのため、他の債権者からすると、債務者本人に確認するほか、船舶先取特権の存在を客観的に確認することができない。Loan agreement 締結の際にコベナンツまたは表明保証として、船舶先取特権の付着した債務が存在しないことを誓約させることがあるが、例えばわが国のように船舶先取特権の成立範囲が広い法制下では、航行中の船舶に船舶先取特権が成立すること自体を防止するのはほとんど不可能である。

③ 船舶所有権の移転に伴って船舶先取特権も移転する（随伴性）。船舶先取特権の存在を知らずに船舶を買い取った第三者が出現しても、リーエンは消滅しない[8]。そのような第三者の保護としては、リーエンその他の障碍が付着していないことを表明するワランティ等を取り付けるほかない。

これに対し、強制競売による場合には、船舶先取特権は消滅し、買

---

6) sec. 21 (3) of the Senior Courts Act 1981
7) *The Tolten* [1945/46] Lloyd's Rep. 79
8) *The Bold Buccleugh* (n. 3)

④ 後述する留置権（possessory lien）が占有を喪失すると消滅するのに対し、船舶先取特権は、占有とは無関係に成立し、後に占有を失っても存続する。
⑤ 船舶先取特権は、債権発生の原因となった特定の船に対して発生するものであって、別の船に対して発生したり、別の船に移転したりするものではない。制定法上のリーエンがいわゆる姉妹船（sister ship）に対しても実行可能であるのとは対象的である。

かつて認められていた冒険貸借上の債権に対する船舶先取特権については第三者への譲渡が認められたが[10]、それ以外の種類の船舶先取特権については、被担保債権の移転があっても、原則として優先順位は権利の譲受人に引き継がれないと考えるのが一般的である[11]。ただし、抵当権者等の第三者が裁判所による許可の下で債権者に対して支払いを行った場合、代位によって求償権とともに船舶先取特権を取得することが可能である。これに対し、裁判所の許可なく自発的に支払いを行っても船舶先取特権は移転せず、優先順位が確保されることはない[12]。

なお、保険者による代位（subrogation）については明文の規定によって認められている[13]。

2 船舶先取特権の成立が認められる債権

英国法上、船舶先取特権の成立が認められる債権としては、以下のようなものがある。

(1) 海難救助料

海難救助（salvage）に関するリーエンは、海事裁判所創設よりも前から認

---

9) *The Tremont* (1841) 1 W. Rob. 163, *Cerro Colorado* [1993] 1 Lloyd's Rep. 58
10) Jackson, *Enforcement of maritime claims* (4th Ed. 2005), 18. 76
11) Ibid, 18. 77
12) *The Petone* [1917] Lloyd's Rep. 198, *The Vasilia* [1972] 1 Lloyd's Rep. 51, *The Berostar* [1970] 2 Lloyd's Rep. 403
13) sec. 79 of the Marine Insurance Act 1906

められていたとされる伝統的な船舶先取特権である[14]。債権者の共同の利益のために生じた債権を保護するという船舶先取特権の趣旨を考えれば、船体そのものの保護に貢献したといえるこの債権は、この趣旨に最も合致するタイプの船舶先取特権ということができるかもしれない。

船舶および運賃のほか、積荷、投荷、浮荷に対しても船舶先取特権の効力が及ぶのは、このタイプの船舶先取特権だけである。

海難救助による債権は事前の契約によって生じるとは限らないものであるから、海難救助料の船舶先取特権も、契約とは無関係に、海難救助行為そのものから生じるものと考えられている。サルベージ契約から生じたものでなくとも、海難中の船主の行動によって生じた債権であれば、船舶先取特権の成立を肯定した判例がある[15]。

今日では世界的に、海難救助の多くは、Lloyd's Open Form (LOF) と呼ばれる定型書式による契約に基づいて遂行されるが、英国法は、このLOFから生じる全てのクレームを船舶先取特権として保護するわけではない。例えば、1989年サルベージ条約第14条やLOFの下では、不成功無報酬の原則が修正され、救助者が海難救助に成功しなかった場合であっても特別補償金を得ることができることがあるが（いわゆるSCOPIC条項）、このような場合の特別補償金について船舶先取特権の効力が及ぶのかは、判例法上も明らかにされていない。ただし、仮に船舶先取特権が成立しない場合でも、制定法上のリーエンが発生することは確かである[16]。

なお、曳船 (towage) に基づく債権には船舶先取特権は成立せず[17]、制定法上のリーエンの存在が認められるのみである。

(2) 船舶によって生じた損害 (Damage done by ship)

これは、船舶衝突等によって生じた損害賠償請求権を担保するために生じる船舶先取特権である。これが成立するためには、船主に操船 (navigation

---

14) *The Gustaf* (1862) Lush 506
15) *The Tesaba* [1982] 1 Lloyd's Rep. 392
16) sec. 20 (2) (j) of the Senior Courts Act 1981
17) *Westrup v Great Yarmouth Steam* (1889) Ch. D. 241, *The Heinrich Bjorn* (1886) 11 App. Cas. 270.

or management）に関する過失が認められるとともに、当該船舶が現実の損害発生に寄与したものであることが必要である[18]。

損害は、本船の外部で生じたものでなければならず、他の船舶、海岸施設、本船外の貨物等がこれに該当する[19]。これに対し、本船内における人身損害や[20]、本船に船積されていた貨物の損害については、船舶先取特権は発生しない[21]。

事故を起こした船が裸傭船契約下にあったとしても、裸傭船者はこの点では船主と同視されるため、船舶先取特権は成立する。また、航海について過失を有する者が船主でなく傭船者の使用人であった場合も、船舶先取特権は成立しうる[22]。

なお、船舶によって生じた損害に関する対物訴権[23]は、制定法によって油濁による環境損害に対しても拡張されているが[24]、これが船舶先取特権を認める趣旨であると解釈するのは困難であると考えられている[25]。

(3) 船員の賃金

船員の賃金に対する船舶先取特権は、*The Bold Buccleugh*事件の中でその存在が認められた[26]。

船員個人が船舶に対して奉仕した役務の対価を確保するという公平の観点から、「賃金」(wage)の範囲は広く解釈される。すなわち、当該船舶に関連して行った業務の対価としての報酬であれば、賃金に該当すると判断される。傷病手当、有給手当、不当解雇に基づく損害賠償請求権[27]、本国へ帰還するための費用[28]、ボーナス、さらにはサービスの中で得られた心づけにま

---

18) *The Father Thames* [1979] 2 Lloyd's Rep. 364
19) *The Rama* [1996] 2 Lloyd's Rep. 281
20) *The Theta* [1894] p. 280
21) *The Victorea* (1887) 12 P. D. 105
22) *The Father Thames* (n. 18)
23) sec. 20 (2) of the Senior Courts Act 1981
24) Chapter III and Chapter IV of part IV of the Merchant Shipping Act 1995
25) Jackson (n. 10), 2. 77
26) Jackson (n. 10), 2. 78
27) *The Halcyon Isle* [1980] 2 Lloyd's Rep. 325
28) *The Westport* (No. 4) [1968] 2 Lloyd's Rep. 559

で及ぶ[29]。これに対し、退職金は、船舶に対する労務の対価というよりも、雇用を失うことに対する補償という意味合いが強いことから、船舶先取特権による保護の対象とならない[30]。国民健康保険や年金拠出金については、法律で支払いが義務とされているものには船舶先取特権が成立せず、契約によって支払われることになっているものには成立する[31]。

　船員の賃金に対する船舶先取特権は、その成立に船主・雇用主の過失または個人責任を必要とせず、必ずしも契約に基づいて発生するものである必要はない[32]。ただし、もちろん無条件に労務相当額（*quantum meruit*）を受領できるわけではなく、あくまで契約内容を参照して債権額を決定する[33]。

　「船員」の意義もひろく解され、船長その他の士官（officer）も含まれる。必ずしも現実に船上で勤務し、また船上で生活した者でなければならないわけではないが、労務が真に当該船舶と関係するものであり、当該債権者が船舶のクルーであったといえる期間中になされたものであることが必要である[34]。

　船舶先取特権は、当該船員の直接の雇用主が船舶管理会社等の第三者であって船主でない場合、または雇用主が船舶を権限なく、あるいは不法に、または詐害的な手段によって占有している場合であっても発生する[35]。もっとも、後者のようなケースにおいて船員が船舶先取特権の成立を主張するためには、船員自身が労務提供する資格がないことを知らず、また船主らとの共謀関係がないことが必要である[36]。

　船員の未払賃金を第三者が立替払いした場合、当該第三者は船舶先取特権を代位行使することができる。もっとも、そのためには海事裁判所の事前の許可を得、海事執行官に直接その支払いを行うことが必要である[37]。

---

29)　*The Elmville* No. 2 [1904] p. 422
30)　*The Tacoma City* [1991] 1 Lloyd's Rep. 330
31)　*The Acrux* [1962] 1 Lloyd's Rep. 405, *The Halcyon Skies* [1976] 1 Lloyd's Rep. 461
32)　*The Castlegate* [1893] AC 38, *The Tacoma City* (n. 30)
33)　*The Ever Success* [1999] 1 Lloyd's Rep. 824
34)　*The Ever Success* [1999] (n. 33)
35)　*The Ever Success* [1999] (n. 33)
36)　*The Ferret* (1883) 8 App. Cas. 329

船員の賃金債権に対して成立する船舶先取特権は、船員個人と雇用主との力関係の不均衡を考慮し、制定法によって保護されている。すなわち、このタイプのリーエンは、当事者間のいかなる合意によっても事前に放棄することができないとされている[38]。

(4) 船長の立替金債権 (disbursement)

船長がその権限内で当該船舶のために行動し、船長の計算 (account) で必需品の購入に支出した場合の立替金債権に船舶先取特権が生じる[39]。船舶の緊急修繕費、荷役・入港費、あるいは食料品・備品の調達等がこれにあたる[40]。このリーエンは、あくまで船長による立替に適用されるものであって、傭船者、エージェント等による立替の場合には成立しない[41]。

これは、必需品の調達等に関して生じうるという意味で、わが国で認められる「航海継続ノ必要ニ因リテ生シタル債権」[42]、または米国で認められる必需品債権 (necessaries) の概念と類似しているようにも思えるが、これらとは明確に異なる。すなわち、英国法上この船舶先取特権が成立するためには、船長がその権限の範囲内で自ら立て替えて生じた債権でなければならず[43]、しかも費用の支出が直ちに必要な状況にあったことが求められるから[44]、その意味で成立範囲が非常に狭い。したがって、航海中の本船に燃料を供給した業者は船主に対物訴訟を提起することができるが、上記の要件を満たさない限り、この債権について船舶先取特権の成立を主張することはできない[45]。

通信手段の発達した現代社会にあって、緊急に船長が個人的に債務を立て替えなければならない状況は皆無に等しいと考えられるので、この船舶先取

---

37) *The Leoborg* (No. 2) [1964] 1 Lloyd's Rep. 380, *The Berostar* [1970] 2 Lloyd's Rep. 403
38) sec. 39 of the Merchant Shipping Act 1995
39) sec. 41 of the Merchant Shipping Act 1995
40) *The Castlegate* [1893] AC 38
41) Aleka Mandaraka-Sheppard, *Modern maritime law and risk management* (2nd Ed 2009) Chapter 2, 3. 15
42) 商法842条6号
43) *The Castlegate* [1893] AC 38
44) *The Orienta* [1895] p. 39, *The Elmville* (No. 2) [1904] p. 422
45) *The Heinrich Bjorn* (n. 15), *The Acrux* (n. 31), *The Halcyon Isle* (n. 27)

特権が実際に適用される場面は非常に限定的なものであると思われる。

わが国で認められている水先案内料に関する船舶先取特権[46]も、必需品債権に近い性質を持つものであるが、英国法ではその成立が認められないと考えるのが一般的である[47]。さらに、船舶修繕費請求権に対する船舶先取特権[48]も認められず、後述する制定法上のリーエンまたは留置権が成立するのみである。

なお、冒険貸借債権に関する船舶先取特権もかつて、航海の途上で緊急の必要性が生じた際に、必需品の購入に関して認められていたものである。①緊急の必要性、②借主の海上危険のため返金の見込みが船の安全な到着に依存していること、③船主とコミュニケーションを取るための全てのあらゆる努力が尽くされたことを要件として成立するが、現在では③を満たすことがほとんどあり得ないことから、現在は全く用いられていない[49]。

4　船舶先取特権の優先順位・準拠法

異なる種類の船舶先取特権間の優先順位に関する明文の規定はなく諸説あるが、一般には、以上列挙した順に優先順位が高いものと解されている。もっとも、優先順位の問題は、一義的なランクづけにより区分することはできないとも考えられており、上記順位は、エクイティ、公序等を考慮した上で裁判所の広範な裁量による修正を受ける[50]。

同じ種類の船舶先取特権間では、原則として同順位（pari passu）として按分比例されるが、海難救助債権についてはこの原則が修正され、最も新しい時期になされた救助に関する債権が、先になされた救助に関する債権に優先するとされている[51]。また、人命の救助料が財産の救助料に優先する[52]。こ

---

46)　商法842条4号
47)　The Ambetelios and The Cephalonia [1923] p. 68, N. Meeson and K. Kimbell, *Admiralty jurisdiction and practice* (4th Ed, 2011) 2-097
48)　商法842条6号
49)　Jackson (n. 10), 2. 96
50)　The Ruta [2000] 1 Lloyd's Rep. 359
51)　The Veritas [1901] p. 304
52)　sec. 544 of Merchant Shipping Act 1894

れは、債権者の共同の利益（すわなち船舶の保存）により大きく貢献した債権を厚く保護するという趣旨および人命重視の理念によるものであろう。なお、船員の賃金債権についても、かつては、船長の債権が船員の債権に劣後するとされていたが、現在では全て同順位として取り扱われる[53]。

英国においては、船舶先取特権の成立する債権であるか否かは、法廷地法（*lex fori*）によって判断されるべきと考えられている[54]。そのため、英国法で必需品債権に関する船舶先取特権が認められない以上、米国で認められる燃料費の供給に関する船舶先取特権を英国の裁判所が承認することはできないと判断した裁判例がある[55]。なお、上記以外の船舶先取特権が成立するためには判例法による構築が必要であるが、英国法においてこれ以上新しい種類の船舶先取特権の成立が認められる見込みはほとんど無いといわれている[56]。

5 船舶先取特権の消滅

船舶先取特権は、以下の事由があったとき消滅するものとされている[57]。

① 対物訴訟において本案判決があったとき
② 船舶の強制競売がなされたとき[58]
③ 請求金額の弁済があり、または十分な金額の担保の提供があったとき
④ 本船が破壊され、または全損となったとき[59]
⑤ 被担保債権が時効によって消滅したとき（衝突損害に関しては2年[60]、それ以外の債権に関しては6年の期間制限に服する[61]）
⑥ 船舶先取特権者が合理的な努力により権利を行使せず、裁判所が当該

---

53) *The Royal Wells* [1985] QB 86, *The Ever Success* (n. 33)
54) *The Halcyon Isle* [1981] AC 221
55) *The Fesco Angara* [2010] 1 Lloyd's Rep. 339
56) Jackson (n. 10), 2.104
57) Jeremy Browne, 'The extinction of maritime liens' [2003] L.M.C.L.Q. 361
58) *The Tremont* (n. 9)
59) See, *Sembawang Salvage v Shell Todd Oil Services Ltd* [1993] 2 N.Z.L.R. 97 (N.Z.H.C.)
60) sec.190 of the Merchant Shipping Act 1995
61) The Limitation Act 1980

事案に権利不行使の法理（laches）を適用したとき（もっとも、この主張が認められることは稀である[62]。）

⑦ 船舶先取特権者が権利を消滅させることについて同意したとき[63]（ただし、船員の船舶先取特権について事前の合意によって放棄できないことは前述したとおりである。）

III 制定法上のリーエン（Statutory lien）

1 概要
(1) 沿革

制定法上のリーエンは、その名の通り、判例法ではなく制定法上にその法源を見出す点に特徴がある。The Admiralty Court Act 1840に制定法上のリーエンに関する規定が置かれたのが最初であった。当初は、曳船や必需品（necessaries）等に関する債権に成立する程度であったが、その後海事裁判所の権限拡大とともにその範囲も拡大し、現在では、Senior Courts Act 1981の20条から24条に広範な規定がある[64]。

同法には、以下のような請求権が列挙されている。なお、ここには船舶先取特権を生じさせる債権も渾然一体に列記されているが、それらについては記載を省略し、制定法上のリーエンだけが生じる債権を、以下に列挙する。

(d) 船舶が被った損害に関する請求

(f) 船舶、属具または艤装の欠陥により、もしくは船主、傭船者、または船長、船員等の過失により生じた人身損害に関する請求

(g) 船舶によって運送される貨物に対して生じた損害または損失に関する請求

(h) 船舶による貨物の運送または船舶の使用・傭船に関する契約について生じた請求

(k) 曳船に関する請求

---

62) *The Kong Magnus* [1891] p. 223, *The Alletta* [1974] 1 Lloyd's Rep. 40
63) *The Goulandris* [1927] p. 182
64) Jackson (n. 10), 19. 6

(l)　水先案内に関する請求
(m)　船舶の運航または管理のため船舶に供給された物品に関する請求
(n)　船舶の建造、修繕もしくは船具または船渠料に関する請求
(q)　共同海損から生じた請求

　制定法上のリーエンは、英国における船舶先取特権の認められる範囲が狭すぎることからこれを補完するため、抵当権には劣後するけれども一般債権者らには優先するという、第二類型のリーエンとして認められるようになったものである。英国における海事債権の実行においては対物訴訟が非常に大きな役割を占めることから、このリーエンも実務上非常に重要な担保物権として認知されている。

(2) 特徴

　制定法上のリーエンは、対物訴訟の提起により船舶を差し押さえることによって物権としての担保権を取得するものであるが、差押前に発生した船舶先取特権、登記済の抵当権、留置権（possessory lien）等には劣後する[65]。

　船舶先取特権と同じく、対物訴訟提起後に所有者の変更があっても制定法上のリーエンは消滅しない。新所有者が善意の第三者であっても同様である。

　船舶先取特権が当該債権発生の原因となった船舶にしか実行することができないのに対し、制定法上のリーエンは、債務者が訴え提起時に実質的に所有している船舶、いわゆるシスターシップに対しても行使し、アレストすることができる[66]。そのため、実務上は、船舶先取特権を主張可能な債権者も、債務者の資産状況などを勘案して、船舶先取特権でなく制定法上のリーエンの行使を選択することも考えられる。

　なお、制定法上のリーエンも、対物訴訟の手続を進めることによってのみその実行が可能であり、リーエンと対物訴訟手続の関係性は、非常に強固である。そこで、対物訴訟手続の概要についてここで見ておくこととする。

---

65)　Jackson (n. 10), 19. 7
66)　sec. 21 (4) of the Senior Courts Act 1981

3 対物訴訟と対人訴訟

(1) 対物訴訟 (action *in rem*)

対物訴訟とは、船舶、未収運賃、または運送品自体に対して直接訴訟提起することができる、海事裁判所特有の訴訟手続である。そのため、対物訴訟は海事裁判所に対してのみ提起可能である。そして、対物訴訟を提起できる原告の権利を対物訴権 (statutory right *in rem*) という。対物訴権の認められる債権のリストには、船舶先取特権が成立するものも含まれているが、それ以外の債権について認められるリーエンは、制定法上のリーエン (statutory lien) と呼ばれ区別される。

対物訴訟の原告は、本船が管轄内に存在する限り、本案判決の前であっても本船をアレストすることができる[67]。対物訴訟を提起し船舶をアレストすると、請求原因の内容や本船の船籍にかかわらず、本案に関する裁判管轄が認められる[68]。これは、海事債権者の立場からすれば、対物訴訟を提起する大きなメリットと考えられる。

なお、対物訴訟に基づく海事執行官 (Admiralty marshal) による船舶の強制競売があった場合、船舶先取特権および制定法上のリーエンはともに消滅し、買主に対して担保権の付着していないまっさらな所有権が付与される[69]。

(2) 対人訴訟 (action *in personam*)

対人訴訟は、船主や運送人など自然人または法人を相手方として提起する訴訟手続である。対人訴訟における請求が認められると、被告個人の財産に対して執行することができる[70]。これは海事事件特有の制度ではなく、わが国の民事・商事訴訟制度とも本質的な差異はないが、対物訴訟と区別するためにこのように呼ばれることがある。対物訴権のリストに該当しない、または本船が英国の司法管轄権内にないなどの理由で対物訴訟を提起できない場合や、債権額が船舶、未収運賃および積荷の価額を超えるような場合には、

---

67) D. R. Thomas, Maritime liens (1980), p. 43
68) Mandaraka-Sheppard, (n. 41)
69) Thomas (n. 67), p. 38
70) Thomas (n. 67), p. 42

債権者は、対人訴訟の手続により債権の回収を試みることとなる。

4 法的性質論（*The Indian Grace* 号事件）

債権の合計額が船価を上回っているような場合、債権者としては、対物訴訟または対人訴訟いずれか一方の手続により債権の一部を回収し、その後他方の手続により残額を回収するという手段を検討するであろう。しかしながら、英国法上このような手法をとることが可能なのか、対物訴訟手続の法的性質と関連して議論がある。なぜなら、英国法では、ある事件について国内外で一方当事者に有利な判決が言い渡された場合、その勝訴当事者は、当該先行判決が国内で執行不可能なものでない限り、同一の当事者間で同一の請求原因につき、訴訟手続を行うことができないとされている[71]。そのため、対人訴訟と対物訴訟が同一当事者間における同一手続であると判断されれば、対物訴訟で回収した残額を請求するために対人訴訟を提起することはできないということになるのである。

この議論は、対物訴訟の法的性質をどのように考えるかという問題と深く結びついている。対物訴訟の法的性質については、大きく分けて二つの考え方が存在する。

まず、船舶先取特権を実体法上の権利ととらえ、対物訴訟については船舶または積荷それ自体をあたかも有責な当事者であるかのように財産を擬人化（personification）してとらえる見解がある。これは、米国法において支配的な考え方である[72]。擬人化説によれば、対物訴訟の被告はあくまで船舶そのものであるから、船主を当事者とする対人訴訟とは当事者が異なるものであると説明しやすい。かつては、わが国の研究においても、対物訴訟の判決で執行できなかった請求額の残りについて対人訴訟の判決によって船主らの一般財産に執行することができると考えられていた[73]。もっとも、英国では、いくつかの海事債権について船主ら自然人の有責性が要件として求められることとの整合性がつかないなどの問題点があるために、この見解は採用でき

---

71) sec. 34 of the Civil Jurisdiction and Judgments Act 1982
72) *The Young Mechanic* (1845) Fed Cas 873
73) 志水・前掲論文（注1）80号6頁

ないものと考えられている[74]。

　これに対し、対物訴訟をあくまで手続法的にとらえ、船主または裸傭船者が自己防御のため出廷することを促すための手続であると考える見解がある。船舶先取特権に関して言えば、発生原因の存在だけでは「未完」であった権利を完全なものにするための手続が対物訴訟であるという位置づけである[75]。この見解に対しては、実体法上の権利でないのになぜ時効や権利不行使（laches）によって権利が消滅するのかなどの批判があるが、少なくとも現在の英国ではこの立場が多数を占めている。

　この論点に関して、20世紀後半に起きた *The Indian Grace* 号事件において、貴族院（The House of Lords）の判断が出されている[76]。同事件は、原告がインドの裁判所で被告船主に対して貨物損害につき対人訴訟を提起した後、英国の海事裁判所において残額の債権につき対物訴訟を提起したところ、被告が英国での後訴手続内において、前記34条の禁止する同一当事者に対する訴訟手続に該当するとして、後訴提起の有効性を争ったという事案である。この事案において貴族院は、それまでの実務的な理解を覆して、後訴の提起を許さない旨判示した。この判決は、対物訴訟であっても海事裁判所に訴状が提出されたその瞬間からは船主が被告であり、対人訴訟と同様に船主に対する訴えであると解されるから、先行して行われた被告船主に対するインドでの対人訴訟とは同一当事者に対する訴えと考えられる、と判断した[77]。

　したがって、同判決に依拠すれば、同じ請求原因について対物訴訟で外国判決が得られた場合には、債権全額の満足を得られていなかったとしても、英国国内であらためて対物訴訟の提起を行うことは許されないという帰結になる。

　この判決に対しては、英国国内においても根強い批判が存在する。とりわ

---

74) Staniland (n. 5)
75) *The Bold Buccleugh* (n. 3), *The Halcyon Isle* (n. 27)
76) *The Indian Grace* (No. 2) [1998] 1 Lloyd's Rep. 1
77) Ibid.

け、同判決は実務的な有用性よりも法的形式論を過度に優先させるものであるという観点からの批判が多い[78]。すなわち、対物訴訟は本来、海事債権を直接的に回収するための最も確実かつ有効な手段であったはずだが、関係当事者が対物訴訟手続に出廷せず、訴訟対象が船舶の価額に限定されてしまう場合には、その後の対人訴訟手続によっても債権全額を回収することが不可能になってしまう。そうすると、債権者としては、当初から対物訴訟によるリーエンの実行という手段を選択することを躊躇する結果となり、そうかといって対人訴訟では優先的に自己の債権を確保することができず、制度としての有用性が半減してしまうということである。他の英法系の国においては、同判決の存在を意識した上で、これをいわば反面教師として反対の法制がとられているようである[79]。

ただし、同判決はあくまで制定法上のリーエンに関連する対物訴訟手続の法的性質論について判断を下したものにすぎず、船舶先取特権に関する法的性質論についてどのようにとらえ、同種の事案について同じ結論がとられるかについては問題が残されたままであると考える見解も多い。

IV その他のリーエン（possessory lien, equitable lien）

1 概要

ここまでに紹介した船舶先取特権および制定法上のリーエンのほか、船舶・積荷・未収運賃の上に成立しうるリーエンの種類としては、留置権（possessory lien）およびエクイティ上のリーエン（equitable lien）がある。

これらのリーエンは、必ずしも海事債権についてだけ成立するものではなく、陸上におけるあらゆる債権にも成立しうる一般的な担保物件だが、ここでは海運実務で特に問題となるリーエンに焦点を絞って言及する。今日では、船舶先取特権および制定法上のリーエンの範囲は、制定法または判例法

---

78) N. Teare, 'The Admiralty in rem and the House of Lords' [1998] LMCLQ 27
79) *Kuo Fen Ching v Dauphin Offshore Engineering* [1999] 2 SLR 793（シンガポール）、*The Britannia* [1998] 1 HKC 221（香港）など。

によってのみ拡張できるものとされており、当事者間の契約によって創出することはできない。これに対し、留置権およびエクイティ上のリーエンは、契約を根拠として成立するものが多い。船荷証券や傭船契約書式にはリーエンに関する規定がしばしばみられるが、これらの規定によって成立するのは留置権またはエクイティ上のリーエンである。契約上認められるリーエンの性質が留置権であるかエクイティ上のリーエンであるかは、各条項の解釈上の問題であるとされる[80]。

2 留置権（Possessory lien）

留置権は、物に対する役務から生じた債務が弁済されるまでの間、当該物を留置することができるという、コモンローに由来する権利である[81]。わが国の留置権と同様、留置前に発生した船舶先取特権に劣後するものの、留置後に発生した船舶先取特権や抵当権に対しては事実上の優先的効力を有することとなり、船舶を占有している限りは非常に強力な担保物権となりうるものである。もっとも、競売権はなく、他の海事債権者から対物訴訟の提起があると当該船舶を引き渡さなければならない[82]。

留置権は、法律や契約に特段の定めがない限り、当該動産の上にのみ効力を生じるものであり、動産の占有を保持するために要した費用には及ばない。他方、動産を劣化から守るために必要となった支出についてはその効力が及ぶ[83]。

海事債権について認められる留置権として代表的なものとしては、①造船代金、修繕料、艤装費について造船業者が有する船舶上のリーエン、②運賃の支払いを確保するために船長が有する積荷上のリーエン、また、必ずしも契約から生じるものではないが、③積荷の負担に属する共同海損分担請求権について船主が有する積荷上のリーエン、および④海難救助者が被救助物の上に有するリーエン等がある。例えば、造船、修繕等に関して造船会社・修

---

80) Jackson (n. 10), 20. 2
81) D. R. Thomas, *Maritime liens* (1980), p. 256
82) Jackson (n. 10), 20. 1
83) *Somes v. British Empire Shipping Co.* (1860) 8 H. L. Cas. 338

繕者が債権を有する場合、船舶がドック内にあるときは、留置権を行使して船舶を留置し続けることができる。

3 エクイティ上のリーエン (Equitable lien)

コモンローを法源として認められる留置権に対し、エクイティ（衡平法）上の救済として認められるのがエクイティ上のリーエンである。エクイティ上のリーエンは、留置権と異なり、占有の有無とは無関係に成立する。そして、対物訴訟および対人訴訟いずれの方法によっても実行可能である[84]。また、被担保債権とともにリーエンも移転し、譲受人がその効力を主張することも可能であると考えられている[85]。

エクイティ上のリーエンを生じさせる海事債権に関する制定法は特に見当たらず、契約や当事者の行動を根拠として成立するものであると考えられている[86]。

海事債権に関連して成立するエクイティ上のリーエンとしては、傭船者が有する再傭船料債権の上に生じる船主のリーエンが代表的である[87]。多くの傭船契約書式において、船主は、傭船契約の下で履行期にある全ての債権（共同海損分担金を含む）について、全ての貨物、再運送賃または再傭船料債権の上にリーエンを有するものと規定される[88]。船主は、定期傭船者がデフォルトに陥った場合にはこのリーエンを行使する旨を通知し、荷主または再傭船者が支払うべき運賃または傭船料を自己に直接支払うよう要請することができる。貨物上のリーエンは、定期・航海傭船または船荷証券のケースでは留置権であるのに対し、裸傭船契約のケースでは、傭船期間中は船主が船舶の占有を有していないものと解されることから、エクイティ上のリーエンであると考えられている[89]。また、再傭船料の上に存するリーエンについても

---

[84] Jackson (n. 10), 21. 7
[85] Jackson (n. 10), 21. 17
[86] Jackson (n. 10), 21. 8
[87] William Tetley, *Maritime liens and claims* (1989), p. 332
[88] Clause 23 of NYPE 1993, Clause 18 of Baltime Form, Clause 8 of GENCON 等。
[89] Jackson (n. 10), 22. 16

占有を観念しえないことから、留置権ではなくエクイティに基づく権利譲渡と考えられている[90]。

V　おわりに

　以上見てきたように、英国裁判所において認められる船舶先取特権の範囲は非常に狭く、海事債権者がその恩恵に預かれる機会は、きわめて限定的である。特に、冒険貸借および船長の立替金に関する船舶先取特権は、通信手段の発達した現代においてはほとんど機能していない。また、米国法の必需品債権に関する債権やわが国の商法で認められる「航海継続ノ必要ニ因リテ生シタル債権」に相当する船舶先取特権が認められていないことも、実務上の影響は大きい。そのため、英国法上の船舶先取特権に関する実際的な議論の中心は、サルベージおよび船員の賃金に関して認められる船舶先取特権にあるということができる。

　もっとも、これら以外の海事債権について何らの保護も施されていないというわけではなく、一定の種類の債権を有する者は、船舶抵当権者との関係では劣後するものの、一般債権者との関係では手厚く保護されているということができる。すなわち、海運実務において認められる多様な類型の債権が、海事裁判所独特の制度である対物訴訟の中で制定法上のリーエンとして保護されているほか、コモンロー上の救済として留置権、衡平法上の救済としてエクイティ上のリーエンの成立が認められているのである。

　このように、英国法においては、判例法、制定法、コモンロー、エクイティと様々な法源によって、多様な債権についてリーエンの成立が認められている。抵当権にも優る効力を持つ船舶先取特権に関しては、その成立範囲をできるだけ制限的に考えるべきという世界的な潮流に沿うものであるが、その一方で、抵当権には劣後するが一般債権者には優先的効力を有するという第二のリーエンを認め、抵当権者の利益との調整を図るとともに、複雑ではあるがきめ細やかな債権の優先順位に関するルールを形作っているのである。

---

90)　*The Nanfri* [1979] 1 Lloyd's Rep. 201

このような多層的な担保物権制度というものは、船舶先取特権の成立範囲をできるだけ制限的に解釈すべきであるという世界的な潮流の中で見ても、また単一的な船舶先取特権を設けているわが国における比較法的研究の観点からしても、非常に示唆に富んだものであると考えられる。

中国における船舶優先権

雨宮正啓／李　剛

- I　はじめに
- II　船舶優先権の定義および法的性質
- III　船舶優先権を生ずる海事請求
- IV　船舶優先権の優先順位
- V　船舶優先権の消滅
- VI　船舶優先権の行使方法
- VII　船舶優先権の管轄および準拠法
- VIII　おわりに

I　はじめに

　日本においては、公益上または社会政策上の理由などから船舶先取特権（Maritime Lien）が認められている（商842条、船主責任制限95条1項、油濁40条1項、国際海運19条1項）。日本の船舶先取特権は、主に船舶の航海に関して発生した特定の債権につき、船舶、属具および未収の運送賃の上に、他の債権者に優先して弁済を受けることが認められた特別の法定担保物権であり、その性質は一般民法上の先取特権と同じとされている[1]。

　中国においても船舶先取特権類似の権利として「船舶優先権（Maritime Lien）」[2]が認められているが（中国海商21条）、船舶優先権を有する海事請求の

---

1) 中村眞澄＝箱井崇史『海商法［第2版］』（成文堂、2013年）390頁を参照。中国は、海上先取特権および海上抵当権に関する国際条約（1926年、1967年、1993年）並びにアレスト条約（1952年、1999年）のいずれの条約も批准していない。日本も同様である。
2) 「船舶先取特権」とする日本語訳例も見られるが（例えば、夏雨訳・中村眞澄監訳「中華人民共和国海商法（I）」海事法研究会誌115号（1993年）33頁）、本稿では「船舶優先権」と訳した。

範囲、船舶優先権の目的物、他の担保物権との優先順位、実行方法など様々な面において船舶先取特権とは異なっている。

本稿では、中国法における船舶優先権の理解の一助とすべく、船舶先取特権と適宜比較しながら、その基本的構造を概観することにしたい。

II 船舶優先権の定義および法的性質

1 船舶優先権の定義

中国の船舶優先権については、中華人民共和国海商法（以下、「中国海商法」という）第2章（船舶）の第3節（船舶優先権）で規定されており、同法21条は、「船舶優先権とは海事請求者が本法22条の規定に基づいて、船舶所有者、裸傭船者、船舶経営者に対して海事請求を行使し、当該海事請求を生じせしめた船舶から優先して弁済を受けることができる権利」と定義している。同法22条は、後述のとおり、船舶優先権を付与される海事請求（Maritime Claim）を定めている。ここに海事請求とは、船舶の所有、建造、占有、運営、売買、救助、または差押えと船舶優先権にかかわる海事紛争によって生じた請求である[3]。

日本では、船舶先取特権を有する債権の債務者は船舶所有者または傭船者であるが、中国では、船舶優先権を有する海事請求の被請求者には船舶所有者、裸傭船者の他に船舶経営者も含まれている。ここで船舶経営者というのは、船舶所有者に属する1つの部署ではなくて、船舶の占有権、使用権、収益権および条件付きの処分権を有し、船舶経営権者の資格を取得している独立の企業法人である[4]。

---

[3] 1994年に発効した『最高人民法院による海事法院における訴訟前の船舶差押えに関する規定』2条は、海事請求を定義したうえで、20種類の海事請求を列挙していた。しかし、本規定は、2002年に『中華人民共和国海事訴訟特別手続法』に代替され、失効となった。同法21条には、船舶の差押えを認める22種類の海事請求が列挙されているが、海事請求の定義は定められていない。なお、本稿では、同法の訳として「現行中華人民共和国六法（第3巻）」2947. 43頁以下を参照。

[4] 「国連の船舶登録要件条約（UN Convention on Conditions for Registration of Ships）」の2条。船舶優先権を有する債権の債務者には、船舶所有者または裸傭船者の委託を受けて、船

また、日本では、未収の運送賃も船舶先取特権の目的物に含まれるが、船舶優先権の目的物は、「船舶」に限定されている。ただし、多数説は、「船舶」には属具も含むと解している。

2 船舶優先権の法的性質

(1) 中国海商法の立法当時、船舶優先権の法的性質については、諸外国の議論を継受した学説が対立して統一をみていなかったため、立法的解決が見送られた[5]。そこで、現在においても船舶優先権の法的性質に関して、学説は以下のとおり、(i) 担保物権と捉える見解、(ii) 債権と捉える見解、(iii) 債権が物権化したと捉える見解、および (iv) 手続き上の権利と捉える見解に分かれている。これらのうち、(i) 担保物権と捉える見解が多数説であるので、本稿では、同説に依拠して論じることにしたい。

①担保物権説（多数説）　フランスや日本のような大陸法国においては、民法に先取特権の制度が設けられており、船舶先取特権は担保物権として取り扱われている。それにならい、船舶優先権は法律に定められる特定の債権の実現を担保する担保物権と解する説である[6]。この説によれば、船舶優先権は船舶抵当権および留置権と類似し、船舶およびその属具を対象とする権利であり、被請求者が義務を履行しない場合に、海事請求者が特定の海事請求を実現するため、法律に基づき担保物の船舶から優先的に弁済を受ける権利である[7]。

②債権説（少数説）[8]　船舶優先権は船舶に関して生じた特定の債権であると考える説である。この説は、権利者が法定の海事請求者に限られており、その義務者もこの海事請求に責任を負う者であるので、債権の本質に合

　　員の配置、船舶の安全、装備、修理、検査その他技術の提供を行う船舶管理者は含まれない。司玉琢『中国海商法基本理論専題研究』（北京大学出版社・2009年）102頁。
5)　中国海商法を起草した朱曾杰先生は、「優先権の性質に関する議論はつきておらず、海商法にはその性質を担保物権か優先債権か規定せず、上記議論に介入しないこととする」と述べた。『「海商法」学習必読』（人民交通出版社、1993年）54頁。
6)　李海『船舶物権之研究』（法律出版社、2002年）149頁を参照。
7)　司玉琢『海商法大辞典』（人民交通出版社、1998年）779頁を参照。
8)　傅廷中「也談海事優先権的法律性質」中国海商法年刊183～189頁（1990）を参照。

致すると理解する。船舶優先権の対象が特定の海上財産に限られることから、船舶優先権者の利益を図るため、他の海事請求者に優先して弁済を受ける権利を与えたと説明する。

　③債権の物権化説（少数説）　船舶優先権は、債務不履行または不法行為に基づいて生じた権利であり、物権公示の原則にも合致しない[9]ことから、その本質は債権であるとしながら、海運政策においてこのような特殊な債権を保護するために、法律が追及効や優先弁済性などの物権的な権利を与えたと解する[10]。すなわち、船舶優先権は、本来平等な地位を有する債権に海運政策のため法によって物権的な効力が付与された権利と解している[11]。

　④手続上の権利説（少数説）　この説は、1980年にイギリスの The Halcyon Isle 事件[12]判決に由来し、船舶優先権は、実体的権利ではなくて、実体的権利を実現する方法であると理解している[13]。船舶優先権者は、法律に定められる特定な海事請求に関して、船舶の所有権、登録または船籍の変更を問わず、一定の司法手続きに従って、船舶から優先して弁済を受けることができる権利と解する[14]。ここで、「司法手続き」というのは、裁判所に実行される船舶に対する差押えを利用し、船舶優先権を実現するというものである。よって、船舶優先権を実現する他の方法は制限される。しかも、海商法に船舶優先権の弁済順位が明確に規定されていること、船舶優先権に関する法適用について事件を受理する裁判所の所在地法を適用することも多数の国で容認されているという理由に基づいて、この説は船舶優先権が手続的な権利であると解している。

　(2)　船舶優先権は、船舶の登録による公示や占有がなくとも第三者に対抗する効力がある[15]ほか、担保物権共通の性質として、①優先弁済性、②不

---

9)　張特生『海商法実務問題専論』（台湾五南図書出版公司、1988年）62-63頁を参照。
10)　梁宇賢『海商法専題論叢』（台湾三民書局、1988年）15-16頁を参照。
11)　徐新銘『船舶優先権』（大連海事大学出版社、1995年）22頁を参照。
12)　Lloyd's Law Rep. 1980 (2), p332.
13)　汪杰「論優先請求権的性質談船舶優先権的行使」『海商法論文集』（学術書刊出版社、1989年）139頁を参照。
14)　司玉琢・前掲書（注4）93頁を参照。
15)　李海・前掲書（注6）179頁を参照。

可分性、③附従性、④随伴性を有するが、⑤物上代位性を有しない。

　①優先的弁済性　　船舶優先権者は、他の海事請求者より優先的に船舶から弁済を受けることができる権利である。

　②不可分性　　債権の全部の弁済を受けるまで、船舶優先権は船舶（目的物）の全部に効力が及んでいる。

　③附従性　　船舶優先権は、海事請求権を担保するために認められているのであるから、海事請求権なしに存在しえず、担保は海事請求権の範囲内にとどまる。

　④随伴性　　海事請求権が譲渡された場合、譲渡されたのは海事請求権であるが、船舶優先権は海事請求権の従たる権利として海請求権と一体となって当然に譲受人に移転する（中国海商27条）。海事請求権の譲渡について、海上保険の代位に関する規定[16]以外、中国海商法には特別な規定が設けられていない。そこで、船舶優先権が付与されている海事請求権の譲渡には債権譲渡に関する中国民法の一般な規定が適用されるべきとされる[17]。

　⑤物上代位性　　日本では、担保物権の共通の性質として、物上代位性が認められる。しかし、中国海商法の立法当時、船舶優先権の性質が担保物権かまたは債権かについて、立法的に解決しなかったため、物上代位を認める明文の規定を設けなかった。そこで、解釈論としては、中国海商法の条文上、船舶優先権の目的物が船舶に限定されていること（21条）、また船舶優先権を実行するためには船舶を差押えて行使しなければならないと規定されていることから（28条）、船舶の売却代金、損害賠償金や保険金[18]などの価値

---

16) 中国海商法第252条は、「保険の目的につき保険者が責任を負う範囲において発生した損害が第三者によって惹起せしめられたときは、被保険者がその第三者に対して有する損害賠償請求権は、保険者が保険金の支払いをなした日より保険者に移転する。」と規定している。

17) 債権の譲渡というのは、債権者が債権の内容を変更せず、その債権を第三者に移転することである（王家福『民法債権』（法律出版社、1991年）69頁）。法律の規定または法律行為に基づき、債権を移転することが可能である。債権の移転を生ずる法律の規定として、継承、契約上の概括承受、連帯債務者間の求償、保証または保険などに関する規定がある。中国契約法も契約上の権利移転について詳しく規定している（中国合同法第5章を参照）。

18) 中国海商法第20条には、「抵当権が設定された船舶の滅失にともない、抵当権は滅失する。船舶の滅失に基づき生じる保険の補償について、抵当権者は他の債権者により優先して弁済を受ける権利を有する」と規定されている。船舶抵当権の物上代位性が明確に認められている。

等価物に対して船舶優先権を実行することを認めない、すなわち、物上代位性を認めないというのが多数説である[19]。

III 船舶優先権を生ずる海事請求

　船舶優先権は法定担保物権なので、法律により規定される海事請求に限って、その優先性が認められる。中国海商法22条には、5種類の船舶優先権が明確に列挙されており、その内容は「1993年の海上先取特権および海上抵当権に関する国際条約」（以下、「1993年条約」という）4条の規定とほぼ同一である[20]。船舶優先権を生ずるすべての海事請求が同一の理由に基づくのではなくて、以下のように分類される。

1　公共利益または社会政策に関する請求
(1) 船長、船員およびその他船上従業員が労働法、行政法規または労働契約に基づいて有する給与その他の労働報酬、船員送還費及び社会保険費用の給付請求

　これらの海事請求に船舶優先権を付与した理由は労働者保護という社会政策的理由であり、1993年条約と同一である。ここに給与その他の労働報酬とは、労働および行政法規あるいは労働契約に従って、船上従業員に支払うべき費用をいう。船上従業員は乗船勤務をする者に限っており、乗船した修理業者や海損精算人などを含まない[21]。

　実務において、船員は直接に外国籍船の会社と労務契約を締結するのではなく、派遣会社を通して船舶に派遣される場合が多い。船員は外国籍船の船舶所有者との間に書面上の労務契約を締結してないが、船舶に対して労務を提供する上、船舶所有者から給与の支払いを受けるので、事実上の労務契約

---

19) これに反する学説もある。詳しくは、付廷中・王文軍「論船舶優先権的物上代位性」中国海商法年刊第17号（2007年1月）を参照。
20) 司玉琢・前掲書（注4）104頁を参照。
21) 中華人民共和国法律詮釈編写委員会『中華人民共和国海商法詮釈』（人民法院出版社・1995年）36頁を参照。

を認めるべきである。すなわち、船舶優先権の有無は労務契約によらず、船員が実際に船舶に対して労務を提供したかどうかによって判断するべきであり、これは立法の趣旨に合致する[22]。派遣会社が船舶所有者から船員の給与分を受け取ったのに、船員に支払わなかった場合、船員は船舶所有者に対して船舶優先権を行使することができる。船舶所有者は、義務を履行した場合、派遣会社に対して当該履行分を請求することができる。

(2) 船舶の運航中に発生した人の死傷に基づく賠償請求

人道主義・被害者保護の観点から、この海事請求に船舶優先権が付与されている。本規定には、人身死傷を生じた場所について、1993年条約のように「陸上または水上を問わず」という文言は挿入されていないが、同様に解されている[23]。すなわち、船舶火災によって陸上にいる第三者を負傷させる場合や船舶が着岸する際に港湾施設のみならず第三者を負傷させる場合など、船舶の運航中に陸上の第三者に危害を加える場合がありうるが、人道主義・被害者保護の観点からは水上と陸上とを区別する理由はないからである。

被害者本人、遺族または相続人は船舶優先権を行使することができる。すなわち、医療費、休業損害、看護者の休業損害その他被害者の有する損害賠償請求、ならびに被害者の死亡逸失利益、葬儀費用、被扶養者の必要生活費、死亡賠償金[24]および慰謝料[25]などの遺族または相続人の有する損害賠償請求は船舶優先権を有する。

(3) 船舶トン税、水先案内料、港湾の費用その他港が徴収する手数料の納付請求

これらの海事請求に船舶優先権を付与した理由は公共利益の保護である。トン税は船舶の出入港に際して税関により徴収されるものである。税関は監督管理機関として船舶優先権者になることが認められる。他方、港湾で発生

---

22) 司玉琢・前掲書(注4)105頁。
23) 於世成・楊召南『海商法』(法律出版社、1997年)381頁を参照。
24) 司玉琢『海商法専題研究』(大連海事大学出版社、2002年)362頁を参照。『最高人民法院による人身損害賠償案件の審理に適用される法律に関する若干問題の解釈』17条には損害賠償を請求できる多数の費用を設けているが、弁護士費用は含くまれていない。
25) 司玉琢・前掲書(注4)106頁を参照。

する船積みや陸揚げなどの費用は公的な税金ではないので、これらの海事請求には含まれない[26]。

中国では強制水先制度が行われている[27]。水先案内料は公的費用として取り扱われてきたが、2003年「中華人民共和国港湾法」の施行以来、港湾経営と行政管理に分けられ、水先案内を提供する部門は経営部門とされている。したがって、水先案内料は公的費用から水先案内という私的サービスに対する費用へと性質が変化しているが、その支払いが拒否されると船舶と港湾施設の安全や港の秩序に影響を及ぶことが予想されることから、同法施行後も引き続き水先案内料に船舶優先権が付与されている。

2　海事請求者共通利益のための海難救助料の請求

1993年条約と同様、海難救助報酬支払請求に船舶優先権が付与されている。この請求は、報酬に限らず、謝礼金および特別報酬も含むとする（中国海商172条3項)[28]。

救助報酬とは、船舶およびその他の財産を救助したために支払われる報酬である。この点について、中国海商法と1993年条約とは異ならない。謝礼金とは、人命救助に対して支払われる報酬である。一般的に、救助作業中に人命を救助した救助者は、被救助者に対しては報酬を請求することはできないが、船舶その他の財産の救助者または環境汚染による損害を防止または減少した救助者が取得する救助料の中から相当の割合の金額を請求することが

---

26)　中華人民共和国法律詮釈編写委員会・前掲書（注21）36頁を参照。
27)　外国籍船は中国の水先区域内において航行あるいは着岸、離岸、シフティング・バース（相隣するバースの間を岸壁に沿って平行に移動する場合を除く）を行い、または水先区域外における係船場所あるいは船積み・荷揚げ場所に向うまたは離れる場合に、水先を申請しなければならない（船舶の水先に関する管理規定9条）。
28)　海難救助の場合に、船舶優先権を生ずる請求権に特別補償を含まないとする見解がある。理由としては以下の3点が挙げられている。①航海の安全を保障するため、海難救助者に対して十分な担保を与えるというのが船舶優先権の立法目的であるところ、特別補償制度は海洋汚染を防止するために定められたため、船舶優先権の立法趣旨と合致しない。②環境汚染にかかわる高額な特別補償を船舶優先権で担保されるとすると、他の優先権者の利益または船舶抵当権者の利益を妨げる恐れがある。③特別補償金は常に信用できるP&Iクラブから支払われるので、それを船舶優先権で担保させる実益がない。司玉琢・前掲書（注4）107頁。

できる（中国海商185条）。

　環境汚染の損害の危険を構成する船舶または船舶上の貨物に対して救助がなされた場合、救助者は被救助者から救助に要した費用に相当する特別補償を取得する権利を有する（中国海商182条1項）。救助者が救助作業を遂行し、環境汚染による損害を防止し、または減少する効果を収めたときは、補償額を救助費用の30％まで増額することができ、さらに紛争受理した海事法院または仲裁機関が適当と認めたときは、救助費用の100％までの増額が認められる（中国海商182条2項）。しかし、いかなる情況においても、特別補償は救助者が取得できる救助報酬を超過する場合に限り支払われ、その支払金額は救助補償と救助報酬の差額とされる（中国海商182条4項）。

3　船舶の運航中の不法行為によって生じた財産上の損害賠償請求

　船舶の運航中、不法行為によって財産上の損失が生じた場合に、その損害賠償請求は船舶優先権によって担保される。但し、2000トン以上のバラ積みの油を積載する貨物船が有効な証明書を備え、油濁損害民事責任の保険またはこれに相当する財務保証を有することが証明された場合、油濁損害による損害賠償請求は船舶優先権によって担保されない（中国海商22条2項）。

　運送人は、その責任期間中、船長・船員・水先人その他運送人の使用人の操船または船舶の管理における過失によって、運送品に滅失または損傷が生じた場合、損害賠償の責任を負わない（中国海商51条）。ここにいう運送品は本船における運送品に限られるので、他船上の運送品が船舶の運航中の不法行為によって損害を被った場合には、船舶優先権を行使することが考えられる。そして、船舶の運航中、操船上の過失によって生じた財産上の損害は海上の損害であるか、陸上の損害であるかにかかわらず、船舶優先権によって担保される[29]。

　油濁損害賠償の場合に、1993年条約4項2号は、船舶優先権を生じる請求権をさらに制限している[30]。

---

29)　司玉琢・前掲書（注4）108頁。
30)　「2. no maritime lien shall attach to a vessel to secure claims as set out in subparagraphs (b) and (e) of paragraph 1 which arise out of or result from : (a) damage in connection

IV 船舶優先権の優先順位

1 船舶優先権とその実行費用

　船舶優先権は、裁判手続きを通じて、優先権を生ぜしめた当該船舶を差押えることにより行使しなければならない（中国海商28条）。船舶の差押えから競売代金の配当まで、各手続きを行うために一定の費用が発生するが、(i) 船舶優先権を行使する際に生じた訴訟費用、(ii) 船舶の保存、競売および競売代金の配当のために生じた費用、および (iii) 海事請求者の共同の利益のために支払う他の費用は、船舶競売代金から優先して弁済される（中国海商24条、海事訴訟特別手続法の適用に関する中国最高人民法院の解釈規定28条）。

　これらの費用請求権は、船舶優先権によって担保されるものではないが、すべての海事請求者の利益のために生じたものであり、船舶優先権を実行するために発生した費用であるので、船舶の競売代金から船舶優先権に優先して弁済されるのである。

　1926年「海上先取特権および海上抵当権に関する若干の規定の統一のための国際条約」では、これらの費用請求権について先取特権が付与されていたが、1967年および1993年条約では、被担保債権に含まれなくなった。中国海商法もこれらの条約にならったものと思われる[31]。

2 船舶優先権相互間の順位

(1) 船舶優先権が競合して存在する場合、原則として中国海商法22条1項に掲げる各種の海事請求は、その順序に従って優先順位が決定される。

　船員雇用契約に基づき生じた給与などの船員の利益にかかわる請求権が第

---

　　with the carriage of oil or other hazardous or noxious substances by sea for which compensation is payable to the claimants pursuant to international conventions or national law providing for strict liability and compulsory insurance or other means of securing the claims……」

31)　日本では、競売に関する費用及び競売手続後の保存費は、第一順位の船舶先取特権で担保されている（商842条、844条）。この点、立法論としては除外すべきという指摘がある。高橋美加「船舶先取特権・アレスト」『海法大系』（商事法務、2003年）114頁。

一順位とされているのは、労働者保護という社会の基本的な道徳観念に基づいている。船員の労働によって船舶の担保価値を保つことができることも国家の公的費用請求に対しても優先する理由とされる。

人身傷害と財産の損害が同時に発生したとき、人身傷害にかかわる請求権が優先するのは、人道主義・被害者保護に基づいている。

中国海商法は1993年条約と異なり、公共利益を保護するために、国家の公的費用請求を第3順位としている。

海難救助は、船舶の価値を維持するものであり、船舶優先権者の共通利益のためなので、救助料請求権は、国家の公的費用請求に次で弁済を受けるとされている[32]。

不法行為によって生じた財産上の損害賠償請求は、請求権者だけの利益のためなので、一番劣後させている。

(2) 4号の海難救助の救助料請求は、1号から3号までの海事請求よりも後に発生したときは、1号から3号までの海事請求に優先して弁済を受ける（中国海商23条1項但書）。これを逆順序の原則という。逆順序の原則というのは、後に発生した請求権は、前に発生した請求権より優先して弁済を受ける原則である。

海難救助は、船舶の保存、すなわち、海難救助以前に生じた船舶優先権の目的物の担保価値の維持に役立っていることから、海難救助料請求は、船員の利益にかかわる請求（1号）、人身傷害の請求（2号）または国家の公的費用請求（3号）より後に生じた場合に、それらの請求に優先して弁済を受けることができるとされる[33]。

(3) 中国海商法22条に規定される船員の利益にかかわる請求（1号）、人身傷害の請求（2号)、国家の公的費用請求（3号）および不法行為により生じ

---

32) 船舶の負担に属する共同海損分担請求権も同じ原則に従って生じたものであるので、日本など、救助費用と同じ優先順位で船舶先取特権または船舶優先権を付与する国がある。しかし、中国海商法は、共同海損の分担請求権に船舶優先権を付与していない。

33) 日本では、先取特権が数回の航海について生じた場合、後の航海について生じたものが前の航海について生じたものに優先する（商844条3項、船主責任制限95条3項、油濁40条3項、国際海運19条3項）。

た請求（5号）のうち、2個以上の同種類の請求があるときは、請求の発生の前後を問わず、同順位に弁済を受ける。弁済に供される金額が不足の場合、請求額の割合によって弁済を受ける（中国海商23条2項）。これを同等地位の原則という。

これに対し、2個以上の海難救助料請求がある場合に、後に生じたものが前に生じたものに優先して弁済を受けることができる（中国海商23条2項）。これは前述の逆順序の原則に基づいている。

3 船舶優先権と他の担保物権との優先順位

船舶優先権は、船舶留置権[34]に優先して弁済を受け、船舶留置権は、船舶抵当権に優先して弁済を受ける（中国海商25条1項）。

船舶優先権および船舶留置権は、ともに法定担保物権であるので、約定担保物権である船舶抵当権に優先して弁済を受けるのは合理的であるが、船舶優先権と船舶留置権の優先順位については疑問がある。たとえば、造船所が船舶を修繕した場合に、修繕によって当該船舶の担保価値が維持・保存されたにもかかわらず、価値を維持・保存させた修繕費の請求が船舶の修繕前に生じた船舶優先権に劣後して弁済を受けるのは、船舶優先権者を不当に利することになり合理性がないと指摘されている[35]。

日本では、留置権は優先弁済権を有しないので、先取特権との間に優劣は生じないとしながらも、先取特権を有する債権者が船舶を競売しても、競落人は留置権者にその債権額を弁済しなければ当該船舶の引渡を受けられないことから（民執189条、121条、59条4項）、実際には留置権者は船舶先取特権に優先することになる[36]。

---

[34] 船舶留置権とは、船舶を建造する者または船舶を修理する者が相手方の契約不履行に対して自己の占有する船舶を留置し、造船費用または修理費用の支払いを担保する権利である（中国海商法25条2項）。中国物権法第238条に基づき、留置財産の換価または競売、売却という方法を利用して、留置権を実現することができる。
[35] 司玉琢・前掲書（注4）114頁を参照。
[36] 中村・箱井・前掲書（注1）396頁参照。

V　船舶優先権の消滅

船舶優先権特有の消滅事由として中国海商法が定めるものとしては、(i) 法定期間経過による消滅、(ii) 強制競売手続きの完了、(iii) 船舶の滅失および (iv) 船舶譲渡公告期間経過による消滅があり、一般的な消滅事由として (v) 被担保請求権の消滅および (vi) 海事法院の公告における債権の登録期間の満了があり、特殊な消滅事由として (vii) 海事賠償責任制限(船主責任制限)の基金設立がある。

1　船舶優先権を有する海事請求が優先権の発生後、1年を経過しても行使されないとき(中国海商29条1項1号)

船舶優先権は、船舶譲受人や船舶抵当権者などの第三者に公示なく優先することから、第三者にとって潜在なリスクとなる。船舶優先権の累積が船舶売買や船舶金融に過度な障害を与えないため、法律は、船舶優先権の行使期間を1年の短期間に限定したのである[37]。

本規定によると、この1年の期間は船舶優先権が発生したときから起算する。船舶優先権は、それを生ずる海事請求と同時に発生するので、その海事請求の発生時点が、船舶優先権の時効消滅の起算点となる[38]。

---

37) 司玉琢「海商法専論(第2版)」(中国人民大学出版社、2007年)37頁を参照。日本においても、同様の理由から船舶先取特権は発生後1年を経過したときに消滅する(商847条1項、船主責任制限95条3項、油濁40条3項、国際海運19条3項)。

38) 主な海事請求権の消滅時効の起算点は、以下のとおりである。
　①人身傷害に基づく損害賠償請求権の場合、被害者が権利を侵害されることを知るまたは知るべきであった日(民法通則第137条)。
　②トン税徴収権の場合、船舶が入港する日またはトン税証明書の満期後5日目(1952年に税関総署が配布した「中華人民共和国税関による船舶トン税に関する暫定方法」)。
　③水先料請求権の場合、船舶の出入港のため、水先人の補助行為が終了のとき(1997年に交通部が配布した「中華人民共和国交通部による港湾費用に関する規則(外貿部分)」)。
　④港湾料金徴収権の場合、船舶の出入港の日(1992年に交通部が配布した「中華人民共和国交通部による外航船および輸出入の貨物に関する港湾料金の規則」)。
　⑤救助料請求権の場合、救助作業が終了した日(中国海商法262条)。
　⑥船舶の運営中に行った不法行為の損害賠償を請求権の場合、通常は損害の結果発生日(司

なお、中国海商法29条1項1号は「船舶優先権を有する海事請求が…行使されないとき」と規定しており、文言上は海事請求を発生後1年以内に行使さえすれば、船舶優先権は消滅しないように読める。船舶優先権は、裁判手続きを通じて船舶の差押えによって行使しなければならないところ、海事請求の行使については、単に被請求者に対して請求さえすれば、権利の行使とみなされるのであり、それぞれ行使方法が異なる。そこで、海事請求の行使で足りるとすると、単に被請求者に対して請求しさえすれば船舶優先権が保全されることになるが、29条1項1号の趣旨は、例え船舶優先権を生ずる海事請求が行使されても船舶優先権が発生後1年以内に行使されなければ、船舶優先権は消滅するというものである。そこで、この条文の文言は、正確ではないと批判されている[39]。

2　船舶が裁判手続きを通じて強制競売されたとき（中国海商29条1項2号）

船舶が差し押えられた後、法定の期間内[40]に被請求者が担保を提供しない場合に、海事請求者は、訴訟の提起または仲裁の申立ての後、海事法院に対して船舶の競売手続きを申立てることができる（中国海事訴訟特別手続29条）。強制競売手続きが完了すれば、当該船舶により担保されていた海事請求権は消滅し、海事優先権も当然に消滅する。ただし、競売代金は、海事優先権の優先順位に従って海事請求者に配当される。

3　船舶が滅失したとき（中国海商29条1項3号）

船舶が沈没・解体・失踪・全損などにより海商法上の船舶として取り扱われなくなった場合、船舶が滅失したものと理解されている[41]。

船舶優先権は、船舶を目的物としているので、船舶の滅失によって船舶優先権も消滅する[42]。他方、船舶が滅失（解体、沈没などを含む）または失踪[43]

　　　玉琢・前掲書（注4）114頁を参照）。
39)　李海『船舶物権之研究』185頁。
40)　中国「海事訴訟特別手続法」第28条は、訴訟前の差押期間を30日間としている。
41)　司玉琢・全掲書（注37）38頁を参照。
42)　司玉琢・全掲書（注37）59頁を参照。

した場合、船舶所有者は、船舶が滅失または失踪した日から3か月以内に、船舶所有権の登録証明書、船籍証書および船舶の滅失または失踪に関する証明書を提出して、船籍港の船舶登録機関で船舶登録の取消手続きを行わなければならない（中国船舶登録条例40条）。法律上の「船舶の滅失」が認められるためには、物理的な滅失だけでは足りず、船舶登録の取消し手続が完了することが必要である。したがって、船舶登録取消し手続きの完了時点で、船舶優先権が消滅するという見解がある[44]。この見解によると、船舶が物理的に滅失していたとしても、船舶登録の取消し続きが完了するまで、残骸物に対して船舶優先権が存在していると解釈することも可能であろう。

4 船舶譲渡の公告期間内に権利行使されないとき

中国において、船舶優先権は追及効を有するので、当該船舶の所有権が譲渡されても、当然には船舶優先権が消滅するわけではないが、裁判所が譲受人の申立てにより船舶所有権の譲渡に関する公告をしてから60日以内に、船舶優先権が行使されなければ消滅する（中国海商26条、中国海事訴訟特別手続126条）[45]。船舶優先権には公示制度がないので、追及権を有する船舶優先権者

---

43) 中国海商法第248条は、合理的な期間内に、船舶が最後にその消息が知られた場所から目的地に到達しなかった場合、契約に別段の約定がある場合を除き、満2か月間経過しても、船舶の消息が知れないときは、船舶が失踪になったとみなされるとする。
44) 李海・前掲書（注6）187頁を参照。
45) 中国の「海事訴訟特別手続法」は、船舶優先権の催告手続きについて、独立の章（第11章）を設けている。船舶が譲渡される場合、船舶の譲受人は、船舶優先権者が早めにその権利を主張することを催告し、船舶に対する船舶優先権を消滅させるため海事法院に船舶優先権を申立てることができる（中国海事訴訟特別手続120条）。船舶優先権の催告を申立てる場合、譲受人は申立書、船舶譲渡契約および船舶の技術に関する資料等を、当該船舶の引渡し地または譲受人の住所地の海事法院に提出しなければならない（中国海事訴訟特別手続121条および122条）。船舶譲渡契約が締結された後、譲受人は、船舶の譲渡が実際に履行される前から船舶優先権の催告を申し立てることができる（海事訴訟特別手続法の適用に関する中国最高人民法院の解釈規定92条）。催告の申立てが認められた場合、海事法院は船舶優先権の請求権者が催告の期間中に権利を請求するように公告しなければならない（中国海事訴訟特別手続124条1項）。催告の期間は60日間とされている（中国海事訴訟特別手続124条2項）。催告の期間が満了しても、船舶優先権を請求する者がない場合には、海事法院は、当事者の申立てに基づき、譲渡された船舶に船舶優先権が付帯されていないという除権判決をしなければならない（中国海事訴訟特別手続126条）。利害関係者が、催告期間内に船舶優先権を主張した場合は、海事法院は、船舶優

との利益の調整を図るためこの催告制度を制定したのである[46]。

5　被担保の海事請求権が消滅したとき

　船舶優先権は担保物権であるため、付従性を有する。一旦船舶優先権を生ずる海事請求権が消滅すれば、船舶優先権が存在する前提を失ってしまう。海事請求権は債権の一種なので、中国海商法に特別な規定がない以上、中国民法上の債権の消滅に関する規定が適用される。原則として、中国民法における弁済、相殺、免除または混同などの債権消滅事由は、海事請求権を消滅させる事由ともなる。

6　海事法院の公告における債権の登録期間が満了したとき

　被差押え船舶に対する競売を実行する場合、裁判所は競売を公告しなければならない（中国海事訴訟特別手続32条1項）。債権者は、公告に規定される期間内に、海事法院に関係債権の登録を申請しなければならない。その期間満了までに登録を申請していない請求者は、船舶の競売代金から弁済を受ける権利を放棄したものとみなされる（中国海事訴訟特別手続111条）。

7　海事賠償責任制限（船主責任制限）の基金が設立されたとき

　被請求者の申立てに基づき、海事賠償責任制限[47]の基金（limitation fund）が設立された場合には、海事請求の引当ては基金に集中するため、船舶優先権を有する海事請求者であっても、当該海事請求が制限債権に該当する場合には、裁判所に船舶の差押えを請求しまたは他の担保を要求することができ

　　先権催告手続きの終了を裁定しなければならない（海事訴訟特別手続法の適用に関する中国最高人民法院の解釈規定96条）。しかし、催告手続き制度を採用していない国も存在するので、いずれの国においても除権判決が承認されるものではないであろう。
　　日本においても、船舶所有者が船舶を譲渡した場合、譲受人が、その譲渡を登録した後、船舶先取特権者に対して1か月を下らない一定の期間内にその債権の申し出をなすべき旨を公告し、船舶先取特権者がこの期間内に申し出なかったときは、その船舶先取特権は消滅する（商846条、船主責任制限95条3項、油濁40条3項、国際海運19条3項）。
46）　司玉琢・前掲書（注4）114頁を参照。
47）　海事賠償責任制限制度は、日本における船主責任制限制度と同種の制度である。中国は、1976年海事責任条約の加盟国ではないが、本条約の内容を海商法に取り入れて規定している。

ず（中国海商214条）、他の制限債権者と一緒に責任制限基金から弁済を受けるのみである[48]。

　制限債権に該当する海事請求は、必ずしも船舶優先権を有するものではないので[49]、制限債権には、船舶優先権を有する請求とそうでない請求が併存しうる。このような場合に、基金を制限債権者間で配当するに際し、船舶優先権を有する海事請求がそれを有しない海事請求に優先して配当を受け得るのかが問題となるが、原則として、制限債権者間は平等に海事法院が認定する請求金額の割合にしたがって弁済を受ける。但し、公益上の理由から、人の死傷に関する損害賠償請求権に影響を及ぼさない限り、港の構築物、停泊施設、可航水路または航行援助施設に生ぜしめた損害賠償の請求の場合には、他の物的損害賠償の請求より優先して弁済を受ける（中国海商210条4項）。

VI　船舶優先権の行使方法

1　船舶の差押え

（1）船舶優先権を行使するため、裁判所に差押えの申立てを行うのが第一歩とされている[50]（中国海商28条）。船舶の差押え手続きについては、中国海事訴訟特別手続法が規定しており、同法21条は、船舶優先権を有する海事請求を含む22種類の海事請求に基づく船舶の差押えの申立てを認めている。船舶差押えが認められる海事請求は以下のとおりである。

（ i ）船舶の運航によりもたらされた財産の滅失または損壊
（ ii ）船舶の運航と直接に関連する傷害または死亡
（iii）海難救助
（iv）船舶が環境、海岸または利害関係者に対してもたらす損害または損

---

48)　日本においても同様である（船主責任制限33条）。
49)　日本では、全ての制限債権は、船舶先取特権を付与される（船主責任制限95条1項）。したがって、日本ではこのような議論はなされていない。
50)　不当な船舶差押えの申立てにより生じた損失には、船舶の差押えによる停泊の期間に生ずるすべての維持費用および支出、船舶が差し押さえられたことにより生じた休航損害、ならびに被請求者が船舶の差押えを解放するための担保を提供する際に支出した費用を含める（海事訴訟特別手続法の適用に関する中国最高人民法院の解釈規定24条）。

害のおそれ、当該損害を予防し、減少し、または除去するため講ずる措置、 当該損害のため支払う賠償、環境を回復するため実際に講じ、または講ずる予定の合理的措置の費用、第三者が当該損害に起因して被り、または被るおそれのある損害およびこの号においていう性質と類似する損害、費用または損失

(v) 沈没船舶、残骸、座礁船舶もしくは放棄された船舶の浮上、除去、回収もしくは破砕またはそれらを無害ならしめることに関連する費用。これには、当該船舶上になお存在し、もしくはかつて存在した物件の浮上、除去、回収もしくは破砕またはそれらを無害ならしめることに関連する費用ならびに放棄された船舶を維持保護し、およびその船員を維持することに関連する費用が含まれる。

(vi) 船舶の使用または傭船の合意

(vii) 貨物運送または旅客運送の合意

(viii) 船舶積載貨物（手荷物を含む）、またはこれと関連するものの減失または損壊

(ix) 共同海損

(x) 曳航

(xi) 水先案内

(xii) 船舶の運営、管理、維持保護もしくは補修のための物質または役務の提供

(xiii) 船舶の建造、改造、修理、改装または装備

(xiv) 港湾、運河、埠頭、港湾その他の水路の規定費用および費用

(xv) 船員の賃金その他の支払金。これには、船員のため支払うべき送還費および社会保険料 が含まれる。

(xvi) 船舶または船舶所有者のため支払う費用

(xvii) 船舶所有者もしくは裸傭船者が支払うべき、または他人がそれらの者のため支払う船舶保険料（相互保険会費を含む。）

(xviii) 船舶所有者もしくは裸傭船者が支払うべき、または他人がそれらの者のため支払う船舶と関連するコミッション、仲介料もしくは代理料

(xix) 船舶所有権または占有と関連する紛争

(xx) 船舶共有者相互間における船舶の使用または収益と関連する紛争
(xxi) 船舶抵当権または同様の性質の権利
(xxii) 船舶売買契約に起因して生ずる紛争

以上の申立てがある場合、以下の場合には海事法院により当該船舶の差押えが認められる（中国海事訴訟特別手続23条）。

(i) 船舶所有者が海事請求について責任があり、かつ 差押えを実施する際に当該船舶の所有者であるとき
(ii) 船舶の裸傭船者が海事請求について責任があり、かつ、差押えを実施する際に当該船舶の裸傭船者または所有者であるとき
(iii) 船舶抵当権または同様の性質の権利を有する海事請求
(iv) 船舶所有権または占有に関する海事請求
(v) 船舶優先権を有する海事請求

上述のとおり、中国海事訴訟特別手続法21条が定める海事請求であれば船舶優先権の有無にかかわらず、それに基づく船舶の差押えが可能であるが、船舶優先権を有する海事請求に基づく差押えであっても差押え後から30日以内に訴訟の提起または仲裁の申立てをしない場合には、船舶の差押えは解除される[51]（中国海事訴訟特別手続28条、海事訴訟特別手続法の適用に関する中国最高人民法院の解釈規定25条1項）。日本の船舶先取特権を実行する場合には訴訟または仲裁手続きを必要としないところ、この点に関しては、海事請求に基づく船舶差押えは日本の仮差押えに類似する[52]。

(2) 船舶優先権にかかわる債務は船舶自身と緊密な関係があるので、船舶の差押えを行うとき、即時に被請求者の氏名を確認することができなくても、海事請求者による差押えの申立てが認められる（中国海事訴訟特別手続25

---

[51] 海事請求者が訴訟提起後または仲裁申立て後に、船舶の差押えを申立てる場合には、30日の期間制限は問題とならない。
[52] 判決、仲裁判断その他の法律文書の執行のための船舶差押えも認められている（中国海事訴訟特別手続22条但書き）

船舶優先権を行使する場合に、差押えの目的船舶に限られ、当該船舶の姉妹船等は船舶優先権の目的物にはならない[53]。また、海事請求者は、差押えされた船舶に対して、原則として同一の理由でもう一度差押えの請求を行うことはできない[54]。

　海事法院は、船舶の保全の実施が裁定された後、海事請求者が同意すれば、船舶の処分や抵当権の設定などを制限した上で、当該船舶の運航の継続を許可することができる（中国海事訴訟特別手続27条）。法律上の正式名称はないが、実務では、「活扣押」と称されている。しかし、「活扣押」をして継続して運航できる航海とは、国内航路を航行する船舶の運航中の当該航海に限られる（海事訴訟特別手続法の適用に関する中国最高人民法院の解釈規定29条）。

　被請求者が担保を提供する場合、裁判所は即時に船舶の差押えを解除しなければならない（中国海事訴訟特別手続18条1項）。

　被請求者の担保は、海事法院に引き渡すか、海事請求者に提供することができる（中国海事訴訟特別手続74条）。被請求者に対して請求金額に相当する担保を要求することができるが、担保の金額は船舶の価値を超えてはならない（中国海事訴訟特別手続76条）。

2　船舶の競売

　船舶が差押えされた後、被請求者が適切な担保を提供せず、かつ、船舶差押えの継続が不利益な場合には、海事請求者は、訴訟の提起または仲裁の申

---

[53] 海事請求権は、船舶優先権の行使によって実現できるが、一般の請求権として行使することも当然可能である。船舶優先権は優先性を有するが、一般の海事請求権と比較して不利な面もある。たとえば、船舶優先権の行使期間は1年間であるが、一般の海事請求権の場合は2年間である。しかも、船舶優先権の場合には、差押さえることができるのは当該船舶のみであるが、一般の海事請求権の場合に、本船のみならず姉妹船を差押さえることも可能となる。

[54] 中国海事訴訟特別手続法24条。例外として、①被請求者により提供される担保が不十分の場合、②担保者がすべての担保義務または一部分の担保義務を履行できない恐れがある場合、③海事請求者が合理的な理由で差し押さえられた船舶を解放すること、または提供された担保を返却することに同意し、または、合理的な措置を用いて、差押えされた船舶の解放あるいは提供された担保の返却を阻止することができない場合に、同じ理由で同じ船舶に対してもう一度差押えの請求を提起することができる。

立てを行った後、船舶の差押えを実行した海事法院に対して、競売手続きを申し立てることができる[55]（中国海事訴訟特別手続29条）。船舶優先権を有しない海事請求に基づく差押えによる場合でも上記要件を満たす場合には、競売を申し立てることができる。したがって、船舶優先権を有する海事請求とそれ以外の海事請求における最大の相違は、優先弁済権が付与されているか否かということになる。また、日本の仮差押えの場合、本案での勝訴判決や仲裁判断などの債務名義なく、競売手続きを行うことはできないことから、海事請求に基づく船舶差押えは仮差押えと必ずしも同一とはいえない。

　船舶の競売に関する海事法院の裁定が下された場合に、30日間以上の公告を出さなければならない（中国海事訴訟特別手続32条）。

　船舶競売は、船舶競売委員会が実施する。同委員会は、海事法院に指定する当該法院所属の執行官、招へいされた競売人およびサーベイヤーの３人または５名により構成される（中国海事訴訟特別手続34条）。

　船舶競売手続中は、船舶の差押えは解除されない。競売手続きが終結し、買受人が競売代金を支払って船舶が引き渡された後、海事法院は船舶差押命令の解除を発令する（中国海事訴訟特別手続38条）。

3　海事請求の登録および配当手続き

（１）船舶の競売に関する公告がされた後、船舶の差押えを申立てた海事請求者を含む全ての債権者は公告に規定される期間中に競売対象の船舶にかかわる債権の登録を申請する必要がある。そうでなければ、船舶の競売代価で弁済を受ける権利を放棄したものとみなされる（中国海事訴訟特別手続111条）。

　債権者が債権の登録をするためには、債権を証明する証拠資料を提出しなければならない（中国海事訴訟特別手続113条）。

　債権者が判決書、裁定書、調停書、仲裁判断書または債権公証証書を提供

---

[55]　訴訟の提起または仲裁の申立てを行った後、海事請求者が競売を申立しなかった場合、海事法院は被請求者の申立てに基づき船舶の競売を行うことができ、この場合、船舶の競売代金は当該海事法院に供託される（海事訴訟特別手続法の適用に関する中国最高人民法院の解釈規定30条）。海事法院は、当事者の申立てなく、船舶の競売を決定することができない。

し、それらの文書が真実かつ適法であることが認められる場合には、海事法院は債権を確認する旨の裁定を行う（中国海事訴訟特別手続115条）。

　債権者がその他の証拠資料を提出する場合、債権者は、登録を受理した海事法院に対して、登録後7日以内に権利確認訴訟を提起しなければならない（中国海事訴訟特別手続116条1項、海事訴訟特別手続法の適用に関する中国最高人民法院の解釈規定90条）。また、当事者間に仲裁合意がある場合には、遅滞なく仲裁を申立なければならない（中国海事訴訟特別手続116条1項）。この「権利確認訴訟」は、単に当事者間の法律関係の存否を判断するのみで執行の効力を有しない民法理論上の「確認の訴」とは考えられていない[56]。実務においても、常に、給付義務を認める判決がなされるので、別途債権に基づく訴訟を提起する必要はない。この権利確認の判決は最終判決とされるので、上訴することはできない（中国海事訴訟特別手続116条2項）。

　債権者が、登録前に、登録を受理する海事法院以外の海事法院にすでに訴訟を提起していた場合、事件を受理した海事法院は、当該事件を、登録を受理した海事法院に移送しなければならない。但し、当該事件の第二審手続きがすでに進行している場合は、その限りではない（海事訴訟特別手続法の適用に関する中国最高人民法院の解釈規定89条）[57]。

　（2）海事法院は上記債権を確認した後、債権者の会議を招集しなければならない（中国海事訴訟特別手続117条）。債権者会議で配当方法が合意できない場合には、海事法院は関連法令に従って、配当方法と順位を裁定する（中国海事訴訟特別手続118条）。

---

56)　許俊強「確権訴訟程序法律問題研究」『中国海商法年刊16巻』（2006年1月）169-170頁を参照。

57)　海事請求に関しては、仲裁合意がある場合および登録前に第二審手続きまで進行していた場合を除き、登録を受理する海事法院が専属的管轄を有すると理解されている。許俊強・前掲注(56) 170-171頁を参照。

VII 船舶優先権の管轄および準拠法

1 船舶優先権の管轄

（1）船舶の差押えについては、船舶所在地の海事法院が管轄権を有する（中国海事訴訟特別手続13条）。また、船舶優先権に係る紛争に起因して提起する訴訟については、船舶の所在地、船籍港の所在地または被告の住所地における海事法院が管轄権を有する（中国海事訴訟特別手続6条7号）。

なお、中国において、全部で10カ所の海事法院が設置されている。中国の裁判は、二審終審制を採用しているが、海事法院は第一審の裁判所として海事にかかわる事件を取り扱っている。これに対する控訴事件は、海事法院所在地の高級人民法院が管轄する。高級人民法院管轄区域に重大な影響を及ぼす海事事件の場合、一審裁判の審理は高級人民法院によって行われる。なお、全国に重大な影響を及ぼす海事事件および最高人民法院がみずから審理すべきと判断する海事事件については、最高人民法院の民事審判廷第四廷がこれらの事件の一審裁判の審理を担当する[58]。

（2）船舶を差押えてから30日以内に、海事請求の履行を求めて訴訟の提起または仲裁の申立てがされない場合、船舶の差押えは解除される。海事請求権自体は契約上の権利（船長・船員の供与請求など）の場合、不法行為上の権利（人身傷害、財産損害など）の場合、無因管理の権利（海難救助の報酬請求）の場合があるが、それら海事請求権の管轄は以下のように規定されている。ただし、前述のとおり、海事請求の登録前に第二審手続きまで進行していない場合には、登録を受理した海事法院に事件は移送される。

①契約紛争の場合には、被告の住所地または契約の履行地の裁判所が管轄権を有する（中国民事訴訟23条）。契約の当事者の合意により、契約の締結地、対象物の所在地など実際に紛争にかかわる地における人民法院を選択することも可能である（中国民事訴訟34条）。

---

[58] 箱井崇史＝張秀娟＝方懿「中国の海事法院について」海事法研究会誌。218号（2013年）25-26頁を参照。

②船員の労務紛争の場合には、原告の住所地、契約の締結地、船員の乗船港あるいは下船港の所在地、または被告の住所地における海事法院が管轄権を有する（中国海事訴訟特別手続6条5号）。

③海難救助のため、救助費用を請求する場合には、救助地または被救助船舶の最初の到達地における人民法院が管轄権を有する（中国民事訴訟31条）。その他、被救助船舶以外のその他の被救助財産の所在地の海事法院も管轄権を有する（海事訴訟特別手続法の適用に関する中国最高人民法院の解釈規定9条）。

④不法行為の場合には、不法行為地（不法行為地と結果発生地を含む）または被告の住所地における人民法院が管轄権を有する（中国民事訴訟28条）。

⑤水上事故による民事上の損害賠償請求を行う場合には、事故発生地、船舶の最初の到達地、または被告の住所地における人民法院が管轄権を有する（中国民事訴訟29条）。

⑥船舶の衝突またはその他海難事故による損害賠償請求を行う場合には、衝突の発生地、衝突船舶の最初の到達地、加害船舶が拘留されている地、または被告の住所地における人民法院が管轄権を有する（中国民事訴訟30条）。

⑦海事にかかわる不法行為に基づいて損害賠償を請求する場合には、上記管轄裁判所のほか、船籍港における海事法院も管轄権を有する（中国海事訴訟特別手続6条2項1号）。この「船籍港」とは、被告船舶の船籍港をいう。被告船舶の船籍港が中国の領海内にない場合において、原告船舶の船籍港が中国の領海内にあるときは、原告船舶の船籍港の所在地の海事法院が管轄権を有する（海事訴訟特別手続法の適用に関する中国最高人民法院の解釈規定4条）。

なお、中国海事訴訟特別手続法28条に規定する訴訟地または仲裁地について、渉外事件の場合について明確な規定が定められていない。したがって、渉外事件の場合、中国法上管轄を有する海外の裁判所に訴訟を提起すれば、中国海事訴訟特別手続法28条の規定している「訴え提起」を行ったことになるのか、海外の裁判所の判決に基づいて船舶優先権の行使、すなわち配当を受けることができるのか明確ではない[59]。

---

59) 中国において、強制執行が承認されない外国の裁判所判決の場合には、さらに問題となろう。

2 船舶優先権の準拠法

　船舶優先権の目的船舶が外国籍船などの渉外事件の場合には、船舶優先権の成立や効力につき、どこの国の法律によって判断するのかが問題となる。この点、船舶優先権については、事件を受理する裁判所の所在地法が適用される（中国海商272条）[60]。

　船舶優先権の成立・効力の問題は、手続法ではなく、実体法に属するが、その権利の実現は船舶の差押えなどの裁判手続きを経る必要がある。船舶の差押えは手続、案件を受理する裁判所の所在地法を適用するのは当然であるので、法の適用を統一するため、船舶優先権についても差押えと同じように裁判所の所在地法を適用させるのである。

　多数の船舶優先権が同時に存在する場合がよくあるので、場所も時間も異なる船舶優先権があった際に、裁判所の所在地法が最も適切な準拠法と言うことができる。

　なお、海事請求自体の成立等に関する準拠法については、別途、中国民法通則、中国海商法等で定められている[61]。

---

[60]　中国では、船舶優先権の準拠法について立法的に解決しているが、日本では、法の適用に関する通則法その他に明文の規定がなく、解釈上争いがある。

[61]　主な海事請求自体の準拠法は以下のとおりである。
　　①渉外契約の場合に、契約の当事者は法律に別段の定めがある場合を除き、契約の紛争処理に適用する法律を選択することができる。その法律を選択しなかった場合には、契約と最も密接な関係にある国の法律を適用する（中国民法通則145条）。
　　②不法行為の損害賠償は、不法行為地の法を適用する。この場合において、当事者双方の国籍が同じであり、または同一国に住所がある場合には、当事者の本国法または住所地の法律を適用することもできる（中国民法通則146条）。船舶衝突の場合にも基本的には不法行為地の法律を適用するが、公海で衝突があった場合には受訴裁判所の所在地の法律を適用すべきである。同一船籍船間の衝突の場合、衝突の発生地に問わず、船籍国の法律適用される（中国海商273条）。
　　③船舶救助の場合、救助契約で準拠法を合意している場合には、その法が適用される。仮に準拠法の合意がない場合は、中国海商法においては海難救助の準拠法について定めがなく、また中国民法通則においては無因管理（事務管理）の準拠法について定めがないため、国際私法上の無因管理の理論によって、無因管理の行為地または無因管理の受益者の国の法律を適用すべきと考えられている。韓徳培『国際私法』175頁（武漢大学出版社、1993年）。

VIII　おわりに

　担保物権及び実行方法について、各国の制度は様々であるといわれるが、以上に概観したように、中国の船舶優先権と日本の船舶先取特権にも顕著な相違が認められる。日本の船舶先取特権は、基本的に民法上の先取特権の法理論の上に規定されているが、中国においては、元々船舶優先権という概念が無かったので、国際条約にならって船舶優先権に関する法規定が設けられたのである。このような法理論の基礎における相違を背景として、船舶優先権の法的性質論を反映して物上代位性が認められない点や実行方法として訴訟または権利確認訴訟を提起する必要がある点など、日本の船舶先取特権とは著しく異なっている。

　また、中国が単に条約の規定をそのまま国内法化したのではなく、運送賃などを船舶優先権として認めていない点などにも注意すべきである。各国とも自国の実情を考慮すべき事情があるが、これらは担保物権及び実行方法について条約による統一が難しいといわれることの理由の1つであろう。

　実務的にも、国外の港に寄港した際に、現地の法律に基づきいわゆる船舶先取特権を行使されるリスクは外航船の船舶所有者や抵当権者にとって避けられないところでもあり、隣国であり実際上も重要な貿易相手国となっている中国の船舶優先権について、その制度の基本を理解しておくことは有益であろう。中国において、船舶優先権の行使と破産手続きや傭船契約との関係に関する研究も散見されるところ、本稿では、紙幅の関係で船舶優先権の基本的制度を概観したのみであるが、その理解の一助となれば幸いである。

船舶先取特権の準拠法

大西　徳二郎

I　問題の所在
II　わが国における学説・裁判例
III　諸外国における解決方法
IV　むすびに代えて

I　問題の所在

わが国の国際私法上、船舶先取特権の準拠法についての明示規定は存在しない。この状況は、平成18年に現行の法の適用に関する通則法（以下、「通則法」という。）へ改正される以前の法例（明治31年法律10号）の下においても同様である。これは、明治期の立法担当者が、船舶に関する事項については前記法例ではなく特別法に委ねる意図であったことに由来するようである[1]。しかし、そのような特別法は、未だ制定されていない。

では、船舶先取特権の準拠法が問題となる場合、物権の問題と性質決定を行い、一般則である通則法13条を適用して当該渉外的法律関係の準拠法を決定できるであろうか[2]。

---

[1] 『民法商法修正案理由書　博文館蔵版』（博文館、1898年）所収の「法例修正案理由書」4頁には、「三、本案ハ法律適用ノ通則ニ関スル規定ノ普通法ナルガ故ニ本案ニ規定セル事項ト同一ノ性質ヲ有スル事項ニテモ特別ノ規定ヲ要スベキモノハ之ヲ特別法ニ譲リタリ…今其主要ノ事項ヲ左ニ列挙セン　（イ）船舶ニ関スル事項即チ船舶ノ所在地法、海損、衝突及ヒ救助ニ関スル國際私法的特別規定ハコレヲ船舶及ヒ航海ニ関スル特別法ニ譲ルコトトセリ」と書かれている。

また、通則法への改正時に明示規定が設けられなかった経緯については、法務省民事局参事官室「国際私法の現代化に関する要綱中間試案補足説明（平成17年3月29日）」別冊NBL編集部編『法の適用に関する通則法関係資料と解説』（別冊NBL 110号）（商事法務、2006年）236-239頁を参照。

船舶は、ある法域から他の法域へと移動し、また公海上をも航行する走行性動産である。通則法13条は所在地法主義を採用するが、船舶にこのような特質がある以上、同条を単純に当てはめようとするならば、たとえば、準拠法を異にする複数の船舶先取特権が生じた場合にそれら相互の関係をどのように解決するのかであるとか、船舶が公海上に位置する場合には所在地法が存在しないといった問題が生じることが考えられる。

　それでは、通則法13条の単純な適用に問題があるとすれば、船舶先取特権の準拠法はどのように決定すればよいのであろうか。

　この問題については、最高裁判例が存在しない中で、様々な学説や裁判例が存在している。そして、学説の拡散は現在でも続いている。一方で、このように多くの見解が存在し、法選択規則の内容が定まらないということは、準拠法の予測を困難にしており、たとえば、各国実質法により船舶先取特権が生じる債権の種類も異なることから、船舶関係者を法的に不安定な状態に置くことになる。そして、このような法的不安定を放置することは、船舶先取特権が公示を要せず、船舶抵当権に優先するという性質を有することから、ひいては海運の発展をも阻害しかねない。よって、この問題の議論を収束させ、法選択規則を確立させる意義と必要性は、決して小さくはないといいうるものである。

　前述のとおり立法による解決が図られていない以上、この問題は、解釈により解決しなければならない。本稿は、多岐にわたるわが国の学説・裁判例を整理、分析し、米・英・カナダといった諸外国における解決方法も概観しながら[3]、この問題の再検討を行うものである。

2）　海事国際私法一般において通則法（法例）の適用可能性について論じるものとして、神前禎「海事国際私法の『独自性』」国際私法2号（2001年）153-154頁を参照。また、同様に、国際的商法関係一般に対する一般国際私法の適用について論じるものとして、溜池良夫『国際私法講義［第3版］』（有斐閣、2005年）37-38頁を参照。

　　なお、本稿で採り上げる文献および裁判例の多くは法例下のものであるが、通則法13条とそれに対応する法例10条とは同内容であるため、適宜読み替えていることに留意を要する。

3）　諸外国においては、たとえば隣国韓国（韓国国際私法60条）のように、船舶先取特権の準拠法について明文規定を有する国もある。本稿では、明文規定を有する諸国については触れないが、これらの国における規定の趣旨や立法の経緯を検討することによりわが国へ得られる示唆もあると思われる。たとえば、ドイツにおける立法理由を紹介するものとして、西谷祐子「物

II わが国における学説・裁判例

1 学説
(1) 対立点の明確化および説の分類

学説は多岐にわたっているが、その主な対立点は以下の3つである。

第一に、法性決定をどのように行うか。つまり、通則法13条によるか、条理によるか、または債権の問題と捉えて通則法7条以下によるかである。第二に、準拠法への連結を分割するか。つまり、船舶先取特権の成立と効力、成立ないし効力と順位、または、成立と効力と順位とに分けて準拠法への連結を考えるか否かである。これは、被担保債権の準拠法を累積適用するか否か、するのであればその範囲はどこまでかという問題と一致はしないが概ね重なる。第三に、連結点をどのように考えるか。つまり、連結点を旗国とするのか、もしくは船舶の現実所在地とするのか、さらに後者の場合どの時点の現実所在地とするのか、または、被担保債権の準拠法のみへの連結を考えるのかというものである。

以上を踏まえ、主な学説を筆者なりに分類すると、①船舶先取特権の成立については被担保債権の準拠法と旗国法を累積適用し、効力については旗国法による説[4]、②成立・効力ともに旗国法による説[5]、③成立・効力ともに

権準拠法をめぐる課題と展望」民商136巻2号（2007年）240頁を参照。
　また、わが国同様、大陸法系でありながら明文規定を有せず、準拠法決定に変化がみられるフランスについては、他日の別稿に譲る。フランスの現況については、P. Bonassies et C. Scapel, Traité de droit maritime, LGDJ, 2e éd. 2010, n°588を参照。
　そして、本稿で取り扱う米・英での概況については、大西德二郎＝田邉真敏「米国および英国におけるマリタイム・リーエンの準拠法」修道34巻2号（2012年）1頁以下も参照。

4) 山戸嘉一『海事國際私法論』（有斐閣、1943年）421-422頁および439-440頁、折茂豊『國際私法（各論）〔新版〕』（有斐閣、1972年）92頁および109-110頁、山田鐐一『国際私法 第3版』（有斐閣、2004年）296頁および311頁、木棚照一「担保物権」木棚照一編『演習ノート国際関係法〔私法系〕』（法学書院、2010年）99頁、川又良也「判批」海事判例百選〔増補版〕（1973年）255頁、濱四津尚文「判批」ジュリ513号（1972年）112-113頁、畑口紘「判批」ジュリ538号（1973年）111-112頁。

5) 道垣内正人「海事国際私法」落合誠一＝江頭憲治郎編集代表『海法大系』（商事法務、2003年）683頁。また、西賢「判批」昭和48年度重要判例解説（ジュリ565号）（1974年）212頁は、

被担保債権の準拠法と旗国法を累積適用する説[6]、④成立については被担保債権の準拠法と差押時の現実所在地法(法廷地法)を累積適用し、効力については差押時の現実所在地法(法廷地法)による説[7]、⑤成立・効力ともに差押時の現実所在地法(法廷地法)による説[8]、⑥成立・効力ともに被担保債権の準拠法と差押時の現実所在地法を累積適用する説[9]、⑦成立については被担保債権成立時の現実所在地法により、効力については差押時の現実所在地法(法廷地法)による説[10]、⑧成立については被担保債権成立時の現実所在地法と被担保債権の準拠法を累積適用し、効力については被担保債権成立時の現実所在地法による説[11]、⑨成立・効力ともに被担保債権の準拠法による説[12]、そして、⑩船舶所有者が債務者である場合、成立・効力ともに被担保債権の準拠法により、船舶所有者が債務者ではない場合、成立・効力ともに

法定担保物権一般について成立および効力ともに目的物所在地法を単一の準拠法とすべきと主張し、同「判批」ジュリ219号(1961年)73頁において、船舶に関する物権については旗国法主義が妥当と述べているので、西教授は②説を採るものと考えられる。なお、西・ジュリ219号73頁では、船舶先取特権の成立が認められるには被担保債権の準拠法によってもその成立が認められる必要がある旨が述べられているので、この時点では、西教授は②説を採っていなかったと思われる。

6) 溜池・前掲注2) 338-339頁および343頁、平塚眞「判批」ジュリ420号(1969年)125-127頁、山崎良子「判批」ジュリ466号(1970年)105頁、同「判批」ジュリ544号(1973年)112頁。
   なお、平塚眞・ジュリ年鑑1970年版(1970年)214頁より、平塚弁護士は後に⑨説へと改説しているようである。同様に、山崎良子「判批」ジュリ560号(1974年)137-138頁より、山崎氏も後に⑨説へと改説しているようである。

7) 谷川久「判批」渉外判例百選[第2版](1986年)65頁、阿部士郎=峰隆男「船舶先取特権をめぐる問題点」米倉明ほか編『金融担保法講座Ⅳ巻 質権・留置権・先取特権・保証』(筑摩書房、1986年)241-247頁、忠鉢孝史「船舶先取特権」山崎恒=山田俊雄編『新・裁判実務大系第12巻 民事執行法』(青林書院、2001年)371頁および376頁。

8) 中田明「判批」ジュリ1062号(1995年)121頁。

9) 楢崎みどり「判批」国際私法判例百選[第2版](2012年)61頁。

10) 石黒一憲『金融取引と国際訴訟』(有斐閣、1983年)343頁、同『国際私法 第2版』(新世社、2007年)390頁。
   なお、⑦説に限らず見解により「被担保債権成立時」、「船舶先取特権成立時」と表現が異なるが、どの見解も国際私法上、被担保債権成立時と船舶先取特権成立時を同様に解していると思われるため、本稿では便宜上「被担保債権成立時」に表記を統一した。

11) 西谷・前掲注3) 241頁。

12) 平塚・前掲注6) ジュリ年鑑214頁、山崎・前掲注6) ジュリ560号137-138頁。

被担保債権成立時の現実所在地法による説[13]という10の説に分けることができる。むろん、これは最大公約数的に分類したものであり、たとえば、①説の中でも通則法13条によるものと条理によるものが存在するなど、各分類の中で学説はさらに細かく分かれている。

(2) 第一の対立点

まず、第一の対立点ついては、「物権の問題という性質決定にはほぼ争いはない」と評価されるくらい[14]、大半の論者が、通則法13条によるか条理によるかを問わず、船舶先取特権の問題を国際私法上も物権の問題と捉えることを前提に立論している。

しかし、「船舶先取特権は登記を要しない権利であり、これを債権とする国もある。したがって、国際私法上もこの権利をめぐる問題を債権の問題と法性決定する見解もなりたちうる」との指摘もあり[15]、実際に、「抵触法上の性質決定なのであり実質法上のそれに引きずられる必要はない」として、物権の問題ではなく債権の問題と性質決定する見解も少数ながら存在する[16]。

次に、通則法13条の問題と性質決定する立場[17]と、規定の欠缺を認めて条理上の単位法律関係に性質決定する立場[18]について、前者を採るある論者は、前者は、「海事の問題につき特別法が制定されなかった以上、一般法

---

[13] 森田博志「アメリカ抵触法におけるマリタイム・リーエンの準拠法の現状とわが国の国際私法における船舶先取特権の準拠法についての解釈論」海事法研究会誌123号（1994年）13-14頁。
[14] 楢崎みどり「判批」国際私法判例百選[新法対応補正版]（2007年）57頁。
[15] 木棚・前掲注4）99頁。
[16] 森田・前掲注13）13頁。
　　森田教授は、債権の問題と法性決定すると直接的に述べているわけではないが、「船舶所有者が被担保債権の一方当事者（債務者）となっている場合には、被担保債権の準拠法（通常法例7条又は11条）のみを適用すべきである」として具体的に法例7条と11条を挙げていることから、債権の問題と法性決定しているといえる。なお、船舶所有者が被担保債権の当事者（債務者）になっている場合でも、競合する第三者との関係については、また、船舶所有者が被担保債権の当事者（債務者）となっていない場合には、物権の問題と法性決定する旨が述べられている。
[17] 折茂・前掲注4）92頁および96頁注（12）、道垣内・前掲注5）672-674頁。
[18] 木棚・前掲注4）98-99頁、川又・前掲注4）255頁、平塚・前掲注6）ジュリ420号126頁、濱四津・前掲注4）112頁、山崎・前掲注6）ジュリ544号112頁。

がそのまま適用されると理解する立場」であり、その論拠を、通則法が「私法上のあらゆる問題について準拠法を決定することを任務としている以上」、通則法に用意されている単位法律関係は「くまなく私法上の問題を切り分けて規定しているとの前提で解釈適用をするという姿勢をとるべきであって、法の欠缺を認めて自由な議論を行うことはできれば差し控えるべきである」と説明する[19]。加えて、後者の立場を採るとすると、航空機などの船舶と類似の事例においてもやはり同様に条理によるルール化が必要になるという問題点を指摘する[20]。これに対し、条理によるとする後者は、通則法（法例）に明文規定がなく、法例の立法担当者も特別法に譲る旨を述べ、そして未だに特別法が制定されていないこと[21]、通則法13条が連結点とする目的物所在地とは現実の物理的所在地を意味することを前提に同条を適用するならば、船舶の性質上、現実所在地とは必ずしも密接な関連を有せず、また、船舶が公海上に位置する場合には所在地の法が存在せず、さらに、準拠法を異にする多数の担保物権が発生し、その間の関係を規律することが困難になるのみならず、法的予測可能性を欠き、利害関係人の法的地位を不安定にすることを理由に挙げる[22]。

ところで、通則法13条によりつつ、旗国を連結点とするときには、「目的物の所在地」と旗国を結びつける解釈が必要となる。そこで、前者の立場の中でも旗国を連結点とする見解は、旗国を船舶の観念的な所在地と説明する[23]。この説明に対しては、「所在地の意義をかように広く解すべきか疑問」

---

19) 道垣内・前掲注5) 673頁。
　　道垣内教授とは対照的に、高桑昭「海事法律関係と法例の適用」法学論叢134巻5・6号（1994年）85頁は、明文規定がない場合はもちろんのこと、たとえ明文規定がある場合でも、「明文の規定の適用結果が相当でなく、他に適切な連結点を見出すべき必要のある場合には、条理によることを否定すべき理由はない。したがって、海事法律関係についても法例の規定が適用されると解しても、このような観点からの検討の余地はある」とする。
20) 道垣内・前掲注5) 673頁。
21) 道垣内・前掲注5) 672頁は、この根拠を指摘する。
22) 木棚・前掲注4) 98頁。
23) 道垣内・前掲注5) 673頁。
　　なお、折茂・前掲注4) 96頁注(12)では、「所在地の決定において特殊の構成を必要とする」と述べるだけで、具体的な理論構成までは述べられていない。

であるとか[24]、通則法13条にいう目的物所在地とは、「現実的所在地を意味し、仮定的、擬制的な所在地を意味するのではない」といった批判がなされている[25]。

第一の対立点においては他に、上記以外の法性決定、たとえば順位を手続の問題と性質決定することも考えられるが、学説はこれを否定している[26]。

(3) 第二の対立点

船舶先取特権の問題を分割して準拠法への連結を行うか否かは、被担保債権の準拠法を累積適用する範囲と深く関わる。まず、被担保債権の準拠法を考慮する論拠は、船舶先取特権のような法定担保物権は、一定の債権を担保するために認められた権利であるから、被担保債権の1つの効力であり、それゆえ、被担保債権の準拠法により認められないときには、そのような担保物権の成立は認められないこと[27]、また、「被担保債権の準拠法が認める以上の権利を認めると、債務者に予期せぬ義務を負わせ、債権者に必要以上の権利を与えることとなり公平を欠く」ことである[28]。

そこで、被担保債権の準拠法を考慮する範囲の違いにより、船舶先取特権の問題を成立と効力とに分割するか否かの違いが生じる。まず、被担保債権の準拠法を考慮しつつ分割をしない見解は、効力においても被担保債権の準拠法を累積適用する理由を、被担保債権の準拠法上の船舶先取特権の効力を国際私法上も尊重すべきであるとか[29]、累積適用を成立のみに限る根拠が乏しく、また、効力についても累積適用しなければ、被担保債権の準拠法上認められている船舶先取特権の存続・効力の範囲が担保物権の準拠法に定めるところにより拡大される可能性があり、これは当事者の予想に反する結果と

また、横溝大「判批」判例評論502号（判時1725号）（2000年）58-59頁は、通則法13条にいう「所在地」を擬制的観念と捉えるが、登録等の国家行為は別途考慮されるべき要素であることを理由に、船舶の「所在地」は登録国（すなわち旗国）ではなく、船舶の中心的活動地とすべきと主張する。

24) 平塚・前掲注6) ジュリ420号126頁。
25) 木棚・前掲注4) 98頁。
26) 山崎・前掲注6) ジュリ466号105頁、木棚・前掲注4) 99頁。
27) 折茂・前掲注4) 109-110頁、山田・前掲注4) 296頁。
28) 山崎・前掲注6) ジュリ544号112頁。
29) 楢崎・前掲注9) 61頁。

なって好ましくないと説明する[30]。他方、累積適用を船舶先取特権の効力にかかる準拠法を決定する場面において行わない説の論拠については、一旦成立が認められた船舶先取特権の内容・効力の問題は、成立の問題とは異なり、物権そのものの内容・効力の問題であるからと説明される[31]。加えて、この説においては論拠を示す見解が少ないことから、「効力については複数の法を適用することは無理であるとの前提があるようである」との指摘もなされている[32]。

では、被担保債権の準拠法を考慮しない、すなわち累積適用を行わない学説の論拠は、どのようなものであろうか。ある論者は、船舶先取特権の成立は被担保債権の効力であるという見方自体に問題があると批判する。その理由は、第一に、法定担保物権は「法」が特に定める担保物権であるが、その「法」が当然に被担保債権の準拠法とはいえないのではないか。つまり、契約債権の準拠法には当事者自治が認められており（通則法7条）、そのような法律に動産・不動産に対する法定担保物権の成否を係らしめることは疑問であること。第二に、法定担保物権は、特定の「債権」保護の制度と説明されるが、むしろ特定の「債権者」保護の制度という見方もできるのであり、この見方に立てば、動産・不動産の物権に関する準拠法がどのような債権者を保護するのかが決め手であって、被担保債権の準拠法が顔を出す余地はないことである[33]。また、他のある論者は、法定担保物権と約定担保物権を区別し、法定担保物権についてのみ被担保債権の効力として被担保債権の準拠法を累積適用する点に着目して、そこから累積適用を批判する。つまり、法定担保物権の場合に被担保債権の準拠法を累積適用する論理は、法定担保物権と被担保債権との生来的結合関係に着目するものであるが、約定担保物権、たとえば抵当権の場合には、抵当権設定契約と抵当権は生来的結合関係に立つのであり、法定担保物権と当該法定担保物権の設定を主目的としたもので

---

30) 平塚・前掲注6）ジュリ420号125-126頁。
31) 阿部＝峰・前掲注7）246頁。
32) 池原季雄＝高桑昭＝道垣内正人「わが国における海事国際私法の現況」海法会誌復刊30号（1986年）25-26頁。
33) 道垣内・前掲注5）682-683頁。

はない債権的法律行為との生来的結合関係は、抵当権と抵当権設定契約との生来的結合関係よりも弱いものである。そうすると、抵当権等の約定担保物権の場合にこそ、なおさら累積適用すべきことにはならないか。したがって、法定担保物権と約定担保物権の区別、さらには担保物権とその他一般の物権の区別も不要であり、ただ債権と物権という基本的区別、つまり当事者の意思等に着目して準拠法を決定するのか目的物の所在地を連結点とするのかを通則法の条文に即して考えていけば十分と主張する[34]。他に、船舶所有者が被担保債権の当事者（債務者）である場合には、債権者・債務者間の法律関係に必ずしも船舶の現実所在地法が密接に関連するとは限らないとして、船舶の現実所在地法の累積適用を否定し、船舶所有者が被担保債権の当事者（債務者）でない場合には、船舶所有者は被担保債権に関与しておらず、その準拠法も関知していないのが通常であるから、被担保債権の準拠法を累積適用するのは妥当でないと主張する見解もある[35]。

　第二の対立点においては他に、船舶先取特権の順位の準拠法について、効力の問題とは切り離して準拠法への連結を考えるかどうかで見解が分かれている。すなわち、船舶先取特権の効力につき、⑨説や⑩説のように被担保債権の準拠法のみを適用する場合、または⑧説や⑩説のように被担保債権成立時の現実所在地法を適用する場合には、順位を効力に含めて準拠法の指定を行うとすると、準拠法を異にする複数の担保物権が存在するときに、それら相互の関係を決定することが困難になるため、順位については分割して連結を考える見解がある[36]。また、③説のように効力についても累積適用を行う

---

34) 石黒・前掲注10) 金融取引320-323頁。
　　なお、約定担保物権においては、一般的に累積適用は考えられていない。たとえば、船舶抵当権の準拠法については、西谷・前掲注3) 238頁を参照。
35) 森田・前掲注13) 13-14頁。
36) 西谷・前掲注3) 241頁、森田・前掲注13) 13頁。
　　なお、⑨説を採る場合、理論上、技術的問題から順位については分割が必要になるが、平塚・前掲注6) ジュリ年鑑214頁は順位について何ら述べず、山崎・前掲注6) ジュリ560号137-138頁は、順位につき分割を行わず、各国法との比較により処理する旨を述べる。これに対し、⑤説を採る中田・前掲注8) 121-122頁は、技術上の問題は生じないにもかかわらず、船舶先取特権を制限しようという国際的動向および登記によって公示された船舶抵当権の効力を重視し、船舶抵当権との優先順位のみ分割し、旗国法によることを主張する。

場合、送致された2つの法において順位の規律に違いがあれば、やはり同様に、順位の決定が困難になるという技術上の問題が生じるため、この場合においても順位は分けて連結を考える見解がある[37]。

また、第二の対立点においては、⑦説のように成立と効力の場面ではどの時点での現実所在地が考慮されるべきかが異なるとして分割を行う見解や[38]、⑩説のように最密接関連国法の適用という観点からは船舶所有者が被担保債権の債務者か否かで法性決定を異にするとして他の学説とは異なった類型による分割を考える見解もある[39]。

(4) 第三の対立点

①②③説のように、旗国を連結点とする論拠は、第一に、船舶は動産であるが、他の動産と異なり国籍すなわち船籍を有し、船籍の存在は、船舶国籍証書により、また船舶の掲揚する国旗により容易に認識しうること。すなわち旗国法によるならば、担保権の発生について予測確定できること[40]。第二に、現実所在地法を適用すると、船舶先取特権を生ずる場所を異にするごとに異なった準拠法の適用を受けることになり、法律関係の不安定を生ずることになるが、旗国法を準拠法とすることによって、船舶先取特権は単一の法により処理されることになり、統一的解決が可能となること[41]。そして、第三に、諸国の法制上、「船舶が掲揚している国旗はその船舶とその国旗の所属国との法的紐帯を示していると考えられる」ことである[42]。

これに対し、船舶の現実所在地を連結点とする見解、たとえば④説や⑤説、そして⑦説のように差押時の現実所在地法（すなわち法廷地法）の適用を主張する見解の論拠は、まず、先取特権は法定担保物権であって、目的物を売却してその弁済に充てることのできる権利であり、しかも公示されないた

---

37) 溜池・前掲注2) 338-339頁および343頁、平塚・前掲注6) ジュリ420号125-127頁、山崎・前掲注6) ジュリ466号105頁、同・前掲注6) ジュリ544号112頁。
38) 石黒・前掲注10) 金融取引343頁、同・前掲注10) 国際私法390頁。
39) 森田・前掲注13) 13頁。
40) 山戸嘉一「海商」国際法学会編『国際私法講座 第三巻』（有斐閣、1964年）749頁、原茂太一「船舶先取特権の準拠法としての旗国法について」青山法学論集20巻4号（1979年）22頁。
41) 原茂・前掲注40) 21-22頁を参照。
42) 道垣内・前掲注5) 674頁。

め、その物権関係を目的物の所在地法以外の法によらしめるとすれば、その物の所在地における物権関係の秩序とは異なるものを持ち込むことになること。また、物権関係を物の所在地法によらしめたのは、その物についての第三者の利害、すなわち社会一般の利害を考慮したためであるから、物に対する先取特権の成否およびその効力については、その物の所在地法以外の法によらしめることは適当と思われないことである[43]。他に、船舶抵当権のように旗国において登記され公示される物権については旗国法は重大な意味を持つが、船舶先取特権のような公示を要しない権利については旗国法はそれほどの意味を持たないのではないか、加えて、便宜置籍船の増加により旗国法と船舶との結びつきが希薄になっているのではないかといった旗国法主義への批判も論拠とされている[44]。また、船舶先取特権の場合にその成否が問題となるのは、特定債権との結びつきであり、かつ、その債権に基づき船舶が差し押さえられて、競売される場合においてであるから、この場合に考慮されるべきは、被担保債権の準拠法と現に船舶が物理的に所在して差し押さえられている地（法廷地）の法である。すなわち、船舶先取特権は、差押時の現実所在地法（法廷地法）によって許容される範囲でその存在を認められると構成することにより、法定担保物権の承認の問題が法廷地の公序の問題と深く関わりあうことと調和する結果を導くことになるとの説明もされる[45]。

　なお、④説や⑤説、そして⑦説のように法廷地を連結点とすることに対しては、法廷地漁りの弊害が指摘される[46]。この批判に対しては、法廷地漁りすなわち準拠法漁りを弊害というのならば、旗国法を採用した場合でも船舶所有者は自由に自己に有利な旗国に船籍を定めたり、変更したりできるのであるから、旗国法を採用する見解が準拠法漁りの弊害防止に優れているとはいえないという反論がなされている[47]。

　船舶の現実所在地を連結点としつつ、成立と効力とで異なる連結点を主張

---

43) 高桑・前掲注19) 89-90頁。
44) 中田・前掲注8) 121頁。
45) 谷川・前掲注7) 65頁。
46) 山戸・前掲注40) 748-749頁、田辺信彦「判批」渉外判例百選［増補版］(1976年) 227頁。
47) 阿部＝峰・前掲注7) 245頁。

する⑦説の論者は、船舶先取特権の成立ついては、通則法13条2項の適用があるとした上で、「原因となる事実が完成した当時における目的物の所在地」法である被担保債権成立時の船舶の現実所在地法が準拠法となり、被担保債権の成立に伴い発生した船舶先取特権の存続と効力については、船舶の新所在地である法廷地（差押時の現実所在地）の法が準拠法になると説明する[48]。ただし、この見解も、船舶の現実所在地法を原則としつつ、それによると妥当性を欠く場合、つまり、所在地法の存在しない公海上における出来事などについては、被担保債権の準拠法によることや旗国法によることの可能性を留保している[49]。

⑦説とは異なり、成立および効力ともに被担保債権成立時の現実所在地を連結点とする⑧説および⑩説は、船舶先取特権が、船舶の現実所在地においてなされた給付につき、既存の物権関係や登記（登録）とは無関係に成立するものであること、また、第三者保護は問題とされず、その存続期間も一般的に短いことを論拠とする[50]。

多くの学説が旗国または船舶の現実所在地を連結点とする中、⑨説は両者を連結点とすることを否定する。この説のある論者は、法定担保物権の成否につき目的物所在地法が考慮されるのは、法定担保物権も物権の1つとして強度の土着性をもち、目的物所在地の経済、取引、公信用等と極めて密接な関係にあるため目的物所在地法によらなければ目的を達しえないからであるが、短時間内に一つの法域から他の法域に移動する性質を有する船舶と、偶然によって定まる船舶の所在地との間には何ら密接な関係は存在しないので、目的物所在地法を考慮する合理的理由がない。すなわち、「法の理由のなくなるときは、法自体もなくなる（Cēssante ratiōne lēgis cēssat ipsa lēx）」のであるから、船舶先取特権につき目的物所在地法を考慮する必要はないと説明する。さらに、船舶先取特権と旗国法との間には旗国法の適用を正当とする程の密接な結びつきは認められず、船舶先取特権は公示・登録も要しないから、旗国法を採用しなくても不都合はないとして、旗国法を採用する見解

---

48) 石黒・前掲注10）金融取引343頁、同・前掲注10）国際私法390頁。
49) 石黒・前掲注10）金融取引345頁。
50) 西谷・前掲注3）240-241頁。

への批判もその根拠とする[51]。また、別の論者は、累積適用する説に対し、船舶先取特権は債権者保護のための制度であり、累積適用では船舶先取特権の認められる範囲が狭くなるため債権者の救済が認められる範囲が縮小して先取特権制度の趣旨に反する、また、船舶先取特権は、登記・登録を要しないから、旗国よりも債権発生地国により深い牽連性を有するとして批判する。それに加え、外国船舶の碇泊期間が通常きわめて短く、発航の準備を終わった船舶は差押えができないことから、裁判所には即断が迫られること、また、わが国裁判所には外国法に関する資料が少なく、申立人の疎明資料により判断するしかないが、旗国法たる外国法の立証が困難なため、債権者が船舶先取特権の実行を諦めることが多いという実務上の事情への考慮を根拠とする[52]。

最後に、⑩説は、他の学説と基本的視座が異なるため、説明を付け加える。⑩説は、まず、船舶先取特権の問題を当事者関係（成立ないし効力）および対第三者関係（順位）に分割し、前者については最密接関連国法の適用という観点から、法性決定を行う。つまり、船舶所有者が被担保債権の債務者である場合には債権の問題と性質決定し、船舶所有者が被担保債権の債務者でない場合には物権の問題と性質決定する。その上で、船舶所有者が債務者である場合には連結点は原則として当事者の意思となるが、船舶所有者が債務者でない場合は船舶先取特権の問題以外に直接の関係に立たない債権者と船舶所有者にとっての中立的な連結点は唯一の接点といえる目的船舶の所在地だと説明する[53]。

2 裁判例

船舶先取特権の準拠法について判断を示した裁判例はいくつか存在する。上記学説の分類と同様に分けると、①説に分類できるのが秋田地決昭和46年1月23日下民集22巻1・2号52頁、高松高決昭和60年4月30日判タ561号150頁、広島高決昭和62年3月9日判時1233号83頁、②説に分類できるのは山口

---

51) 山崎・前掲注6) ジュリ560号138頁。
52) 平塚・前掲注6) ジュリ年鑑214頁。
53) 森田・前掲注13) 13-14頁。

地柳井支判昭和42年6月26日下民集18巻5・6号711頁、広島地呉支判昭和45年4月27日下民集21巻3・4号607頁、①説もしくは③説と思われるのが東京地判昭和51年1月29日下民集27巻1－4号23頁、⑤説に分類できるのが東京地決平成3年8月19日判タ764号286頁、東京地決平成4年12月15日判タ811号229頁、そして、船舶先取特権の存否を旗国法により判断するのみで、どの説にも分類し難い神戸地決昭和34年9月2日下民集10巻9号1849頁がある。

　①説に分類できる3つの裁判例はいずれも、法定担保物権である船舶先取特権が被担保債権の効力であることを理由に、被担保債権の準拠法を累積適用する。しかし、これら3つの裁判例は同じ見解というわけではなく、秋田地決は条理に基づき、高松高決および広島高決は法例10条（通則法13条）に基づいている。ただし、高松高決および広島高決においては、法例10条の解釈として旗国法を導き出す論理の過程は述べられていない。次に、②説に分類できる2つの裁判例について、まず、山口地柳井支判は、船舶の特質から法例10条の適用はなく、法の欠缺を認めて条理によるとした上で、連結点につき、所在地法説、法廷地法説、旗国法説の3つを比較し、明確性の観点から旗国法説を採用するとしている。これに対し、広島地呉支判は、何らの理由も述べることなく、ただ法例10条に基づいて旗国法を適用する旨を述べている。昭和51年の東京地判は、成立と「存続」について旗国法と被担保債権の準拠法を適用する旨を述べ、「効力」については触れていないので、①説か③説かの断定は難しい[54]。また、法例10条によるのか条理によるのかも述べられていないので、その点における判断も不明である。そして、神戸地決は、ただ旗国法とするのみで、理由は何ら述べられていない。

　平成3年東京地決および平成4年東京地決は、船舶先取特権の成立・効力ともに法廷地法を準拠法としており、法廷地と差押時の現実所在地が同一であることから⑤説に分類可能としたものである。平成3年東京地決は法例10条によるのか条理によるのか不明であるが、平成4年東京地決は、明文の定めがないと述べているので、条理によるものと思われる。また、平成3年東

---

54)　同様の指摘をするものとして、田辺信彦「判批」ジュリ643号（1977年）169頁。

京地決は、その理由を「本件船舶先取特権の実行事件である本件は、日本の裁判所に提起されており、いわゆる法廷地法は、日本法である」と述べるにとどまるが、平成4年東京地決は、次のようなことを理由として述べている。第一に、船舶先取特権の準拠法については、法廷地法とする国が最も多く、世界の海運をリードする英米両国では法廷地法によるものとされていること。第二に、わが国の船舶先取特権に関する法規は国際条約を実施するために定められたものであり、準拠法が法廷地法であるとしても、それは世界の標準規定であることに変わりはなく、利害関係人、船舶所有者および船舶抵当権者の予測を超えないこと。第三に、旗国法によると、船籍が2か国にまたがる場合など、いずれの国の法律を適用するか困難な問題を引き起こすこと。第四に、旗国法の調査に時間がかかり、迅速な処理を要する船舶先取特権の実行に困難な事態を生じさせ、権利の実現を阻害することである。しかし、この平成4年東京地決の論拠の説明に対しては、以下のような批判がなされている。第一に、船舶先取特権の成立につき米国が法廷地法を採るという事実はないし、法廷地法が世界の大勢かも疑問がある。第二に、日本の船舶先取特権の諸規定は条約を国内法化したものではない。第三に、仮にそうだとしても、各国において規定の解釈に差異が生じる以上、準拠法判断は回避できない。第四に、準拠法となる外国法の慎重な調査のために時間を要するのはやむを得ないというものである[55]。

3 小括

まず、裁判例については、学説と同様に判断が分かれており、かつ、理由を明確に述べるものが少ないため、なぜそのような結論に至るのかその論拠および構造が大抵不明である。しかし、公刊される裁判例が限られているという事情もあるが[56]、裁判所の判断に学説ほどの多様さは見受けられない。

次に、学説を検討すると、まず、第一の対立点について、船舶先取特権の

---

[55] 森田博志「判批」ジュリ1051号（1994年）127-128頁。
[56] 公刊されている裁判例の他にも、松井孝之＝黒澤謙一郎「法の適用に関する通則法施行後の船舶先取特権の準拠法をめぐる最近の議論および裁判例について―近時の定期傭船者倒産事例の紹介」NBL 899号（2009年）34-37頁にいくつかの裁判例の紹介がある。

問題を必ずしも物権の問題とは性質決定しないという見解は、少数説であるが今後発展する可能性を含む見解である。法性決定を国際私法独自の立場から行うのであれば[57]、船舶先取特権の問題を必ずしも物権の問題と性質決定する必要はなく、ましてや、被担保債権の効力であるという船舶先取特権の性質を前面に出すならば、あくまでも被担保債権に関わる問題として、債権の問題と性質決定することも十分可能なはずである。前述のとおり、船舶先取特権を債権とする国も存在するとの指摘もある以上、物権の問題と性質決定する見解が船舶先取特権が物権であるというわが国の実質法上の概念にとらわれ過ぎているという主張も一理あり、これに対して有効な反論はなされていない。学説の大半が物権の問題と性質決定することを前提に立論し、議論が収束していない現況からすれば、法性決定に目を向けることが議論収束への糸口になる可能性は否定できない。

　また、同じく第一の対立点について、通則法13条を適用する理由は合理的といえるであろうか。法例制定時の立法者の意図は船舶に関する事項は特別法に譲るというものであったのであるから、通則法13条（法例10条）は、船舶に関する物権の問題について対応するようには立法されていないといえる。また、通則法13条がその趣旨とする所在地法主義は、物権が物に対する直接的排他的支配権であるために物の所在地法によるのが自然であり、物の所在地の公益の観点からも物の所在地法によるのが妥当であるという考えを根拠とするが、この考えは、走行性動産であり、ある法域から他の法域へ短期間で移動する船舶には妥当しない[58]。つまり、このような性質を持つ船舶において、物の所在地法によるのが自然とはいえないし、偶然に短時間所在した地の公益よりも当事者の利益など他に重視すべき要素があるからである。すなわち、船舶に関する物権の問題について、妥当でない所在地法主義を適用してまで通則法13条の適用を維持する合理性は見出せない。したがっ

---

57)　国際私法総論において、法性決定の基準についても争いがあるが、本稿では触れない。通説は、いずれかの国の実質法上の概念に従うべきではなく国際私法独自の立場から行うべきとする。詳しくは、溜池・前掲注2）129-143頁を参照。
58)　桜田嘉章『国際私法〔第6版〕』（有斐閣、2012年）199頁は、物権一般の問題として、動産については所在地法主義の根拠が不動産ほど的確にあてはまらないと指摘する。

て、通則法13条を適用する見解は、この点の合理的な説明が必要である。そして、条理の使用には謙抑的であるべきだが、国際私法上法の欠缺を埋めることに条理が機能しているならば、妥当しない所在地法主義を適用して準拠法を決定するよりも、法の欠缺を認めて条理に基づき、より密接に関連する法への連結を探求する方が合理的といえないだろうか。ただし、通則法13条を適用する場合は連結点の範囲は目的物所在地の解釈の範囲にとどまるが、条理による場合には連結点の議論がさらに拡散するおそれは否定できない。

　第二の対立点について、複数の法秩序、すなわち複数の準拠法を累積適用する考えにも疑問が生じる。なぜなら、第一に、船舶先取特権が被担保債権の効力であるからといって、被担保債権の準拠法を直ちに累積適用すべきことにはならない。第二に、債務者に予期せぬ義務を負わせるという理由は、たとえば、累積適用を行うことなしに旗国法のみを準拠法として採用するならば、債務者には義務の予測が可能である。第三に、累積適用しなければ債権者に必要以上の権利を与えるという説明も、債務者および債権者が準拠法をあらかじめ承知しているならば、すなわち準拠法の予測が可能であるならば、必要以上の権利を与えることにはならないからである。つまり、累積適用により法選択規則を複雑にするには、論拠が不十分である。

　また、2つの準拠法を累積適用するということについて、ある論者は、法定担保物権の問題を債権の効力の問題と物権の問題というように二重に法性決定するのではなく、法定担保物権の成立はあくまで物権の問題であって、物権の準拠法に被担保債権の準拠法が制限的に重ねて適用されると説明する。その論理は、法性決定とは国際私法を構成する個別的な法選択規則の事項的範囲の画定であり、1つの法律関係を2つの単位法律関係としての性質を持つものとして二重に法性決定し、これに基づいて定まる2つの準拠法を累積的に適用するという解決は認められない。ただ、法定担保物権は一定の債権を担保するために法律により特に認められる権利であるから、物権の準拠法が認めても、被担保債権の準拠法がそれを認めない場合においてまでこれを認める必要はないという考慮から、物権の準拠法に対して、被担保債権の準拠法が重ねて適用されるに過ぎないというものである[59]。これに対し、別の論者は、「通説は、法定担保物権の成立の問題が債権の効力と物権の二

つの問題に関係することから、むしろ条理解釈として、両準拠法が累積的に適用されると解している」と説明する[60]。このように、累積適用においてはその構造について見解が分かれており、たとえば二重の法性決定が認められないことを前提にすると、条理による場合は累積的連結という説明も可能であるが、通則法13条による場合はどのような法的根拠（法源）により累積適用が可能なのかが判然としない。

また、⑩説のような類型化を行う説についても、法選択規則の簡明さが失われるとともに、今後さらなる類型化がなされる可能性もあり、議論をさらに拡散させるおそれはある。

第三の対立点について、旗国法を準拠法とするならば、準拠法を予測しうるため、法的安定性を確保できる[61]。また便宜置籍船の問題はありつつも[62]、船舶が旗国に船籍を置く以上、船舶と旗国にはそれなりの関連性を肯定しうる。そして、関連国の公益、すなわち法廷地の公益は、公序則（通則法42条）を用いることにより配慮が可能である。これに対し、差押時の現実所在地法（法廷地法）を用いることは、実際にどの程度行われるかは別として理論上は法廷地漁りの問題があり[63]、しかも、被担保債権成立時に準拠法の予測が困難である。また、被担保債権成立時の船舶の現実所在地法または被担保債権の準拠法を用いるならば、準拠法の異なる複数の船舶先取特権が

---

59) 溜池・前掲注2) 338-339頁。
60) 山田・前掲注4) 299頁注（1）。
61) 海事債権の成立・効力の準拠法として旗国法を用いることへの批判であるが、木棚照一「判批」法時45巻7号（1973年）178頁は、「領海内にある外国船との取引の際に原則としてその船舶の旗国法が適用されるものとすれば、内国の相手方はつねに旗国法たる外国法の内容を考慮して取引をしなければならず、取引の円滑性、迅速性を害することも否定できない」とする。この指摘は、船舶先取特権の準拠法として旗国法を採用する場合、準拠法の予測が可能であるといえども、船舶先取特権の有無を意識する債権者について同様にあてはまるといえる。
62) 便宜置籍船の増加による旗国の適格性低下を主張するものとして、谷川久「旗国法の基礎の変化と海事国際私法（一）」成蹊22号（1984年）1頁以下参照。本稿では便宜置籍船の問題には立ち入らないが、海事国際私法との関わりを含め、便宜置籍船自体の問題を論ずる文献として、水上千之『船舶の国籍と便宜置籍』（有信堂高文社、1994年）、および逸見真『便宜置籍船論』（信山社、2006年）を参照。
63) 中田・前掲注8) 121頁は、日本の船舶執行は費用と時間がかかることから、日本が法廷地漁りの対象となることを疑問視する。

発生する可能性があり、その場合に解決が困難になる。したがって、旗国の連結点としての適格性低下に対する再検討も含めて、第三の対立点に関してはまだ議論の余地があるといいうる。

　以上のように、わが国における多様な見解は、いずれも他説に対して優位性を示せる状態にはない。

III　諸外国における解決方法

1　米国におけるマリタイム・リーエンの準拠法
(1)　先行研究

　米国におけるマリタイム・リーエンの準拠法の決定方法については、森田教授による先行研究が存在する[64]。森田教授の整理によれば、米国においては、マリタイム・リーエンを成立ないし効力（順位を除く）の問題と順位の問題に分け、前者についてはさらに、船舶所有者が被担保債権の原因となる契約の当事者となっているか否かに分けて処理を行っている。そして、成立ないし効力（順位を除く）の準拠法につき、船舶所有者が被担保債権の原因となる契約の当事者となっている場合には、当該契約で指定されている法が、指定がないときには当該契約に最も密接に関係する国の法がそれぞれ準拠法となり、船舶所有者が当該契約の当事者となっていない場合には、マリタイム・リーエン全体の諸事情を勘案して、最も密接に関係する国の法が準拠法となるとしている。また、順位の準拠法については、法廷地法によることが確定していると紹介している。

(2)　裁判例

　順位については、米国をはじめ多くのコモンロー国で法廷地法によることが確立しているため[65]、本稿では、マリタイム・リーエンの成立ないし効力（順位を除く）の準拠法決定について、森田教授がリーディングケースとして

---

[64]　森田・前掲注13）1頁以下。
[65]　米国のほか、英国、カナダ、南アフリカ等でも法廷地法で確定している。WILLIAM TETLEY, INTERNATIONAL CONFLICT OF LAWS: COMMON, CIVIL & MARITIME 551 (International Shipping Publications, 1994).

採り上げた Hoegh Shield 事件（1981年）[66]および重要裁判例として採り上げた Sembawang 事件（1992年）[67]、マリタイム・リーエンの準拠法の事案ではないがこれら以前に出された重要判例であり、Hoegh Shield 事件が引用する Lauritzen 事件（1953年）[68]、ならびに森田論文公表以降に出た Dresdner Bank 事件（2006年）[69]を時系列の順に採り上げて分析する。

(i) Lauritzen 事件

デンマーク人船主の所有する船舶（デンマーク船籍）がニューヨーク港に停泊中、同船上で雇傭契約（契約書にはデンマーク法が準拠法である旨の条項あり）を締結したデンマーク人船員が、キューバのハバナ港に停泊中の同船上で負傷した。そのため、当該船員は、船主に対し、ニューヨークにおいて米国法に基づき損害賠償を求めた。第1審、第2審ともに米国法を準拠法としたが、連邦最高裁は、準拠法決定につき、国家利益と、①不法行為地、②旗国法、③被害者の忠誠義務またはドミサイル、④被告船主の忠誠義務、⑤契約締結地、⑥外国裁判所の利用の困難さ、⑦法廷地法の7つの要素を考慮して、最密接関係地法はデンマーク法であるとし、デンマーク法を準拠法とした。

(ii) Hoegh Shield 事件

ノルウェー法人の所有する船舶（ノルウェー船籍）を定期傭船した傭船者が、イギリス・ロンドンで米国法人と燃料の供給契約を締結した。そして、米国内で燃料の供給を受けた後に傭船者が支払不能に陥ったため、当該船舶がテキサスに到着した際に米国法人により対物訴訟が提起された。控訴裁判所は、上記 Lauritzen 事件判決を引用した上で、第2リステイトメント188条および6条の掲げる考慮要素を挙げ、それらを比較して準拠法を決定する枠組みを示した。そして、本件では、船舶所有者が被担保債権の債務者ではないことから、マリタイム・リーエンが契約の効力である点よりも法の作用である点に着目し、第2リステイトメント6条を重視して、米国海事法の基本政策や当事者の正当な期待等の観点から、米国法を準拠法とした。

---

66) Gulf Trading & Transp. Co. v. Vessel Hoegh Shield, 658 F. 2d 363 (5th Cir. 1981).
67) Sembawang Shipyard, Ltd. v. Charger, Inc., 955 F. 2d 983 (5th Cir. 1992).
68) Lauritzen v. Larsen, 345 U.S. 571 (1953).
69) Dresdner Bank AG v. M/V Olympia Voyager, 446 F. 3d 1377 (11th Cir. 2006).

(iii) Sembawang 事件

リベリア法人の所有する船舶が、シンガポールにおいてシンガポール法人により修繕を受けた。しかし、その後修繕代金の債務不履行に陥ったため、修繕を行ったシンガポール法人が船主であるリベリア法人には対人訴訟を、当該船舶に対しては対物訴訟を提起した。控訴裁判所は、当事者間の契約の準拠法がシンガポール法であることから、マリタイム・リーエンの準拠法をシンガポール法とした。

(iv) Dresdner Bank 事件

ドイツの銀行がギリシャ船籍の客船に対して、フロリダにおいて優先船舶抵当権に基づき対物訴訟を提起したところ、当該船舶の運航会社（船舶所有者）との契約に基づき当該船舶の乗員に対して船舶に乗り込むための米国からの行き帰りの航空券を用意したギリシャの旅行代理店が、優先船舶抵当権よりもネセサリーズの供給者が有するマリタイム・リーエンに優先権を与える米国法上のマリタイム・リーエンを主張して当該訴訟に訴訟参加した。第1審は、Hoegh Shield 事件を引用した上で、第2リステイトメント188条2項の示す考慮要素のうち、義務履行地と契約の目的物の所在地を重視し、それらが米国であるとして米国法が準拠法となると判示した。これに対し、控訴裁判所は、まず、準拠法の決定方法として Hoegh Shield 事件に従う旨を述べた上で、第1審判決による、第2リステイトメント188条2項の示す考慮要素のうちの義務履行地と契約目的物の所在地がそれぞれ米国であるという認定は、航空券の販売がギリシャで行われ、契約の目的物である航空券が、フライトの始めには米国にあってもフライトの終わりにはギリシャにあることを理由に、誤りであると述べた。そして、準拠法はギリシャ法であると判示した。

(3) 分析

Lauritzen 事件判決は、上記のように7つの考慮要素を挙げて最密接関係地法を探求するアプローチを示したものであり[70]、不法行為地法主義、旗国

---

70) このほか Hoegh Shield 事件判決以前の重要な判例として、本判例の7要素に加え、8番目の要素として「船主の主な営業地」という要素を挙げた Hellenic Lines Ltd. v. Rhoditis, 398 U. S. 306 (1970) がある。

法主義、および法廷地法主義のような伝統的ルールからの転換点となった判例である[71]。本判決は、不法行為の準拠法についての事案であるが、その後の海事事件一般に影響を与えており、Hoegh Shield 事件も本判決を引用している。

Hoegh Shield 事件判決は、船舶所有者が債務者でない場合において、第2リステイトメント6条および188条の諸要素を考慮して最密接関係地法を探求するアプローチを採るものであり、後述の Dresdner Bank 事件判決のように本判決に従う控訴審判決も見受けられることから[72]、本判決の採るアプローチは米国ではある程度定着しているようである。

Sembawang 事件判決は、Hoegh Shield 事件とは異なり、船主が債務者である事案である。本件で、被担保債権の準拠法がマリタイム・リーエンの準拠法となっていることから、裁判所はマリタイム・リーエンが契約の効力であることを重視し、当事者自治の観点から被担保債権の準拠法をマリタイム・リーエンの準拠法にしたものと評価しうる。

Dresdner Bank 事件判決は、船舶所有者が被担保債権の債務者である事例であるが、まず被担保債権の準拠法指定の有無が検討され、指定がないと判明した後に第2リステイトメント6条および188条を用いた処理がなされている。したがって、Hoegh Shield 事件判決と Sembawang 事件判決の方法をともに採り入れた仕組みと評価できる。

以上より、米国では、船舶所有者が被担保債権の当事者である場合には、まず被担保債権の原因となる契約を検討し、そこに準拠法指定があるか否かが探索され、ない場合には第2リステイトメント6条および188条を用いた処理がなされている。第2リステイトメント188条は当事者自治を記した187条の次に位置し、当事者間に法選択がなかった場合の処理を記していることからしても、米国裁判所の処理は第2リステイトメントに沿う処理といえる。

---

71) 山内惟介『海事国際私法の研究』（中央大学出版部、1988年）60頁は、本判決について、「従来、連結点と考えられていたこれら『不法行為地』、『旗国』、および『法廷地』等の概念をいわば一段階下の法的観点へ引きおろした点において、その意義を認められよう」と評価している。
72) Dresdner Bank 事件判決以外で本判決に従う控訴審判決については、森田・前掲注13) 3－4頁および9頁を参照。

これは、マリタイム・リーエンが被担保債権の契約の効力であるということに加え、当事者自治の原則が尊重されているあらわれであろう。

したがって、船舶所有者が被担保債権の当事者である場合には、被担保債権の準拠法指定の有無を探すという処理が、第2リステイトメント6条および188条を用いて最密接関係地法を探求する前の段階にあるというだけであり、船舶所有者が被担保債権の当事者か否かで全く異なるアプローチが用いられているというわけではない。森田教授が整理しているように、船舶所有者が被担保債権の当事者か否かで処理の方法を分けていると評価することもできようが、そうだとしてもそれほど厳密に処理を分けているわけではないと思われる。

2　英国およびカナダにおけるマリタイム・リーエンの準拠法
(1) 英国における裁判例
英国におけるマリタイム・リーエンの準拠法決定方法については、リーディングケースであるHalcyon Isle号事件[73]を概観する。

Halcyon Isle号事件

英国船籍の船舶が、米国ニューヨークにおいて修繕を受けた。しかし、当該船舶が修繕代金を支払わないまま出航したため、英国法が適用されるシンガポールにおいてアレストされた。シンガポール控訴裁判所は、実体的権利の問題として、債権発生地法である米国法を適用したが、上訴を審理した枢密院司法委員会は、3対2の僅差でシンガポール控訴裁判所の判断を覆し、マリタイム・リーエンを手続上のものと性質決定して、その準拠法については法廷地法である英国法が適用されるとした。

---

[73] Bankers Trust International Ltd. v. Todd Shipyards Corporation (*The Halcyon Isle*) [1981] A.C. 221, [1980] 2 Lloyd's. Rep. 325, 1980 AMC 1221 (P.C.).
　本判決をリーディングケースとして紹介するのは、William Tetley, *Maritime Liens in the Conflict of Laws*, in J. A. R. Nafziger & Symeon C. Symeonides, eds., Law and Justice in a Multistate World: Essays in Honor of Arthur T. von Mehren, (Transnational Publishers Inc., 2002) 446. 英国における議論については、Dicey, Morris and Collins on the Conflict of Laws 7-018 (Lawrence Collins et al. eds., Sweet & Maxwell, 15th ed. 2012) も参照。

(2) カナダにおける裁判例

カナダについては、重要な裁判例とされる Ioannis Daskalelis 号事件[74]と Har Rai 号事件[75]を採り上げ[76]、マリタイム・リーエンの準拠法決定方法を概観する。

(i) Ioannis Daskalelis 号事件

パナマ法人が所有し、ギリシャ法による抵当権が登録されているギリシャ船籍の船舶が、米国ニューヨークにおいて修繕を受けたが、修繕代金を支払うことなく出航した。なお、米国法によれば、修繕業者にはマリタイム・リーエンが認められ、そのマリタイム・リーエンは既に設定されている外国法上の抵当権に優先する(ただし、登記された米国法上の抵当権には劣後する。)。その後、当該船舶は、米国シアトルからカナダのバンクーバーへ移動し、そこでアレストされた。カナダ最高裁判所は、米国法上のマリタイム・リーエンの成立を承認した。すなわち、マリタイム・リーエンは実体的権利の問題であると性質決定して、米国法を適用した。また、マリタイム・リーエンの順位については、法廷地法であるカナダ法を適用し、修繕業者の有するマリタイム・リーエンは本件ギリシャ法による抵当権に優先するとした。

(ii) Har Rai 号事件

定期傭船されたインド船籍の船舶に対し、米国ロサンゼルスで燃料が供給された。しかし、その燃料供給は、燃料の供給を注文する権限のない定期傭船者により注文されたものであった。この権限の欠如を燃料供給業者は知らず、米国法においては、善意が推定され、権限の有無を調査する義務もなかった。そのため、米国法上ではマリタイム・リーエンが存在した(なお、燃料供給の注文が船主またはその代理人によってなされていないため、そのようなマリタイム・リーエンは、カナダ法上では存在しない。)。その後、当該船舶は、カナダにおいてアレストされた。カナダ連邦控訴裁判所(カナダ最高裁判所も支持)は、カ

---

74) The Ioannis Daskalelis, (Todd Shipyard v. Altema) [1974] S.C.R. 1248, 1973 AMC 176, [1974] 1 Lloyd's Rep. 174. (Supr. Ct. of Canada).

75) Marlex Petroleum v. The Har Rai, [1984] 2 F.C. 345, 1984 AMC 1694 (Fed. Ct. of Appeal), upheld by the Supreme Court of Canada, [1987] 1 S.C.R. 57.

76) 両判決を重要判例として紹介するのは、TETLEY, *supra* note 65), at 566–68.

ナダにおいて燃料の供給がなされていれば、リーエンまたはアレストを求める権利は存在しないが、準拠法は米国法であるため、米国法上のリーエンは承認されると判示した。

(3) 分析

英国の Halcyon Isle 号事件判決は、英連邦の中で実体的権利の問題として処理をする裁判例が見受けられる中[77]、マリタイム・リーエンは手続上のものであるとしてシンガポール控訴裁判所の判断を覆し、英国における法廷地法による処理を確立したものである。

これに対し、カナダの Ioannis Daskalelis 号事件判決は、マリタイム・リーエンの成立について、国際私法上これを実体的権利の問題と捉え、債権発生地（本件では契約締結地）法を準拠法としたものである。なお、順位については、米国および英国と同様、法廷地法を準拠法としている。本判決は、英国の前記 Halcyon Isle 号事件判決の反対意見において引用されているが、結局その考えは英国法には採り入れられなかったといえる。しかし、カナダでは、その後の Har Rai 号事件判決でも Ioannis Daskalelis 号事件判決同様、マリタイム・リーエンを実体的権利の問題と捉えており、この判断が定着しているように思われる。

マリタイム・リーエンについては、英国では手続の問題と捉え、法廷地法主義を採用し、カナダでは、実体的権利の問題と捉え、債権発生地法主義を採用している。すなわち、マリタイム・リーエンの準拠法について、カナダは英連邦に属すものの、カナダ法は英国法とは異なる態度を示しており、実体的権利の問題として処理している点で英国法よりも米国法に近い処理を行っていることがわかる[78]。

3 日本法への示唆

米国では契約債権に基づくマリタイム・リーエンについては契約の問題

---

[77] 例えば、カナダにおける裁判例で紹介した Ioannis Daskalelis 号事件。
[78] Tetley, *supra* note 73), at 453は、カナダにおけるマリタイム・リーエンの法性決定には米国の考え方が影響を与えていると指摘する。また、マリタイム・リーエンを実体的権利と捉える点については、その一因として、ケベック州における大陸法の伝統の影響を挙げる。

と、英国ではマリタイム・リーエンについては手続の問題と性質決定している。この法性決定の違いが、わが国と英米法国との最も顕著な違いである。ただし、わが国と英米法国では、法性決定の仕方、および実質法における船舶先取特権に対する概念に違いがあるため、英米法国の法性決定と同様に、わが国においても直ちに契約の問題ないしは手続の問題と性質決定できるとは言い切れない。しかし、わが国においても、船舶先取特権は被担保債権の効力であると捉えられており、法廷地法を準拠法とする見解の根拠には手続上の便宜を考慮する観点が含まれている。加えて、移動を常とする船舶の性質上所在地法主義は妥当せず、従来より船舶の物権問題において主張されてきた旗国法主義も便宜置籍船の問題から船舶との牽連性に難点を抱え、法廷地法説も法廷地漁りの問題を抱えている。すなわち、物権の問題と性質決定して処理を行うには難点が多い。そうすると、米・英・カナダにおける解決方法からの示唆として、法性決定において国際私法独自説を通説とするわが国おいても、船舶先取特権がわが国の実質法上物権としての性質を有するという点にとらわれることなく、債権の問題ないしは手続の問題と性質決定することも検討してみてもよいのではなかろうか。

IV　むすびに代えて

　わが国の議論について、主な対立点に関しては分析を行ったが、たとえば、通則法13条を適用する場合に同条1項によるのか2項によるのか、何に基づいて累積適用が可能なのか、また、成立や効力の範囲とは何なのかなど今まであまり議論の対象とはされず、判然としないまま残されている事項は多い。さらに、たとえばわが国の実質法上、未収運賃も船舶先取特権の目的物となりうるが、未収運賃が目的物になりうることも考慮した見解を筆者は発見できていない。つまり、多様な見解が存在するものの、決して緻密な議論がなされているわけではない。

　では、今後どのような方向性で議論を進めて行くべきであろうか。今までの議論は主に、通則法13条の適用の可否という点、どのような連結点を採用するのかという点、ならびに累積適用の可否およびその範囲という点に集中

していたように思われる。それはいい換えると、船舶先取特権は国際私法上も物権の問題であり、物権の準拠法には所在地法主義が適用されるという固着した観念の中での議論であり、その観念の中で法的安定性と具体的妥当性を追求する苦悩とも表現できる。その結果として議論の収束をみないのであるならば、その糸口として、今まで議論の中心とはされてこなかった部分に焦点をあてるのも方策ではないかと思われる。たとえば、物権の問題と性質決定する一辺倒な法性決定や所在地法主義の適用を見直してみてはどうであろうか。むろん、今まで議論の中心となっていたものについても引き続き議論を重ね、蓄積していくことも、議論収束の土台として必要なことである。いずれにしても、船舶の特質を踏まえ、また、船舶先取特権が制度として存在する趣旨を国際私法上も勘案した上で、準拠法の決定方法を模索すべきである。

船舶金融と保険契約

中　出　　　哲

Ⅰ　保険担保の意義
Ⅱ　船舶保険契約と担保方式
Ⅲ　質権設定方式と譲渡方式の内容と効果
Ⅳ　考察

Ⅰ　保険担保の意義

1　船舶金融における保険の重要性

　船舶の建造には巨額の資金が必要であるため、ファイナンスのニーズがある。一方、船舶は、収益を生みだすとともに換金性があるので、ファイナンスの対象として魅力がある。そのため、船舶に対するファイナンス（以下、船舶金融という。）は、重要なビジネス領域になっている。

　船舶金融の方式には種々の形態があり、国際的なスキームをとる場合も少なくない[1]。いずれの船舶金融の形態をとる場合でも中核に存在するのは船舶で、船舶のアセットとしての価値と収益を稼ぐ手段としての価値が船舶金融の中心に存在する。しかしながら、船舶は、海難を含め多くの危険にさらされていて、滅失・損傷を被るリスクも大きい。そのため、船舶金融においては、船舶の損害に対するリスク・ヘッジがきわめて重要で、その方策として保険制度はなくてはならない存在となっている。

---

[1]　船会社の信用力をもとにしたコーポレート・ファイナンス、対象船舶の換価価値をもとにしたアセット・ファイナンス、対象船舶の運航利益をもとにするプロジェクト・ファイナンスおよびそれらの組合せがある。信託を利用する方式もある。海外にSPCを設立する国際的なスキームも珍しくない。島田真琴＝瀬野克久「船舶金融に用いるセキュリティ・トラストの理論と実務」慶應法学14号19頁（2009年）参照。

2 船舶に関する各種保険制度

それでは、船舶に関する保険にはどのような種類があるか、最初に概観しておく。一般商船を対象とすると、以下のとおりとなる[2]。

まず、船舶の建造中のリスクに対するものとしては、船舶建造保険がある。この保険は、建造中の船舶とその資材の物的損害および造船所が建造に伴って負う賠償責任[3]をてん補の対象とする。

船舶の完工後の保険は、船舶保険が中心となる。船舶保険は、一定の期間（通常、1年間）を対象とする期間建て保険（普通期間保険）と特定の航海のみを対象とする航海保険に大別され、ほとんどは期間建てである。船舶が長期間係船される場合は、危険が減少するので、その期間中の保険として、保険料が低廉な係船保険が利用されることがある。

これらの船舶保険は、船体の物的損害のてん補のほか、救助や共同海損の場合の分担額、船舶間の衝突による相手船財産の損害に対する賠償責任（ただし、船体の保険金額を限度とする。）を保険給付の対象とする。したがって、事故によって船舶が稼働不能となった場合の収益上の損失はてん補の対象とならない。その不稼働損失をてん補するための保険としては、船舶不稼働損失保険がある。この保険は、一定の海難事故によって船舶が稼働不能状態となった場合に、船舶所有者や裸用船者が被る経済的損失をてん補するものである。

なお、船舶が海難事故を受けてその損害を修繕する場合も、船舶保険の保険期間中であれば、その期間内に生じた新たな事故も元の保険カバーの対象となる。大幅な改造工事を行う場合は、価額も増加するので、別途、船舶修繕保険を付ける必要がある。修繕に関する保険には、その他、船舶修繕者工

---

[2] 船舶保険の解説については、木村栄一＝大谷孝一＝落合誠一編『海上保険の理論と実務』（弘文堂、2011年）、藤沢順＝小林卓視＝横山健一『海上リスクマネジメント（改訂版）』（成山堂、2010年）、東京海上火災保険株式会社海損部編『船舶保険普通保険約款の解説』（損害保険事業総合研究所、1998年）、谷川久監修＝東京海上火災保険株式会社編『イギリス船舶保険約款の解説』（損害保険事業総合研究所、1994年）、松島恵『船舶保険約款研究』（成文堂、1994年）、林田桂『船舶保険の理論と実際』（海文堂、1981年）、林田桂『船舶保険の理論と実務』（海文堂、1963年）参照。

[3] 対象とする事故の範囲については、約款によって異なる。

事保険、船舶修繕者賠償責任保険、船舶修繕費保険がある。

以上の各種保険においては、戦争危険やストライキ危険は免責となっている。その理由は、これらのリスクは、船舶の航行領域や時期によって大きく変動し、通常のカバーに織り込むことが合理的でないためである。これらのリスクに対するカバーとしては戦争保険などがあるが、基本的な保険カバーに上乗せの特約として付ける必要がある。

船舶の所有・管理によって生じる賠償責任については、船舶保険では船舶間の衝突賠償責任の一部がてん補の対象となる（ただし、船舶保険金額を限度とする[4]。）。それを超える衝突賠償責任やその他の各種賠償責任をカバーするのが、船主責任保険（P&I保険）である。船主責任保険は、船主責任相互保険組合（P&Iクラブ）と損害保険会社によって引き受けられている[5]。

以上は、商船についてであり、漁船については、漁船保険組合による漁船保険が存在する。漁船保険は、大きくは、漁船保険、漁船船主責任保険、漁船積荷保険、その他に分けられる[6]。

これまで述べた各種保険は、船舶を所有・運航している者が有する利益関係（被保険利益）に対する保険である。それとは別に、債権者が有する利益を保険保護の対象とする船舶債権保全保険がある[7]。この保険は、船舶の抵当権者である債権者の担保利益を被保険利益として保険カバーの対象とするもので、債権者が保険契約者兼被保険者となって契約を締結し、保険金を受領する方式のものである。船主が船舶保険を締結し、債権者がそれに担保権を

---

4) イギリスの約款では、船舶間の衝突賠償責任のてん補は4分の3のみを対象として保険金額の4分の3を限度とするが、わが国では、和文約款、英文約款のいずれにおいても、4分の4をてん補対象としている。ただし、保険金額が限度となる。
5) 商船のほとんどはP&Iクラブが引き受けている。損害保険会社は、浚渫船、バージ、その他の特殊船などを引き受けている。
6) 漁船保険は、漁船損害等補償法を根拠法として、対象を日本籍船の総トン数1,000トン未満の漁船の所有者または使用者に限っている。各漁船保険組合で引き受けたうえで、漁船保険中央会が再保険、更に政府が再々保険を引き受けている。
7) 陸上の不動産に対するものとしては、債権保全火災保険がある。ロンドン市場における船舶の例として、協会期間約款に特約（Institute Mortgagees' Interests Clausesと称される。その文言例として、ロンドンのWitherby社発行の標準約款集CL. 337、1997年3月1日付がある。）を付す方式がある。

設定する方式の場合は、船主の告知義務違反などによって船舶保険金が支払われない場合が生じうるが、この方式は、債権者が自らのリスクに対して保険を付けるものであるので、こうした事態を回避できる。船舶債権保全保険についても、カバーする範囲が異なる種々の種類があり、ロンドンでは各種の約款が制定されている。この保険がわが国で利用されることはまれである。

3　本稿の射程範囲と視座

これらの各種保険のうち、責任保険については、保険法22条3項により、譲り渡し、質権の目的とし、または差し押さえることが禁じられている。この規定は絶対的強行規定である。保険法において責任保険契約とは、損害保険契約のうち被保険者が損害賠償の責任を負うことによって生ずることのある損害をてん補するものをいう (17条2項)。保険法は、実質的に保険契約といえるものであれば、保険契約、共済契約、その他いかなる名称であるかを問わずに適用され (2条1項1号)、22条3項の規定は、組合方式によるP&I保険や漁船保険に対しても適用されるものと解される。保険法22条は、船舶保険における衝突賠償責任担保の部分に対しても適用される。保険金請求権を目的物とする担保 (以下、本稿で、保険担保という。) は、責任保険に対しては認められないので、物・財産、費用、収益に対する保険が対象となる。

本稿では、各種保険のうち、最も一般的かつ中核となる船舶保険を想定して、保険担保について説明する。また、被保険者と保険契約者が同一である場合を想定する。最初に、船舶保険約款の種類について概観したうえで、保険担保の方式として利用されている質権設定方式と譲渡 (assignment) 方式を取り上げて、その担保設定の内容や効果を確認し、そのうえで、保険契約の視点から、留意すべき事項等を考察する。なお、保険担保は、船舶に対する担保権の設定の方式とも密接に関係するが、船舶の抵当権や譲渡抵当 (mortgage) にも関係する論点は他の解説に譲り、本稿では、保険担保に的を絞り、主として保険制度の視点から検討する[8]。また、本稿では、保険担

8）　船舶金融全般については、瀬野克久『船舶融資取引の実務』（日本海運集会所、2012年）、木

保に関する種々の法的論点を網羅的に取り上げるものでもないこともおことわりしておく[9]。

II 船舶保険契約と担保方式

1 船舶保険証券の種類

　船舶に関する保険には、Ⅰ－2で述べたとおり各種あるが、対象を船舶保険に限定しても、いくつかの種類があり、具体的内容や約款文言は引受会社によっても違いがある[10]。

　わが国の保険会社が日本籍船について船舶保険を引き受ける場合は、和文の保険証券と和文約款（船舶普通保険約款に各種特別約款を加えたもの）が利用されている。和文の保険証券におけるてん補の範囲は各種あるが、主として、第2種、第5種、第6種条件が利用されている[11]。

　一方、わが国の保険会社が外国籍船を引き受ける場合は、イギリスの標準約款に基づく英文保険証券を利用する場合が多い[12]。イギリスの船舶保険標

　　原知己『シップファイナンス』〔改訂版〕（海事プレス社、2010年）、森田果「造船とファイナンス」落合誠一＝江頭憲治郎編『海法体系』138頁以下（商事法務、2003年）参照。船舶保険の担保権の問題については、加えて、染谷孝洋「船舶金融と担保手続」損害保険研究55巻4号65頁以降（1994年）参照。本稿における現在の実務処理に関する記述は、東京海上日動火災保険株式会社の海上業務部とコマーシャル損害部からの情報をもとにしている。ただし、本稿の内容・表現上の責任は筆者にある。

9）　保険担保の重要な法的論点について、石田満編『保険と担保』（文眞堂、1996年）、田川士郎『改訂債権担保と損害保険』（損害保険事業総合研究所、1996年）、南出弘『例解　損害保険担保』（経済法令研究会、1970年）が参考になる。ただし、これらはいずれも陸上保険を題材とするものである。

10）　かつては、独占禁止法の適用除外の下、わが国の損害保険会社の船舶保険証券と船舶保険約款は業界統一書式をもとにしていたが、現在は、各社で異なる。しかし、構造的な相違があるわけではない。

11）　第2種条件は、全損および損害防止費用のみを担保し、修繕費を対象外とするもので、特約により衝突損害賠償金が担保される。第5種は、加えて重大海難等による修繕費、共同海損、衝突損害賠償金をてん補対象とする。第6種は、更に修繕費のてん補対象を拡大したものである。

12）　世界的に著名な約款として、北欧4カ国のNordic Planや米国の船舶保険約款もあるが、わが国では利用されていない。船舶建造保険では、米国協会建造保険約款（American Institute

準約款としては、1983年の協会期間約款（Institute Time Clauses －Hulls 1/10/83、以下、ITC と略す。）、それを改定した1995年約款（Institute Time Clauses － Hulls 01/11/95）、抜本的な改定を図った2003年約款（International Hull Clauses 01/11/03）が存在するが、わが国で利用されているほとんどは1983年の ITC となっている[13]。ITC は、相違点はあるものの、和文約款の第6種条件に相当するてん補範囲を有する約款である。加えて、わが国では、ITC の書式文言を利用しつつ、保険のてん補範囲を和文約款における範囲にあわせて修正を行った英文約款（ITC-Amended と称される。）も利用されている。ITC-Amended は、第2種、第5種、第6種相当のものがそれぞれ用意されている。

冒頭で述べたとおり、これらの基本約款では、戦争危険、ストライキ危険は除外されているので、それらに対するカバーが必要な場合には、特約を付ける必要がある。

なお、保険業法により、外国保険会社等（2条7項）は、日本国籍の船舶について保険を引き受ける場合には、日本国内において保険契約を締結しなければならない（185条6項）。また、日本に支店等を設けてない外国保険業者（2条6項）は、日本国籍の船舶の保険契約を締結することは認められていない（186条1項）が、国際海上運送に使用される船舶については引き受けることができる（施行令19条）。外国保険会社等や外国保険業者が船舶保険を引き受ける場合の約款の種類については、個別性が強く、本稿では扱わない。

2　船舶保険契約の準拠法

船舶保険契約の準拠法は、保険金請求権に対する担保方式に影響を与えることから重要である。原則として、わが国で締結される船舶保険契約の準拠法は保険契約上の合意があればそれによる[14]。日本の損害保険会社の和文の普通保険約款には、日本の裁判所を管轄裁判所とし、日本法に準拠する旨の規定が設けられている[15]。一方、ITC または ITC－Amended による英文約

　　Builders' Risks Clauses）が使用される場合がある。
13）　木村ほか前掲（注2）355頁〔山口裕幸〕。
14）　法の適用に関する通則法7条。

款を用いて引受けを行う場合、わが国の保険会社は、ITCの冒頭に掲げられている文言 "This insurance is subject to English law and practice"（本保険は、イングランドの法と慣習に従うものとする。）という文言を削除し、準拠法については、保険請求に対する責任と決済についてのみイギリス[16]の法と慣習によること、契約の存在や有効性を含めてその他の事項は日本法によること、管轄裁判所は日本の裁判所とすることの約款を加えている[17]。この約款の解釈と問題点については後述する。

わが国において、ロイズ（Lloyd's）[18]や外国保険会社等が船舶保険を引き受ける場合には、上記のような準拠法約款を加えずに、ITCのままで引き受ける場合がありえる[19]。

3　保険担保の必要性と保険担保の方式

船舶保険は、船舶損害をてん補する保険で、その保険金の請求権者は被保険者となる。船舶保険は、船舶（保険の目的物）の所有者利益を被保険利益とする保険であるので、原則として、船舶の所有者（裸用船の場合は、所有者と裸用船者の連名とする方法がある[20]。）が被保険者兼保険契約者として締結する保

---

[15] 例えば、東京海上日動火災保険株式会社の場合であれば、船舶保険普通保険約款（平成22年4月1日改正）34条で、「この保険契約に関する訴訟は、当会社の本店所在地を管轄する裁判所に提起するものとする。」と規定し、35条は、「この約款およびこの保険証券記載の特別約款に規定のない事項については、日本国の法令に準拠する。」と規定している。

[16] 正確には、イングランドを指すが、本稿では、便宜的に、イギリスという表現をとっている。

[17] 以下は、東京海上日動火災保険株式会社の2005年4月1日付約款の例である。具体的文言は、会社によって異なるが、内容はほぼ同じである。
　〈LAW AND JURISDICTION CLAUSES〉
　Art. 1　English law and practice shall apply as to liability for and settlement of any and all insurance claims. In all other respects, including issues as to the existence and validity of this insurance, this insurance is subject to Japanese law and practice.
　Art. 2　This insurance shall be subject to the exclusive jurisdiction of the Tokyo District Court of Japan, except as may be expressly provided herein to the contrary.

[18] わが国において、ロイズは、保険業法上の特定法人として保険営業が認められ（保険業法219条）、その業務は、ロイズ・ジャパン株式会社を総代理店として実施されている。

[19] なお、他の国でイギリス約款を利用して引き受ける場合に、準拠法を分割指定する引受けはむしろまれであり、韓国、中国でもかかる条項は加えられていないようである（6th East Asia Maritime Law Forum、2013年10月開催、於：高麗大学の資料による。）。

険である。ファイナンサーは、船舶保険契約上の被保険者ではないので保険金を請求する権利は有さない。そのため、ファイナンサーは、将来発生するかわからない未必の保険金請求権に対して担保を設定しておく必要がある。

保険担保の方式は、ファイナンサーとファイナンシー間の契約によって指定されるが、わが国の実務では、和文の船舶保険証券の場合は保険金請求権に質権を設定する方式、英文の船舶保険証券の場合は船舶保険契約上の被保険者から債権者に対して保険金請求権を包括的に譲渡する方式が利用されている[21]。そのほか、保険金の代理受領方式もあるが、あまり利用されていない[22]。

質権設定方式は、火災保険などの陸上財産の保険においても広範囲に利用されている。陸上不動産の場合、担保物に対しては抵当権を設定し、その損害保険の請求権には質権を設定する方式が一般的となっている。関係当事者がわが国に所在する場合、船舶保険契約は、和文の保険証券と約款が利用され、ほぼ例外なく質権設定方式が利用されている。

一方、外国籍船の場合は、保険証券は、ITC または ITC Amended が利用され、その場合には、譲渡（assignment）の方式が利用されている。これは、イギリスでなされている方式に沿ったもので、具体的な実務や関係書式の文言もイギリスの実務に沿ったものとなっている。英文保険証券・約款の場合において、わが国と同じような質権を設定できるかどうかがそもそも明らかでないので、質権設定方式は、英文約款の準拠法の解釈問題と絡んで不

---

20) 所有者は、船舶についての財産的利益を有し裸用船者は船舶の運航に伴う責任などを負うので、いずれも船舶保険における被保険利益を有している。裸用船に出されている場合には、保険証券の被保険者欄に両者の名前を書く方式と、船主のみとして、両者間で保険金の分配を決めておく方式などがある。
21) 木村ほか前掲（注2）333頁［山口裕幸］
22) 染谷・前掲（注8）89頁以降。保険金の代理受領方式は、債務者である被保険者が保険者に対して有する保険金請求権について債権者が債務者より取立ての委任を受けて、かつこれに対して保険者の承諾をあらかじめ得ることにより、債権者が保険金を直接受領して事故の債権の弁済に充てるものである。この方式は、実務ではほとんど利用されていない。この方式では、ファイナンサーは自己の名義で請求する権利はなく、第三者に対する対抗要件も有しないので、優先弁済権が認められず、対抗要件を有する質権者や保険金請求権の譲渡人に劣後する。その点で、ファイナンサーにとっては好ましい方式とはいえない。

確実性があることは否めない[23]。実務では、英文約款の場合、質権設定書式を英訳して利用するような方式はとらず、イギリスで利用されている譲渡方式を利用している。この実務処理の理由としては、マリンビジネスにおいてはイギリス法に沿った運用がほぼ国際標準となっていること、また、譲渡方式は日本法に照らしても法的効力を否定されるものとは考えられないと理解されているためと推定される。

4 船舶の譲渡担保の場合

以上の船舶担保の説明は、船主が船舶に対する所有権と占有権を有し、ファイナンサーは船舶に抵当権や譲渡抵当 (mortgage)[24] を設定し、保険についても担保権を設定する場合を想定したものである。こうした船舶金融の方式はとらずに、所有権はファイナンサーに残したままで、船主が船舶を運行する譲渡担保方式も存在する。これは、リース形式によるファイナンスといえるものである。譲渡担保の場合、船主は船舶を占有するが、所有権はファイナンサーに残り、弁済が滞った場合にはファイナンサーが占有を取得する。譲渡担保の場合、ファイナンサーは、自らが船舶の所有権者となるため、船舶が滅失・損傷すれば、直接、その損害を被ることになるので、自己の所有者利益に対して保険を手配しておく必要がある。占有者も、同時に、船舶の利用と責任に対する利害関係を有し、被保険利益を有している。そのため、両者を被保険者として保険契約を締結する必要がある。その場合は、保険金請求権の帰属について、占有者と所有者の間で争いが生じないように、保険金請求権の扱いについての合意が必要となる[25]。

---

23) 保険契約における準拠法約款の問題については、本稿のⅣで取り上げる。
24) mortgage は英米法の概念で、イギリスでは、コモン・ロー上のもの、エクイティー上のものなどに分かれる。
25) 譲渡担保における被保険利益をどのようにとらえるかは争いがあり、判例も分かれている。譲渡担保の本質をどのようにとらえるかによって、すなわち所有権的構成とするか担保権的構成とするかによって、違いが生じる。譲渡担保の被保険利益の問題については、上柳克郎「譲渡担保と保険」同『商事法論集』153頁（有斐閣、1999年）、権鍾浩・法協112巻 7 号1016頁（1995年）、山下友信『保険法』255頁（有斐閣、2005年）、洲崎博史・民商法雑誌110巻 6 号1090頁以下（1994年）参照。紛争を回避するためには、利害当事者間において、保険金請求権の所在を明確化し、それを保険契約上で明確化する（例えば、Loss Payable Clause を加える。）こ

船舶の譲渡担保の場合は、ファイナンサーも保険契約者・被保険者として、保険契約の当事者・関係者になることになるので、保険金請求権に対して担保権を設定する必要はない。以下では、保険金請求権に担保権を設定する場合を対象として議論を進める。

III 質権設定方式と譲渡方式の内容と効果

1 船舶抵当権の物上代位

船舶金融では、通常、船舶に対する抵当権も設定されるので[26]、担保としてそれで十分かどうかがまず問題となる。その場合の法的論点は、抵当権に基づく物上代位が保険金請求権にまで及ぶかどうかである[27]。

判例・通説によれば、抵当権に基づく物上代位は保険金請求権にまで及ぶとされるが[28]、対象となる保険金の範囲については議論がある[29]。物上代位の趣旨を目的物を交換価値を把握する権利に限定すれば、物上代位の範囲は、船体の価値減損をてん補する保険金のみに限定されることになるが、抵当権は目的物の収益権まで及ぶと考えれば、物上代位は、収益上の損害をてん補する保険金にまで及ぶといえる。近年の判例は、賃料債権も物上代位の対象とするようになってきている[30]。

実務上問題となるのは、手続き面である。物上代位権を行使するためには、対象物件の第三者への譲渡しや質権の取得が生じる前に、対象物件を差し押さえる必要がある（民法304条）。すなわち、抵当権者は、保険金が被保険者に支払われる前にそれを差し押さえなければならない。しかし、船舶保険においては、事故発生の情報を直ちには得られない抵当権者がこれを行うことは困難である。そこで、抵当権者としては、事故が発生していない時点

とが有益である。
26) これは、日本籍船の場合で、外国籍船の場合は、mortgage などが利用されているようである。ここでは、日本法における抵当権の物上代位の問題のみ議論する。
27) 山下・前掲（注25）599頁以下参照。
28) 大判大正12年4月7日民集2巻209頁、道垣内弘人『担保物権法』120頁（三省堂、1990年）。
29) 学説の整理について、森田・前掲（注8）145頁、染谷・前掲（注8）68―76頁参照。
30) 最判平10年1月30日民集52巻1号1頁。

において、未必の保険金請求権に対して担保設定することが必要となる。

2　質権設定方式
(1) 実務の流れ

質権設定は、和文の保険証券・保険契約において利用されている方式である。

船舶建造資金に対する融資においては、ファイナンサーとファイナンシー（船主）間で、船舶に対する抵当権設定において、船舶に保険を付け、債務が全部弁済されるまでは保険契約を継続すること、債権者のためにその保険金請求権に対する質権を設定すること、債権者が保険金を受領した場合にはその全額を債務の弁済に充当できることなどが取り決められる[31]。

債務者は、この合意に従い、船舶保険を締結し、債務者と債権者が連名で「質権設定承諾請求書」（保険会社が用意している用紙のブランク欄に必要事項を記入したもの。）を保険会社に提出し、保険会社がこれを承諾して質権者に渡し、質権者は公証人役場において確定日付をとるという方法が取られる[32]。保険者は第三債務者にあたるので、その承諾によって債権質の対抗要件が満たされる。

船舶保険証券は、正本が1通発行されるが、通常、債権者が保険証券を保管する。船舶保険では、分損の場合には、保険証券正本の提示を求めずに保険金の支払いがなされるが、全損の場合には証券正本を保険者に渡す実務がとられている。

(2) 質権設定承諾請求書の内容

質権設定承諾請求書では[33]、「被保険者は債権者に対する下記債務およびそれに付帯する債務の担保として、下記保険契約に基づく一切の保険金請求

---

31) 抵当権設定契約証書が作成される場合には、その中に「保険条項」として以上の点が明確にされる。この証書の発行は省略するのが実務慣行とされる（染谷・前掲（注8）77頁）。
32) 保険金請求権上の質権は債権質であり、第三債務者である保険会社に対抗するためには被保険者（債務者）からの通知か保険会社の承諾が必要である。実務では、当事者間の立証その他の問題が生じにくい承諾方式が採用されている。
33) 以下の内容は、東京海上日動火災保険株式会社のひな型をもとにしている。

権（ただし、損害賠償責任保険金の請求権は除く[34]。）に債権者を質権者とする質権を設定いたしましたからご承諾ください。」といった趣旨の文言で、①被保険者兼質権設定者、質権者のそれぞれの名前と印、複数いればそれらの全て、②債権額（元本額または極度額）、③質権の順位、④被担保債権の表示、⑤債務者、⑥海上保険証券番号、⑦保険期間、⑧保険金額、⑨保険の目的物（船舶の名称）等の明細が記入され、それに対して、保険会社がこの書式に承諾の捺印、日付、承諾書番号等を記入して承諾する方式が取られている。

　また、この請求書では、保険事故が発生した際には、保険会社が支払う損害てん補額を限度として、債務弁済期限の利益を失うことを当事者間で契約したので損害てん補額決定の上は債務額を限度として直接質権者に保険金を支払うように依頼する趣旨の文言や、被保険者は、質権者の同意を得ないで保険契約を解除しもしくは解除の請求を行わないことを約定する文言も加えられている。また、保険会社は、保険料が支払われていない場合にてん補責任を免れることや、その場合に契約を解除する場合があることなども、この書類に記載されている。

　以上は、債権者が単独の場合であるが、債権者が複数存在する場合には、債権者とそれぞれの債権額、質権の順位などが記載されるとともに、質権の手続きや保険金の請求や受領を行う者が取り決められる。

　質権設定は、抵当権の補完としてなされるものであり、少額の保険金請求についてまで都度質権者の承諾手続きを必要とすることは事務上も煩雑である。そこで、質権設定承諾請求書では、分損保険金については、一定額を定めて、それ以下の支払いは、当該船舶の修理、回復等の担保価値の復元に充てられる限りは直接被保険者に支払う旨を質権者と被保険者とで合意し、そのことを質権設定承諾請求書に記載する方式がとられている。

(3) 質権の準拠法

　質権の準拠法については、かつては法例のもと学説が分かれていたが、現在は、通則法23条「債権の譲渡の債務者その他の第三者に対する効力は、譲渡に係る債権について適用すべき法による。」により、質権は債権質である

---

[34] 責任保険金を除外しているのは、保険法22条で質入れが禁止されているためである。

ので、その準拠法は、質物である債権の準拠法によることが明確化されている。したがって、保険金請求権に対する質権の準拠法は、保険契約の準拠法となる。和文の保険約款に基づく船舶保険については日本法準拠であることが約款で明確化されているので、質権も日本法に準拠して設定し、効力が認められると解される。なお、質権設定承諾請求書には、準拠法に関する規定は設けられていない。

(4) 質権設定方式の効力

質権設定方式は、民法362条の債権質にあたるが、具体的な保険金請求権が発生する前の保険金請求権は、停止条件付の債権（未必的請求権）であるにすぎないが、このような保険金請求権に対する質権も有効とすることに異論はない[35]。

なお、保険金請求権に対する質権設定は、債権質に当たるので、民法の債権質の規定（362条から367条）に従って設定される必要がある。ただし、保険証券を債権者に交付することは、2003年民法改正によって不要となっている（民法363条参照）。

対抗要件については、第三債務者である保険者に対する対抗要件および第三者に対する対抗要件は、指名債権譲渡に関する対抗要件と同様であるので（民法364条1項）、保険者に対しては、通知または保険者の承諾、第三者に対しては、確定日付ある通知または承諾が対抗要件となる。実務では、保険者が承諾する方式がとられているので、その承諾によって対抗要件が満たされると解される（民法364条により467条の準用）。保険者が異議を留めないで承諾した場合、保険者は被保険者に対しては抗弁できても、それを善意無過失の質権者に対抗することは認められない（民法468条の準用）。保険契約においては、保険者の免責に関する各種規定があり、また、告知義務違反の場合の契約解除などの規定がある。保険金請求権に対する質権は、これらの保険契約を前提としてそのうえで発生する保険金請求権に対して質権を設定するものであるから、これらの効果は、質権者に対しても同様に効力を有するものと解される[36]。保険料未払いの場合の免責の扱いについては、議論があるが、

---

35) 山下・前掲（注25）601頁。

実務では、質権設定承諾書請求書の書式に、保険料未収の場合の保険者免責についての規定を設けて、この点について争いがないようにしていることは先に見たとおりである。いずれにせよ、保険者は承諾に際して保険契約上の抗弁事由について異議を留保しておけばよいといえる[37]。

　質権の実行方法としては、質権者による直接取立権（民法367条1項）の行使と民事執行法に定める執行方法（民事執行法193条1項、2項）がある。保険金支払い時において、被担保債権の弁済期が未到来であれば、質権者は、保険者に対して保険金の供託を請求するだけで直取り立てることができない（民法367条3項）。そこで、質権承諾請求書では、債務弁済期限の利益を放棄する旨の文言を挿入して、保険事故が発生して損害てん補額が決定されれば、直接質権者に支払えるようにしている。

(5) 質権設定方式の評価

　船舶に抵当権を設定した場合、その物上代位によって船舶保険金を取得する方法はあるが、保険金請求権が発生後かつ保険金支払い前に差押える必要があるため実務上は利用しにくい。質権設定方式は、ファイナンサーにとって利用しやすい制度であり、実際に、和文の保険証券の場合には、この方式が利用されていて、実務処理もほぼ確立しているといえる。

　質権設定方式の下では、船主、ファイナンサー、保険会社の三者は、保険金請求権と支払い先を明確に合意しているので、その合意に基づく処理がなされる限りは、争いは生じにくいと考えられる。

3　保険金請求権の譲渡
(1) 実務の流れ

　英文保険証券による船舶保険の場合は、通常、保険金請求権を譲渡する方式がとられている。まず、被保険者である船主から保険者に対して、保険証券において支払われるすべての回収金を譲受人に譲渡したことを記すNotice of Assignment（譲渡の通知）またはAssignment（譲渡）という表記

36）　山下・前掲（注25）604頁。
37）　山下・前掲（注25）605頁。

の書式が保険者に提出される。保険者は、この書類上に受領（acknowledgment）および受諾（acceptance）として署名をし、保険証券正本に、Loss Payable Clause（保険金支払い条項）とCancellation Clause（解除条項）を添付して、船主に返却する。同時に、保険者は、引き受けている保険種類、Loss Payable ClauseとCancellation Clauseを保険証券に加えたことなどを記した書状を、保険契約者兼被保険者である船主に渡す。

保険金請求は、譲渡通知の承諾の文書（slip）が添付されているか裏書きされている保険証券を所有している譲受人から保険者に対してなされる。

(2) 書面の具体的内容

この譲渡に関する文書の文言は、会社によっても異なるが、概ねイギリスの実務をもとにしているといわれている。文書の内容としては、以下のとおりである[38]。

① Notice of Assignment または単に Assignment

この書面では、約因（valuable consideration）に対して[39]、船主から譲受人へ、保険証券のもとで回収可能なすべての金銭（all insurance recovery or any other amounts receivable）について譲渡することを保険者に通知し、保険者に署名と保険証券への裏書を求める文言が記載されている。同じ書類の下部には、保険者が書類を受領して承諾する文言と署名欄がある。

②保険者から船主宛て通知文

上記の書面の裏書きに加え、保険者が船主に通知する文書には、以下が記載されている。

・Notice of Assignment を受領したこと
・保険者が何に対する保険（船体・機関の滅失・損傷、不稼働損失、戦争危険による損害など）を引き受けているか
・保険者は、添付の Loss Payable Clause と Notice of Cancellation

---

38) 以下は、東京海上日動火災保険株式会社のひな型をもとに筆者の理解を記述したものである。
39) イギリスでは、公正証書によってこの譲渡を行っているようである。わが国で行う場合にその手続きを取らない場合、約因のない譲渡の有効性が問題となりうるので、譲渡は約因に対してなされる対価関係のあるものであることを示すためにこの文言が入れられていると考えられる。

Clauseに従った処理を行い、その後の保険契約の更改も、船主の承諾を前提として、同様とすること
・今後、譲渡の通知を受ければ、それも同様に保険証券に添付すること
・以上の約束は、保険証券の下で支払われるべき保険料が支払われない場合の相殺や契約解除の権限を保険者が有することを条件とするものであること
・支払期日までに保険料が支払われない場合には、遅滞なく保険者から通知すること
・保険契約の更改について保険者に通知がない場合には、保険期間の終了の14日前までに通知を行うこと
・保険条件に重大な変更が生じる場合、保険証券が無効となる場合には、直ちに連絡すること
・協会解除通知条項（Institute Notice of Cancellation）、自動担保終了条項（Automatic Termination of Cover）、戦争および原子力免責条項（協会戦争ストライキ危険担保約款が加えられている場合）は、この文書の条項より優先して適用されること

③ Loss Payable Clause

　保険金請求権の譲渡では、すべての請求を対象として、譲渡人から譲受人への譲渡がなされるので、この条項は、保険金の請求権者を一部変更するものである。本条項では、通常、次の内容が記されている。
・船舶の全損（現実全損、推定全損に加え、協定全損も含む。）に関する保険金、それ以外の種類の保険金については、（規定金額）を超える場合には、譲受人またはその指定者に支払うこと
・全損以外の種類の保険金で、（規定金額）以下のものは、譲渡人に支払うこと。ただし、譲渡人と譲受人との間の船舶譲渡設定契約（ship mortgage contract）において譲渡人がデフォルトとなった場合は、譲受人に支払うこと
・船舶のアレストを回避するために、衝突または救助の保証の提供が必要な場合には、反対の合意がない限りにおいては、保険者は保証を提供することができること、ならびにその保証を行った場合において、その保

証状のもとで保証者が金銭を支払った場合に、保証者が支払う金銭は保険証券の下での保険における保険金から直接支払われるものとして扱うこと

④ Notice of Cancellation Clause

本条項は、保険料不払い、契約の解除、保険証券の終了または変更の状況が生じた場合に、保険者から譲受人に対して14日以上前に通知を出して、それらの状況を修正する機会を与えること、保険証券の効力に影響があると保険者が考える事項があればそれについて通知することを約する旨が記されている。

(3) 準拠法

実務で利用されている英文書式は、イギリスの書式をもとにしているのでイギリスの法律制度を前提とするものといえる。しかしながら、この譲渡に関する関係書式には準拠法についての記載がなく、保険者の意図も明らかとはなっていない[40]。

これは債権の譲渡であるので、わが国おいてその準拠法を判断すれば、通則法23条に従い、「譲渡に係る債権について適用すべき法」によると解される。したがって、準拠法は、保険契約の準拠法となる。問題は、英文証券における準拠法をいかに解するかである。保険契約の締結は、日本法準拠としても、保険金請求権は liability や settlement に関係する事項となるかどうかという問題がある。この点については、本稿Ⅳ－2で再度取り上げる。

(4) 譲渡方式の効力

譲渡方式は、イギリスの法と慣習に沿うものであるが、イギリスにおいては、有効な処理として効力が認められるものであることは言うまでもない。

まず、この方式は、ITC の約款に沿ったものとなっている。ITC5条（譲渡）は、被保険者が署名した日付入りの譲渡の通知または利益の通知が保険証券に裏書きされ、かつ裏書きのある保険証券が、保険金または返還保険料の支払い前に提出された場合においてのみ、保険契約そのものの譲渡、保険

---

40) 谷川・前掲（注2）44頁では、クレームに関しないことは日本法が適用されるので、譲渡の法的な問題も日本法によるものと考えるとの見解が示されている。

契約上の利益や保険契約上で支払われる一切の金銭上の利益の譲渡が有効となることを規定している。

ITC は、そのベースにイギリス法（1906年海上保険法、その他の制定法および判例法）が存在するので、その背景とともに理解する必要がある[41]。イギリス法においては、海上保険証券の譲渡は、①1906年海上保険法に基づく譲渡、②1925年財産法（Law of Property Act 1925）に基づく譲渡（statutory assignment）、③衡平法上の譲渡（equitable assignment）の方式が存在する。

1906年海上保険法50条1項は、以下のとおり規定し、それに沿った譲渡は、海上保険において有効である。同条1項は、保険証券面に譲渡の禁止文言がない限りは、損害発生の前後を問わず保険証券を譲渡できること、同2項は、譲渡された場合、譲受人は自己の名において訴えを提起できること、被告は、その訴えが保険契約の締結者または自己のために契約が締結された者の名で提起された場合には援用できる契約上の一切の抗弁ができること、同3項は、海上保険証券は証券への裏書きまたはその他の慣習的方法によって譲渡することができることを規定している。

1925年財産法136条に基づく譲渡を利用する場合、譲渡人のすべての利益が無条件に譲受人に移転されるものでなければならず、また譲渡人が署名した文書によりなされ、譲渡についての文書による明示の通知に譲渡の日時と回収金額が記載されて第三債務者に渡されなければならないという要件が満たされなければならない。この場合、譲受人は、自己の名で訴訟を提起できる。

衡平法上の譲渡は、これらの要件のすべては満たしてはないが、裁判所が認めたもので、その場合、譲受人は、自己の名で訴える場合に譲渡人も訴訟に参加させなければならない。

以上の根拠法の問題とは別に、保険の場合、譲渡は、その対象を基準として、①物権（とその被保険利益）の移転の効果としての譲渡、②保険契約全体の譲渡、③保険証券（policy）の譲渡、④保険契約に基づく便益（benefit）の

---

41) 以下の記述は、Jonathan Gilman & Robert Merkin, et. al., "*Arnould's Law of Marine Insurance and Average*", 17th ed., 2008, pp. 249-274, Howard Bennett, "*The Law of Marine Insurance*", 2nd ed., 2006, pp. 600-610による。

譲渡に分けられる。イギリス法においては、その譲渡が、いかなる法の下でなされ、また何を対象としているかで、法的効果は異なってくる。

　貨物の場合は、売買によって貨物の所有権や危険負担が移転するので、被保険利益の移転とともに、保険契約の全体を譲渡することが行われる。これは、1906年海上保険法の下で有効な譲渡方式となっている。一方、船舶保険では、船舶の所有者や管理者は重要なリスク要因であるため、それらの移転によってそのまま保険を継続できるか問題があるため、1906年海上保険法の立場を変更し、ITC5条は、譲渡を保険者の承認事項としている。

　船舶担保における譲渡は、保険契約の便益のみを移転させるものであるが、上記の財産法上の譲渡、海上保険法上の譲渡、衡平法上の譲渡のいずれの方式をとることも可能であるが、ITC5条は、譲渡が所定の方式でなされることを定め、扱いを明確化するものとしている。なお、イギリス法のもとで、海上保険契約は、1906年海上保険法22条に基づき、保険証券に具現されなければ証拠として認められないものとなっていることから[42]、保険証券の提示によって保険金を支払う実務が慣習として確立していて、譲渡は保険証券に裏書き等の方法でなされている。

　なお、この譲渡に伴う保険者の確認文書においては、約因（consideration）に対して譲渡がなされるとの文言が入れられている。この文言は、イギリスにおいては、契約当事者の一方のみが義務を負い、他方が何も負わない契約は、公正証書による場合にしか認められないため、この譲渡が譲受人との双務的関係のものとでなされていることを示すための文言と解される。

　さて、この譲渡方式を日本法から見た場合はどうであろうか。ここでの譲渡とは、船主が交代して保険証券を譲渡するような場合と異なり、譲渡人と譲受人との間にローン契約があり、その債権担保の目的でなされるものであり、かつまた保険金請求権を対象とするものである。したがって、これは、債権者が債務者に対して有する債権を担保するために、物の所有者または権利者が物の所有権または権利を債権者に移す指名債権の譲渡担保に相当するとみることができるように考えられる[43]。譲渡担保は、日本法上は、非典型

42）　なお、これは、海上保険法以外の保険契約についてまで該当するものではない。

契約であるが、債権者と債務者の合意によって成立する諾成契約である（民法176条）。保険証券の交付は、効力発生要件とはならないが、実際にそれが発行された場合には譲受人に引き渡す義務がある。保険者に対する対抗要件については、民法467条、同468条の適用があり、保険者への通知によって発生するが、保険者が署名をもって承諾すれば、債務者の承諾となる（民法467条1項）。以上から、この英文保険証券における処理は、わが国の法のもとで理解した場合でも有効と解されるものといえる。なお、Loss Payable Clauseは、譲渡を前提として、種類毎に保険金の支払い先を取り決めたものとみることができる。

IV 考察

1 質権設定方式と譲渡方式の比較

質権設定方式は和文の保険証券の場合、譲渡方式は英文の保険証券の場合と、利用される状況が異なるので、単純に両者の方式を比較することはできない。しかしながら、両者を比較すると、利用している法形式には違いがあるとしても、生み出されている効果においては、大きな違いはみられないように考えられる。

質権設定の場合、当事者間の設定契約のほかに、目的物の引渡し、または証書の交付が必要とされるが（民法344、363条）、保険の場合には保険証券の交付は求められないことになっていることは、先に述べたとおりである。加えて、保険者が質権設定承諾申請書を受領した後、内容を承諾することによって、書面に記載された全損金、分損金の請求者、支払い先は、三者間の契約となって合意が形成されることになり、保険者はこの合意に従った処理を行う義務を負うことになる。よって、保険者がそれに反する処理を行うことは義務違反になる。こうして、この合意は実効性が確保される。

一方、譲渡方式であるが、これは、外航貨物海上保険の場合のように被保険利益の移転に伴って、保険契約上の義務と権利のすべてを譲渡するもので

---

43) 染谷・前掲（注8）84頁以下参照。

ないことにまず注意する必要がある。ここでの譲渡の書類は、保険金請求権（ただし、本稿で見た実務事例では保険料返還請求権も加えられている。）、すなわち保険者から支払われる金銭のみを指名した債権についての譲渡である。しかし、この譲渡は、ITCの規定に基づき、その合意だけでは効果を有せず、保険者の承認があった場合にのみに有効となる。そして、海上保険法上、海上保険証券は証券への裏書きまたはその他の慣習的方法によって譲渡することが認められている。そこで、保険証券の裏書きまたは書面を添付して、保険証券が譲受人に渡され、譲受人はその保険証券を保持して、保険金を請求する際にそれを提示しなければ権利を実行できないことになる。すなわち、ここでは、保険証券を設権証券のように扱う実務が存在し、それを前提に法律も譲渡の制度を認めている。こうした状態は、質物を占有している状態に似ている。また、保険者は、この譲渡通知を受けて裏書き等の処理をするとともに、譲渡を承認し、加えて、保険金の支払い先とキャンセルの場合の事前通知という保険者の義務内容を変更する条項を加えて関係者に通知をし、それにより、支払い先等について保険者が義務を負うことになる。こうして、ここでも三者間での処理内容の合意が形成され、文書でもって共有化される。

　このようにみていくと、日本の法と慣習に基づく和文約款のもとでの質権設定と、イギリスの法と慣習を前提とする英文約款における譲渡は、最終的には関係者の処理内容の合意というプロセスに至り、同じ効果が得られるようになっているように考えられる。もっとも、両制度の法的構成に違いはあることから、限界的な事例において相違が生じることはありうるが、実質的な違いが生じるものとは考えにくい。以上は、筆者の評価であるが、実務においても、両方式間で本質的な違いがあるとは認識されていないように見受けられる。

2　準拠法上の問題

　英文の保険証券の場合には、準拠法について解釈上の問題が存在する。
　すでに記したとり、英文の約款では、裁判管轄と準拠法に関する条項が加えられている。先に掲げた約款例（注17）では、Art. 1は準拠法の分割指定、

Art. 2は排他的裁判管轄の規定となっている。Art. 1において、liability と settlement of claims についてはイギリスの法と慣習に準拠し、契約の存在と有効性を含めたその他の事項については、日本の法と慣習に準じるとする条項となっているので、この条項のもとで、譲渡や支払先に関する追加合意にいかなる法が適用されるかが問題となる。

　この点を考察するためには、まず、前提として、このような管轄約款が有効であるかが問題となる。

　まず、外国法を指定する場合の法的意義についてであるが、外国法を指定する場合、その指定が、①契約そのものを支配するいずれかの国の法を指定するもの（抵触法的指定）か、②契約の内容を細目的に取り決める代わりに契約の中でいずれかの国の法と慣習に依ることを援用するもの（実質法的指定）かが問題となる。①の場合は、契約の全体が指定した国の法の支配となるが、②では、契約そのものを支配する法は別に存在し、その法が認める範囲で援用された国の法と慣習が契約を規律するものにとどまる[44]。

　更に、①とした場合、1つの契約から生じる法律問題を、事項毎に分割することが認められるかという問題がある。この点につき、かつては、抵触法的指定を行った場合には分割指定はできないというのが多数説であったが、現在は、可能とするのが多数説となっている[45]。

　そこで上記の船舶保険の準拠法条項であるが、まず、これを抵触法的指定とみるか、実質法的指摘とみるかの問題があり、その点についてわが国の多数説は、これを抵触法的指定とし[46]、それがイギリス法と日本法に分割されているととらえ、その分割を有効としている。判例もその立場をとる[47]。

　以上の立場が支持されるとして、次の論点は、上記約款における liability と settlement of claims という文言がいかなる法律問題を指しているかについてである。裁判例は、必ずしも一貫しているとはいえないが、貨物保険における文言（船舶保険とは異なり、裁判管轄の指定はなく、また文言も若干異な

---

44) 木村ほか・前掲（注2）97頁〔落合誠一〕による。
45) 同上。
46) 同上。
47) 東京高判平成12年2月9日判時1749号157頁、東京地判昭和52年5月30日判時880号79頁。

る[48]。）を巡る争いでは、告知義務は日本法、損害防止義務、時効、遅延損害金の算定は、イギリス法と慣習によるとしたものがある[49]。また、イギリスの裁判所においてわが国の貨物保険における準拠法約款と同じ文言をとっていたタイ国の保険会社の約款の解釈が問題となった事件では、保険者の責任にかかるあらゆる事項がイギリス法に依るべきとの解釈が示されている[50]。ただし、当該事案においては、貨物海上保険では、もととなる協会保険約款（Institute Cargo Clauses 1982）には、イギリスの法律および慣習に従うことの準拠法条項が含まれており、その条項が削除されてはいなかった。こうした状況において、あらゆる問題はイギリス法によるとの解釈が下された事案である[51]。

　船舶保険の場合は、貨物保険と異なり、管轄裁判所に関する指定があり、また、準拠法についても、契約の有効性と存在については日本法によるとの明確な規定がある。更に、ITCにおけるイギリス法に準拠するという文言が削除されているので、貨物保険と同じ状況にはない。

　ここで船舶保険における譲渡の方式を考えると、契約全体の譲渡であれば、契約の効力という領域の問題ということができるであろうが、請求権についてのみの譲渡で、Loss Payable Clauseは保険金の支払い先の変更の合意といえる。その点では、liabilityとsettlementに関するものということもできるので、解釈に疑義は生じよう。

　第三の論点としては、外国法を準拠法とする場合に、わが国の強行法規が適用されるかどうかという点である。外国法の指定を実質法的指定ととらえるならば、契約のベースには日本法が存在し、その強行法規整で認められる

---

48) 貨物保険における準拠法指定文言は、各社によって異なるが、東京海上日動火災保険株式会社の文言は以下のとおりである。"Notwithstanding anything contained herein or attached hereto to the contrary, this insurance is understood and agreed to be subject to English law and practice only as to liability for and settlement of any and all claims."
49) 東京地裁2002年2月26日判決。
50) *Nima SARL v. The Deves Insurance Public Co., Ltd. (The Prestrioka)* [2003] 2 Lloyd's Rep. 327.
51) この判決に対して、John Duntは、この解釈は広すぎるが、1906年海上保険法に記載される事項はイギリス法によると考えるべきであるとコメントしている。John Dunt, *Marine Cargo Insurance*, 2009, p. 20.

範囲で外国法を契約内容として認めることになると考えられるので、日本の強行法規が適用されるという解釈を導くことができる。他方、外国法の指定を抵触法的指定ととらえた場合は、指定されている法律問題に対してわが国の強行規定を適用させることに難点が生じよう。船舶保険の準拠法約款は、契約の existence や validity についてはわが国の法に従うとしているので、問題となる強行規定がこれらの事項に関すると解釈できれば、わが国の強行法規が適用されるととらえて問題ないであろう。例えば、民法90条の公序良俗違反は、契約の有効性に関するので、英文約款にも適用されると解することになろう。問題は、保険法22条の責任保険における保険金請求権に対する質入れ等の禁止の規定である。これも強行規定と解されている。それが、英文約款にも強行法規整として適用されるかが問題となる。それを解明するためには、22条の本質についての検討が必要であるが、それが保険者の liability や保険請求の settlement の問題といえるか、そうでないかは、必ずしも明らかではなく、疑義があるよう思われる。

　保険契約の準拠法は、その債権に対する担保の準拠法にも影響し、また、わが国の強行法規整が適用される範囲にも関係するので重要な問題といえる。もっとも、本稿で見てきたとおり、関係当事者三者の合意内容は文書でもって明確化されている実務がとられており、適用法が日本法かイギリス法かによって、合意した内容に関する解釈に違いが生じてくることは考えにくく、また、責任保険に関する強行規定についての問題についても、英文の譲渡の書類では、譲渡の対象債権から除くことが文章化されているので、担保権の有効性の問題として現実に支障が生じるということは考えにくい[52]。

3　その他の実務上の留意点

　質権設定または譲渡による船舶担保の方式は、実務で定着していて、関係者間で合意内容が明確化されているので、その担保権の問題が顕在化する場

---

[52]　もっとも、賠償事故の被害者が英文保険証券の下で、保険法22条の先取特権を主張できるかどうかという問題は別途存在する。ただし、船舶保険証券における責任保険は、船舶間の衝突賠償責任による相手船上の財産に限定されているので、このことが問題となる場合は限られている。

合は少ないものと考えられる。しかしながら、船舶担保に関して留意が必要な点はいくつか存在すると考えられるので、以下にそれらについて検討しておく。

(1) 保険金額

ファイナンサーとしては、船舶に損害が生じた場合でも損害が保険でてん補されることが重要である。船舶の価額は、市況によって大きく変動するので、船価に対して十分な保険金額が設定されている必要がある。保険金額と保険価額が乖離して一部保険となったり、超過保険として無駄が生じるリスクは、保険価額を約定し、全部保険となる保険金額を設定することで回避できる（保険法9条、19条）。この保険価額は、損害てん補における損害額の算定の基準となる（同18条2項）。ただし、約定保険価額が保険価額を著しく超えるときは、てん補損害額は当該てん補額によって算定される（同条2項但書き）。この「著しく超えるとき」についての具体的基準については、保険法は特に明らかにしてなく、学説として、通説は、過去の判例[53]などを踏まえ、2－3割超える場合が相当とする[54]。この見解に対しては、更に柔軟であってよいとの反対説があるが[55]、利得禁止の観点も踏まえて検討されるべき問題といえる。なお、イギリス法においては、詐欺がない限りは、保険者は、協定した保険価額に拘束されるので[56]、日本法における扱いと異なる[57]。

この論点は、保険者と保険契約者で協定をしている場合であるので、具体的な問題となる事例は限られるが、法律上の効果については理解しておく必

---

[53] 船舶保険の裁判例としては、古い裁判例であるが、著しく過大と判断された事例として、実際の価額が9万5,000円の船舶を12万円（126％強）で協定した船舶保険の事例（大判大6年3月10日民録23巻484頁）がある。

[54] 山下・前掲（注25）403頁。著しく超える場合の基準については、改正前商法639条のもとでも裁判例がほとんどなく、学説も明確ではないなか、2-3割を超えるのを一つの基準として示されている。

[55] 落合誠一＝山下典孝『新しい保険法の理論と実務』162頁（経済法令研究会、2008年）〔土岐孝宏〕）。

[56] 1906年海上保険法27条3項。

[57] この問題について詳しくは、拙稿「約定保険価額の拘束力――損害保険契約における利得禁止原則に関連して――」損害保険研究75巻4号69頁（2014年）。

要がある。

(2) 各種免責事項

保険金請求権は、保険契約に基づいて発生するものである。その点は、担保が設定されている場合でも同じである。当然ながら、保険契約では、種々の免責事由が存在する[58]。これらのうち、人的にコントロールができない事象についてはやむを得ないとしても、法令順守やその他の船舶管理面での免責事由に該当することがないように船舶の運航や保守管理がなされることが重要である。また、契約締結前の告知義務違反や通知義務違反によって、保険金が支払われない場合があることにも留意しておく必要がある。

質権者や譲受人は、請求権に対してのみ譲渡を受けているにすぎず、船の実際の管理状況を知らない立場にある。事故が発生して、免責が適用となることが判明して初めてその事実を知ることにもなりかねないので、船舶の管理や整備面で問題が生じることがないように注意しておく必要がある。

(3) 救助の場合の保証状

船舶の海難救助の場合、救助業者に対して遅滞なく保険会社の保証状（Letter of Guarantee）を発行する必要がある。保証状の発行は、将来の支払いを保証するものであり、保険給付に相当するものである。英文の保険金請求権の譲渡の書類では、救助の事案の場合に保険者が直ちに保証状を発行できるための文言が入っているが、質権設定承諾請求書では、こうした手当てがされていない場合がみられる。救助の事態は一刻を争うものであるので、迅速な処理が必要である。救助行為は、船舶の保全のためのものであり、船主、ファイアンサー双方の利益に沿う。保証状の発行は、質権設定の対象外としておくことが有益であろう。また、保険価額が被救助財産の価額を下回る場合には、保証状の発行にあたって裏保証状（Counter L/G）が必要となる場合がある。その場合に、裏保証状を船主が発行するかファイアンサーが発行するかをめぐって調整に時間がかかる場合がある。いずれにせよ、保険金額については、被救助財産の価額に対して十分な金額を設定しておくことが重要である。

---

58) 特に、ワランティや事後免責があるので留意が必要である。

倒産手続が船舶金融取引に与える影響

吉 田 麗 子

I　はじめに
II　船舶金融における倒産手続の特徴
III　倒産手続の対象となる当事者
IV　倒産手続の及ぶ範囲
V　倒産手続が取引に与える影響①～竣工前
VI　倒産手続が取引に与える影響②～竣工後
VII　おわりに

I　はじめに

　一般に、船舶金融は、当事者の信用力に依拠するコーポレートファイナンス的側面のほか、対象船舶の価値に着目したアセットファイナンス的側面及び傭船者からの傭船料を返済原資にするプロジェクトファイナンス的側面も有すると言われている。しかし、現在の日本の金融機関の実務において、アセットたる船舶の価値に主に依拠して融資が実行されることも、船舶抵当権の実行によって貸付債権の回収が行われることもまれである。また、傭船者がオペレーターの子会社たるSPCの場合にもオペレーターからの履行保証書によって信用補完を行われることが融資の条件とされるなど、傭船者からの傭船料も最終的には傭船者の信用力に依拠していることが多い。

　そして、船社がその船隊を整備する方法としては、自ら金融機関から資金を調達して船舶を保有する方法と子会社たるSPCに金融機関から資金を調達させて船舶を保有させる方法があるが、子会社を利用する方法においても、当該子会社の全株式を船社が保有し、かつ役員の兼務が行われるのが一般的であり、また、船社やその代表者による連帯保証が行われることも少な

くない。

　このように、現在の船舶金融の融資の実務において、最も重視されるのが当事者の信用力であり、船主及びオペレーター（総称して「海運会社」という。）を中心とする船舶金融の当事者の財務状況が悪化し、最終的に倒産手続に移行した場合には、ストラクチャーに重大な影響を及ぼす。

　また、海運会社の設立国及びその子会社たるSPCの設立国は異なることが多く、船舶とその船舶保有者の国籍も必ずしも一致しない。さらには、船舶は世界を航行するため、法的手続開始時の船舶の所在国は、これらの設立国や国籍と異なるのが一般である。

　そこで、本稿では、これらの船舶金融の特質を踏まえた、船舶金融取引における当事者が日本の倒産手続に服した場合における取引に与える影響について概説する。

　概説にあたっては、以下の「船舶金融における基本ストラクチャー」のストラクチャーを基本とし、他のストラクチャーについても適宜触れる。

　なお、本稿では、税務及び会計上のメリット、デメリットについては検討の対象から除外している。また、本稿にいう「倒産手続」とは、特にことわりのない限り、II.に記載する日本の破産手続、再生手続及び更生手続（又は文脈により破産手続、再生手続、更生手続及び特別清算）を指すこととする。

(図) 船舶金融における基本ストラクチャー

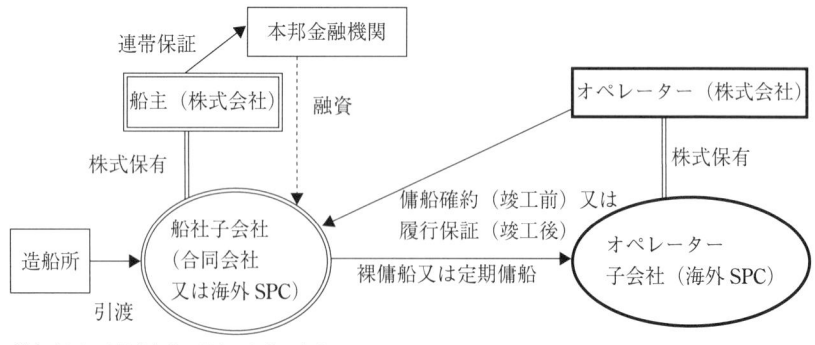

```
                    連帯保証        ┌──────────────┐
                  ┌─────────────→  │  本邦金融機関  │
                  │                 └──────────────┘
         ┌──────────────┐                │
         │ 船主（株式会社） │  融資          │
         └──────────────┘ ←┄┄┄┄┄┄┄┄┄┄┄┄┘                    ┌──────────────────┐
                  │                                           │ オペレーター（株式会社） │
          株式保有 │                                           └──────────────────┘
                  ↓                                                    │ 株式保有
                                       傭船確約（竣工前）又は                   ↓
                  ╱────────────╲       履行保証（竣工後）
┌──────┐        │  船社子会社   │ ←─────────────────        ╱──────────╲
│ 造船所 │──────→│ （合同会社    │                          │ オペレーター │
└──────┘  引渡   │  又は海外SPC） │ ─────────────────→      │ 子会社（海外SPC）│
                  ╲────────────╱       裸傭船又は定期傭船     ╲──────────╱
```

（注）本図では担保契約に関する記載は省略されている。

II　船舶金融における倒産手続の特徴

1　倒産手続の種類

倒産手続は、その目的に着目して清算型手続と再建型手続に分けられる。いずれの手続きにおいても、多種多様な債権者の利害関係を調整して、債務者の資産の価値の毀損を防ぎ、再建又は清算手続を迅速、公正かつ経済効果的に進めることが目的とされている。

2　清算型手続

清算型手続は、債務者の総財産を現実に売却ないし処分することで金銭化し、その換価金を各債権者にその債権額と順位に応じて配分することを目的とする手続きである。清算型の倒産手続には、破産法が規律する破産手続と、会社法が規律する特別清算[1]がある。

船舶金融に関連する、破産手続と特別清算の主要な相違点は以下のとおりである。

(i)　破産手続においては、国内外の自然人・法人その他の社団・財団の区別を問わず「支払不能又は債務超過にある債務者」全てが破産者となりうるのに対し（破1条、30条1項、2条4項参照）、特別清算は解散後清算手続中の株式会社のみが対象となる（会社510条、476条）。

(ii)　破産手続においては、抵当権等の担保権を有する者は、別除権者として破産手続によらないで担保権を実行することができるのに対し（破2条9項、、10項65条）、特別清算では、裁判所の担保権実行手続中止命令（会社516条）により、担保権等の実行手続等の中止を命ぜられる可能性がある[2]。

---

1)　なお、特別清算には、会社法に基づく特別清算の他に、資産の流動化に関する法律に基づく特定目的会社の特別清算（同法180条）など特別法に基づく特別清算制度がある。
2)　なお、破産手続においても、破産管財人は裁判所に担保権を消滅させることについての裁判所の申立てをすることができる（担保権消滅請求制度。破186条）。しかし、これは担保権者が保有する別除権に対する制限というより、担保権実行において強制換価手続を伴うことによる減価、執行手続に要する時間及びコストを考慮し、任意売却に基づく経済合理的な換価を目指すための手続きである（藤田広美『破産・再生』217頁（弘文堂、2012年）。

3 再建型手続
(1) 再生手続と更生手続の相違点

これに対して、再建型手続は、一方で債務者の所得を維持し、あるいは、その事業の収益力を向上させ、他方でその負債を維持・向上された所得・収益力で支払える範囲にまで圧縮することにより、債務者の支払能力を回復させることを目的とする手続きである。再建型の法的倒産手続には、民事再生法が規律する再生手続と、会社更生法が規律する更生手続がある。

船舶金融に関連する、再生手続と更生手続の主要な相違点は以下のとおりである。

(i) 再生手続においては、国内外の自然人・法人その他の社団・財団の区別を問わず「経済的に窮境にある債務者」全てが再生債務者となりうるのに対し（民再1条、2条1号）、更生会社には「窮境にある株式会社」のみがなりうる（会更1条、2条1項、7項）。

(ii) 再生手続では、再生手続開始時に再生債務者の財産に抵当権等の担保権を有する者は別除権者とされ、手続外で権利を行使することができるのに対して（民再53条）、更生手続では、担保権を有する債権者といえども更生担保権者として更生手続の拘束に服し、更生計画による権利変更の対象とされる（（会更2条10項ないし13項、47条1項、50条1項）、167条1項1号）。

(iii) 再生手続においては、再生手続開始の申立後も、債務者自身が業務遂行権、財産の管理処分権を継続して保有するのに対し（民再38条1項）、更生手続においては、更生会社の現経営陣は手続開始によって事業の経営権や財産の管理処分権を喪失し、裁判所の選任した管財人にこれらの権限を専属させる形で手続きが進行する（会更72条1項）。

(2) 再建型手続の相違点の相対化

もっとも、法律上の規定や裁判所の運用により、更生手続と再生手続の差異は相対的なものとなっている。

すなわち、(ii) の点については、再生手続においても、担保権者は、裁判所より、一定の要件の下で、相当の期間を定めて担保権の実行手続の中止が命じられることがあり（民再31条）、事業の継続に不可欠な財産に設定されている担保権については、再生債務者等は申立てにより、裁判所の許可を得

て担保権を消滅させることもできる（民再148条）。

　他方、更生手続においても、売却予定財産については、担保権の実行禁止を解除する制度がある（会更50条7項）。また、主に不動産の処分に関して用いられる手法であるが、処分連動方式（更生計画における更生担保権の権利変更において、更正担保権の目的である処分予定資産について、現実に売却した時の売却代金額を基準として弁済を行う方式[3]）という、別除権の取扱いに近い手法が実務上は認められている[4]。

　また、(iii)の点についても、管理命令（民再64条1項）が裁判所より下された場合には再生債権者は業務遂行権及び管理処分権を失う（民再38条3項）。

　他方、会社更生においても、現経営陣が自ら再建にあたる意欲を有している会社申立の更生事件において、所定の要件を満たした場合には、DIP型更生手続が行われている。DIP型更生手続では、保全段階では保全管理命令を発令せずに現経営陣に経営権を留保し、監督委員兼調査委員を選任してその監督等にあたらせることとし、開始段階では、現経営陣の中から事業家管財人を選任した上で、この事業家管財人を公正中立な立場からチェックするため、保全段階の監督委員兼調査委員を調査委員として選任し、申立代理人が法律家アドバイザーとして事業家管財人のサポートにあたること等を想定している[5]。

4　倒産手続以外の再建手続

　企業再建の手法には、破産手続、再生手続のような裁判所を利用する法的整理の仕組みの他に、裁判所を利用しない私的整理の仕組みがある。

　法的整理は裁判所の監督の下で公正さ・平等が確保される一方、事業価値を毀損するという問題が指摘されており、また、私的整理の方は、従前どお

3）　富永浩明「処分連動方式に関する規定の新設」東京弁護士会倒産法部編『倒産法改正展望』（商事法務、2012年）494頁。
4）　処分連動方式による会社更生法における担保処遇の「別除権」への近接化については、事業再生迅速化研究会第3PT「会社更生手続における不動産処分連動方式（上）」NBL989号（2012年）70頁以下参照。
5）　東京地裁会社更生実務研究会編『最新実務 会社更生』18頁（きんざい、2011年）。

り事業を継続しながらファイナンサー等との話し合いで柔軟に解決策を探ることができる一方、ファイナンサーの意見がまとまりにくい等の問題があった。このような問題を解決するために創設されたのが特定認証紛争解決事業者である事業再生実務家協会（JATP）による[6]事業再生ADRである。

JATPによって事業再生ADRの申請書が正式に受理されると、JATPは債務者と連名で、金融機関に対して債権回収や担保設定の禁止を要請する一時停止通知を送付する。この一時停止通知があったことは、期限の利益喪失事由を構成しないというのが経済産業省の見解である[7]。一時停止通知の送付先は主に対象会社の取引先金融機関であり、他の債権者については、大口債権者である取引先金融機関が再建に協力するのに従って再建に協力することを間接的に促している。

5　再建手続の選択

債務者は再生計画案を作成し、債権者集会において債権者全員の賛成が得られた場合には当該計画に基づく再建が進められる。一方、全員の賛成が得られなかった場合には、特定調停又は法的整理に移行することになる。近時における海運会社の事業再生ADRの事例のうち主要取引先が日本国内の企業や金融機関であるものについては、大きなトラブルなく再建が進められているようである。

一方、国外に多数の債権者が存在する海運会社については、事業再生ADRが期待する債権間の協調が得られず、複数の海外債権者による保有船舶の差押が発生することが予想される。とりわけ、船舶先取特権者はしばしば、担保権を実行して競売代金からの債権の回収を図るというより、船舶の差押えからの解放の条件として事実上の優先弁済をうけることを目的として

6）　JATPは、2008年10月29日、法務省より、認証紛争事業者（第21号）として認証を受けた後、産業活力の再生及び産業活動の革新に関する特別措置法に基づき、事業再生に係るADR機関として同年11月26日、経済産業省より第1号の認証を受けた。

7）　経済産業省産業再生課「『産業活力の再生及び産業活動の革新に関する特別措置法』に基づく事業再生ADR制度について～早期事業再生のために～」9頁（2011年）（http://www.meti.go.jp/policy/jigyou_saisei/gaiyo_adr.pdf）（最終閲覧日2013年10月31日）。

船舶の差押えを行う。船舶先取特権による差押えは、対象船舶における傭船料途絶や損害賠償請求権の発生、売船の妨げによってキャッシュフローを悪化させるのみならず、取引上の評判や信用の悪化により海運会社の経営に致命的なダメージを及ぼす可能性がある。しかし、一方で、船舶を解放するため差押えた債権者のみに優先弁済しようとすると、他の債権者も一斉に弁済を要求して収拾がつかなくなるというジレンマに陥る。

したがって、日本の裁判所における保全管理命令、包括的禁止命令等の担保権の実行を禁止する処分とかかる処分を含む日本における倒産手続の海外の裁判所における承認手続 (IV. 2. 参照) によって、国内外に亘って個別的権利行使を一般的かつ即座に禁止し、多数決の分割弁済等を強制する必要がある場合には、事業再生 ADR ではなく、法的整理手続、とりわけ更生手続が適しているといえるだろう。

III 倒産手続の対象となる当事者

1 海運会社 (株式会社)

株式会社である海運会社について、取引が進行中の時点で裁判所に係属する実際上の可能性があるのは、破産手続、民事再生手続及び更生手続の3種類と思われる。破産手続、特別清算、再生手続及び更生手続の全てが株式会社に適用されるが、特別清算は、株主総会の特別決議等により会社が解散した後の清算手続中の株式会社を対象としているためである。

2 船社子会社 (合同会社[8]又は海外 SPC) 及びオペレーター子会社 (海外 SPC)

一方、海運会社の子会社である海外 SPC 又は会社法上の合同会社について裁判所に係属する可能性があるのは破産手続及び民事再生手続の2種類である。更生手続及び特別清算と異なり、破産手続開始及び再生手続開始の申

---

[8] 日本籍船は日本の公官庁、日本国民、代表者の全員及び業務を執行する役員の2/3以上が日本国民である日本の会社等以外の者は保有することができない (船舶1条)。そのため、日本籍船の船舶保有目的の子会社として合同会社が用いられるのが一般的である。

立ては、法人の種類に制限はなく、債務者が日本国内に営業所、事務所又は財産を有するときに、行うことができるとされているところ、合同会社は日本国内に本店所在地を有することになるので、これらの手続が適用されうるのは明らかである。また、パナマ、リベリア、香港などの国外で設立されたSPCについても、保有船舶が日本の港に停泊していた場合や、本邦金融機関の口座に預金を保有している場合には「日本国内に財産を有するとき」（破4条1項、民再4条1項）に該当しうるので、破産手続や再生手続の適用があるものと考えられる。

しかし、こうした船社やオペレーターの子会社の債権債務関係はシンプルなため、裁判所を通じて多数の債権者間の利害関係の調整をして清算又は再建を図る手続きである倒産手続を通じてコストと時間をかけて行う実務上のメリットは少ないように思われる[9]。

むしろ、これら海外子会社の株式は親会社である海運会社の資産を構成し、また、船舶保有SPCが保有する船舶は親会社である海運会社のフリート（船隊）を構成することから、親会社のみを倒産手続の対象としたうえで、子会社の資産及び債権債務関係については当該倒産手続の中で処理をする取り扱いが合理的と思われる。子会社が倒産手続きの過程で不要になった場合には、一般的には、親会社の倒産手続の中で清算等の対象とするのが最も経済的合理的な方法といえるだろう[10]。但し、船舶保有目的で設立された船社

---

[9] パナマ共和国、リベリア共和国等のいわゆる便宜置籍国（FoC）を設立準拠国とする海外子会社については、当該設立準拠国における倒産法が適用されることが考えられる。しかし、パナマ共和国法及びリベリア共和国法の各弁護士によれば、これらの海外子会社はペーパーカンパニーであり設立準拠国においては営業の実態がないことから、営業の実態のある場所での倒産手続の適用を検討するべきとのことである。もっとも、船舶のみを主要資産とする海外子会社の場合、唯一の営業資源である当該船舶は世界各国を航行することから、営業の実態のある場所とはどこを指すかかという論点が浮上するように思われる。この点については、案件の個別事情に基づく判断がなされるため、案件毎に当該法域の専門家への確認が必要であろう。

[10] 例えば、2013年7月23日付の東京地方裁判所により再生開始決定がなされた三光汽船㈱の会社更生手続（平成24年（ミ）第11号）においては、「更生会社が所有又は占有する財産に係る権利の譲渡、担保権の設定、賃貸その他の一切の処分（100％子会社及びその100％子会社（いずれも外国会社を含む。）にその資産の大部分を占める財産を処分させることを含む。）（ただし、常務に属する取引に関する場合を除く。）。」について、裁判所の許可事項とされた。

の海外子会社につき、船社の日本の本店所在地を営業所として支店登記を行った上で破産手続を経て清算するという処理が行われた近時の事例[11]にも鑑み、当該子会社の財務状況等、事案毎の個別事情に応じた処理を検討する必要がある点に留意されたい。

IV 倒産手続の及ぶ範囲

1 船舶金融における倒産隔離の方法

「倒産隔離」の意味を、船舶金融取引における資産や契約関係につき、親会社である海運会社の倒産手続の影響を受けないようにすることと捉えた場合、倒産隔離の方法として以下のことが考えられる。

(i) 海運会社本体ではなく、海外子会社又は合同会社である子会社を、船舶保有者や契約の当事者とする。

(ii) 海運会社及びその子会社並びにその役員から、子会社に関する倒産不申立誓約書を取得する。

まず、(i)については、親会社と子会社は別法人であることから[12]、親会社について開始された倒産手続の効力は法律上子会社には及ばないのが原則

---

11) 便宜置籍国（FoC）を設立準拠法とする船社の関係会社について破産手続が行われた近時の事例としては、リベリア共和国籍の PEARL BULKSHIP LIMITED（平成24年（フ）第12721号）（平成24年10月25日に破産手続開始決定、平成25年8月26日破産手続完了）並びに MERIDIAN BULKSHIP KUNUTED（平成24年（フ）第13923号）、MELODY BULKSHIP LIMITED（平成24年（フ）第13924号）、CENTURY BULKSHIP LIMITED（平成24年（フ）第13925号、）、CONCORD BULKSHIP LIMITED（平成24年（フ）第13926号）、COURAGE BULKSHIP LIMITED（平成24年（フ）第13927号）及び VENUS BULKSHIP LIMITED（平成24年（フ）第13928号）（いずれも、平成24年11月21日に破産手続開始決定、平成25年10月7日破産手続終結）がある。これらはいずれも三光汽船㈱の関係会社であり、国内造船会社から船舶を買取予定となっていたが、会社更生手続開始の申立時点では船舶を保有しておらず、三光汽船の会社更生手続が進められている中で各社の船舶の必要性が薄れたための措置のようである（2013年11月7日付及び同年12月3日付株式会社東京商工リサーチ倒産速報）（http://www.tsr-net.co.jp/news/flash/1222955_1588.html, http://www.tsr-net.co.jp/news/flash/1223700_1588.html（最終閲覧日2013年10月31日））。

12) ファンドによる出資のために利用された特別目的会社につき、法人格の濫用または形骸化は認められないという近時の裁判例が存在する（東京地判平成22年9月30日金判1357号42頁）。

である。そして、日本国外の会社及び合同会社は、担保権の倒産手続外での行使が認められない更生手続の適用対象外である。したがって、取引に係る資産及び契約関係について担保権を設定することにより倒産隔離の効果が期待できる。また、姉妹船差押（sister ship arrest）を防止する効果も期待できるであろう。

一方、(ii)については、債務者自身による倒産申立権の放棄については、倒産手続が総債権者の公平を図るための公益的な手続きであることから、債務者自身による倒産申立権の放棄はかかる公益目的に反する可能性があることを理由にその効力が否定される可能性がある。また、役員による倒産申立権の放棄についても、取締役がその業務執行について善管注意義務を負う場合には、その効力が否定される可能性も存する[13]。

2　倒産手続の国際的効力

海運会社のように複数の国で財産を所有し、又は事業を行っている企業がある特定の国で法的倒産処理手続に入った場合の処理の方法について、かつて、日本では、ある国で開始された倒産処理手続は、その国に存在する財産についてのみ効力を有し、他国にある財産には及ばないという属地主義的な考え方が支配的であった。そのため、在外財産について行われた差押えについて、会社更生法に基づく保全命令等の効力を及ぼすことができるかについて争いがあった。この論点に関する判例も数多く存在する[14]。

しかし、現在、日本、米国、英国などでは、国連の国際商取引法委員会（UNCITRAL）が採択を決議した国際倒産モデル法（UNCITRAL Model Law on Cross-Border Insolvency）に基づく国内法に基づき、ある国で開始された倒産処理手続の承認に関する効力を、他の国がその国の法律によって承認するこ

---

13) 山本和彦「債権流動化のスキームにおけるSPCの倒産手続防止措置」金融研究17巻2号112頁（1998年）。
14) 日本で会社更生に服した一気汽船所有船舶のカナダで差押え及びこれに続く抵当権実行が認められた件（Orient Leasing Co., Ltd. vs. The Ship "Kosei Maru", 94 D.L.R. (3d) 658）、三光汽船㈱の昭和60年の更生手続における管財人が米国連邦破産法第304条に基づく補助手続の申立てを行ったところ、米国の裁判所はこれを認めて債権者による差押え等を禁止した件（東京地裁昭和60年（ミ）第6号）等。

とも、承認をしないでその国で並行して倒産処理手続を行うこともできるという考え方を採用している。日本の外国倒産処理手続の承認援助に関する法律、米国のChapter 15、英国の2006年国際倒産規則がこれにあたる。

但し、外国倒産処理手続の承認援助に関する法律における手続では、「外国倒産処理手続が申し立てられている国に債務者の住所、居所、営業所又は事務所がある場合」にのみ承認援助の申立てができることになっており、財産所在地管轄のみの場合には承認要件を満たさない（同法第17条第1項）。国際倒産モデル法もこれと同様の立場を取っている[15]。そのため、債務者の財産のみ所在する地で申し立てられた倒産処理手続を承認しない立法政策をとる国においては、日本に財産があることのみを根拠に破産法又は民事再生法に基づいて倒産手続開始の決定がなされても、その手続が当該外国では承認されないことになる。

V 倒産手続が取引に与える影響①〜竣工前

1 はじめに

上記のように、海運会社が子会社である国外の会社や合同会社を通じて資産保有や契約締結を行うことより、一定の倒産隔離効果が期待できる。

しかし、実際は、海運会社みずから船舶を保有し、又は自らの子会社である船舶保有SPCから裸傭船を受けて、オペレーターに定期傭船に出すという案件も少なくない。

また、たとえ当事者がSPCであり、SPCに対して倒産手続き申立てがなされる実務上の可能性は一般的には低いとしても、船舶保有目的のSPCが倒産手続に服した近時の事例も存在することから、SPCが破産手続又は再生手続に服する可能性というのも完全には無視できないリスクであろう。

そのため、ストラクチャリングの段階で、船舶金融の当事者が倒産した場合のリスクとその対応策を検討する必要がある。

本稿では、その信用低下が船舶金融取引において重点的に検討される、借

---

[15] 山本和彦「新たな国際倒産法制（2）」NBL699号50頁（2000年）。

入人、船主（発注者又は買主）及び傭船者としての海運会社又はその子会社の倒産が船舶金融取引における各契約に及ぼす影響について検討する。

2 ファイナンス関連契約

(1) ローン契約

貸金債権については、借入人は、倒産手続開始の申立てがなされた場合、倒産手続の申立てにより直ちに期限の利益を喪失して、元利金その他のローン契約上の債務について直ちに返済義務を負う。

(2) スワップ契約

金利固定化のため、クロスボーダーの案件では、基本契約である ISDA Master Agreement 及びその Schedule と個別取引の条件の確認書である Confirmation、国内案件では各金融機関が ISDA Master Agreement、Schedule と Confirmation を参考にして作成された雛形である取引基本契約書と取引約定書を用いてのスワップ取引を行うことがある。ISDA 契約書の場合、倒産手続の申立ては、ISDA Master Agreement の Section 5 (a) (vii) の Bankruptcy に該当するため、Section 6の Early Termination Event が発生し、和文雛形においても、銀行取引約定書に規定される期限の利益喪失事由は取引終了事由に該当するのが一般である。これらの事由の発生により、当該金利スワップ契約を含む ISDA Master Agreement 又は取引基本契約書の下で取引が行われている全ての契約が終了して一括清算[16]され、取引の時価計算とその結果に基づく清算金の支払い又は受取りが行われる。

---

[16] かつて、相殺権の行使について一定の制限（IV. 3. (5) 参照）が設けられている民事再生や会社更生における一括清算条項の有効性について争いがあったが、現在では、円滑な取引終了に対する契約当事者の信頼等を考慮して、その有効性が明文で規定されている（破58条5項、民再51条、会更63条、金融機関等が一方当事者の場合につき、金融機関等が行う特定金融取引の一括清算に関する法律3条）。

3　船舶関連契約
(1)　倒産手続における分類
　竣工前に締結される船舶に関する主要な契約として、造船契約及び船舶売買契約がある。
　造船契約は、請負人たる造船所が船舶の建造という仕事を完成することを約束し、注文主がその仕事の結果に対して建造代金という報酬を与えることを約束することを内容とする請負契約（民法632条）である。
　また、中古船の売買契約は、売主が船舶の所有権を買主に移転することを約し、買主がこれに対してその代金を支払うことを内容とする（民法555条）。
　これらは互いに対価関係にある債務を負担し合う双務契約である。
　破産手続、再生手続及び更生手続に共通な取扱いとして、債務者を一方当事者とする双務契約が債務者の倒産手続開始時点において双方の当事者において未履行の場合（一般に「双方未履行の双務契約」と呼ばれる。）の取扱い関する規定が存在する（破53条、民再49条、会更61条）。
　ここでいう未履行とは「履行を完了していないとき」（破53条1項、民再49条1項、会更61条1項）をいい、一部未履行の場合も含まれる[17]。したがって、造船契約に基づいて引渡前に建造代金の一部を割払金として造船所に支払っていても、船舶の引渡と最終の割払金の支払いが未了であれば双方未履行の双務契約に該当する。

(2)　注文者倒産の場合の法律構成
①　解除又は履行の選択
　債権者の締結していた契約が、倒産手続開始時点において双方未履行の契約を解除するか、あるいは、倒産手続の開始によって、破産手続における破産管財人、再生手続における再生債務者若しくは管財人又は更生手続における管財人（総称して、以下「管財人等」という。）には、その契約の解除をするか、あるいは、債務者の負担する債務を履行して相手方の債務を履行するかについての選択権が与えられている。
　注文主の破産管財人も請負人も共に契約を解除しない場合には請負契約は

---
[17]　伊藤眞ほか『条解破産法』386頁（弘文堂、2010年）。

存続するが、債務者が履行又は解除の選択をしないときは、相手方は管財人等に対して相当の期間を定めてその期間内に契約の履行か解除かを確答するよう催告することができる。その期間内に確答のないときは、破産手続の場合は解除したものとみなされ、再生手続及び更生手続の場合は解除権を放棄したものとみなされる（破53条2項、民再49条2項、会更61条2項）。

② 履行される場合

そして、管財人等によって契約の履行が選択された場合は、相手方が有する債権は、破産の場合は財団債権（破148条1項7号）、再生手続及び更生手続の場合には共益債権（民再49条4項、会更61条4項）とされる。

③ 解除される場合

他方、管財人等によって契約の解除が選択された場合、再生手続及び更生手続の場合には、解除によって請負人に生じた損害賠償請求権（報酬請求権等の得べかりし利益（履行利益）の損害を含む）は再生債権又は更生債権として処理される（民再49条5項、会更61条5項、破54条1項）。

破産手続の場合も再生手続、更生手続の場合と同様に処理されるのが原則であるが、請負契約の場合には、破産法53条の特則により破産管財人のみならず請負人にも解除権が与えられている（民法642条1項前段）。請負契約が解除された場合、請負人は、既にした仕事の報酬及びその中に含まれていない費用について権利行使することができる（同条1項後段）。これにより補塡されない損害が発生した場合には、破産管財人が解除した時に限り、請負人は損害賠償債権も取得するが、これらの債権の全ては破産債権になる（同条2項）。

(3) 造船契約・船舶売買契約における実務上の取扱い

造船契約の場合、上記の建造代金の一部を割払金として造船所に支払済みであるが最終の割払金の支払いと船舶の引渡しが未了の時点で発注者が倒産手続きに服したという例でいえば、注文者の管財人等が造船契約の履行を選択した場合、造船所は、船舶の建造を完了して注文者に引き渡す義務を引き続き負うものの、未受領の割払金は財団債権又は共益債権として管財人等による随時の履行が確保される道が残されている[18]。

しかし、実務上、注文者は建造・購入資金を金融機関からの融資で調達し

ている場合が殆どであり、倒産手続に入った後の会社による資金調達は困難になることが予想される。当該船舶が再建に必要不可欠である事情がある場合を除き[19]、資金調達ができない場合には、管財人等又は造船所から解除が選択されることになると思われる。

船舶売買契約の場合、売買代金の支払いと引渡時に一括して行われるのが通常である。売主の引渡債務、買主の代金支払義務が共に未履行の場合で、買主について倒産手続が開始された場合には、履行が選択された場合には買主は売買代金債務を履行し（売主の売買代金請求権は財団債権又は共益債権となる）、売主は目的物引渡義務を負うが、購入資金を調達できなければ解除が選択されることになると思われる。

解除が選択された場合、買主は支払済みの代金の返還請求ができる。売主に解除による損害が生じたときは損害賠償請求もできるが、損害賠償債権は破産債権、再生債権又は更生債権として倒産手続上の権利行使しかできない。もっとも、割払金を受領していた場合には、造船契約の条件によっては、その返還債務との相殺で回収することも可能であろう。

(4) 倒産解除特約について

倒産手続の開始や申立てを契約の解除事由又は解除権発生事由とする特約（一般に「倒産解除特約」と呼ばれる。）について、更生手続及び再生手続においては、再建手続の目的を事実上無にするということを理由としてかかる特約の効力を否定するのが判例の立場である[20]。破産手続の場合にも、倒産法が双方未履行双務契約について管財人等に解除か履行かの選択権を与えた趣旨を失わせることを理由として、無効とする見解が有力なようである[21]。

---

18) 破産手続の実務では、破産手続開始前の部分を含めて全額を財団債権にした場合、破産財団の財産の収集見込み如何によっては破産管財人は現実には履行を選択できないことになるため、請負工事契約は、出来高査定による可分給付とみて手続開始前の出来高に対応する債権は破産債権として取り扱われているようである（藤田・前掲（注2）193頁）。

19) 裁判所の許可を得た再生手続又は更生手続開始後の借入に係る債権及び再生手続又は更生手続開始前の事業の継続に不可欠な借入にかかる債権は共益債権となる（民再119条5号、120条、会更127条5号、128条）。

20) 更生手続につき最判昭和57年3月30日民集36巻3号484頁、再生手続につき最判平成20年12月16日民集62巻10号2561頁。

21) 伊藤眞『破産法・民事再生法』274頁（有斐閣、第2版、2009年）。

造船契約の主要雛形である一般社団法人日本造船工業会のStandard Shipbuilding Contract（1974年1月版）にもかかる倒産解除特約に関する規定は存在せず、雛形からの修正によりかかる特約が設けられていても、上記の理由により効力が否定される可能性がある。

　もっとも、割払金の滞納等の倒産手続開始前に生じていた原因を理由とする解除権等の行使は妨げられない。但し、倒産手続開始の申立てと同時に裁判所より弁済禁止の保全処分命令又は包括的禁止命令（破25条ないし28条、民再27条ないし30条、会更25条）が発せられた場合には、債務者は履行が禁止されるため、相手方はその保全処分にかかる債務の履行遅滞を理由に契約を解除することはできない[22]。

4　担保契約
(1)　竣工前担保契約の種類

　債権保全の方法としては、(i) ストラクチャーを維持したまま担保権を実行して優先弁済を受ける（「優先弁済目的」）、(ii) 経営難に陥った当事者をストラクチャーから退却させ、経営状況のよい当事者に交代させる（「リストラクチャリング目的」）という方法が考えられる。このような観点から、船舶金融においては、船舶竣工前には、以下のような担保契約が締結されることがある。

　《竣工前・竣工後共通》
　　・質権設定契約
　《竣工前》
　　・造船契約譲渡契約（兼　前受金返還請求権譲渡）又は船舶売買契約譲渡契約
　　・傭船確約書譲渡契約

(2)　質権設定契約

　金融機関を質権者、海運会社を質権設定者としてその子会社であるSPCの株式に質権が設定されることがある。

---

[22]　最判昭和57年3月30日民集36巻3号484頁。なお、倒産手続開始後も破産債権、再生債権及び更生債権は原則として個別権利行使は禁止される（破100条1項、民再85条1項、会更47条1項）。

株式への質権を取得する主たる目的は、株式の資産価値に着目して優先弁済を受けるためというより、ローン契約の連帯保証人である海運会社がデフォルト状態になった場合、海運会社が倒産する前に質権を実行して、財務状況の良い他の海運会社に当該株式を買い取ってもらうことによりリストラクチャリングを実現することにある。船舶のみを売却する場合と異なり、船舶保有SPCから船舶と傭船契約等のそれに付随する契約関係を維持したまま譲受海運会社の下で再建を図ることができるため、ファイナンサーの側から見た場合、既存のストラクチャーを維持することにより予定通りのキャッシュフローの確保を可能にするというメリットがある。

但し、株式質権の設定は、1社の船舶保有SPCが2隻の船舶を保有している場合、とりわけ、当該他の船舶について他の金融機関の債権が存在する場合には通常認められない。

また、海運会社が破産手続又は再生手続に服する場合には別除権として係る権利を行使することができるが、更生手続の場合には申立受理と同時に裁判所より中止命令又は包括的禁止命令（会更24条、25条）が発せられるのが通常であり、更生手続開始後も更生担保権として担保権の実行が制限されてしまう。そのため、海運会社の経営状況が悪化した場合には早い段階から売却先を探し、更生手続開始申立前には担保実行及び売却手続きを完了させている必要がある点にも留意が必要である。

(3) 造船契約譲渡契約又は船舶売買契約譲渡契約

注文者又は買主が破産手続又は再生手続に服する場合、譲受人たる金融機関は担保権実行により注文者又は買主の地位を譲り受けることができるため、本譲渡契約を用いたリストラクチャリングによりストラクチャーを維持することが可能になる。造船契約が解除されることとなった場合、注文者の地位に付随する権利として造船所に対する前受金返還請求権を取得するが、解除に関して造船所が注文者に対して取得する損害賠償請求権と相殺される可能性がある。注文者が更生手続に服する場合には、譲受人は更生担保権者として更生手続内での権利行使しかできない。

(4) 傭船確約書譲渡契約

傭船確約書は特定の船舶の特定の傭船者による傭船を確約するものなの

で、譲受人たる金融機関は、担保実行後、造船契約と同様の処理に運命を共にさせるのが合理的な処理と思われる。注文者が破産手続又は再生手続に服する場合、条件のよい傭船確約書であれば、造船契約の譲渡とともに傭船確約書も別の船主に移すことが可能であろう。

VI 倒産手続が取引に与える影響②～竣工後

1 はじめに

竣工後には、船舶を傭船者に貸し渡し、その他対価である傭船者からの傭船料により対価の回収を図る。竣工後における借入人、船主及び傭船者としての海運会社又はその子会社の倒産が船舶金融取引における各契約に及ぼす影響について検討する。

2 ファイナンス関連契約

(1) ローン契約

V. 2. (1) を参照されたい。

(2) スワップ契約

V. 2. (2) を参照されたい。

3 船舶関連契約

(1) 竣工後の主な船舶関連契約

竣工後の船舶に関する契約として、裸傭船契約、定期傭船契約等の傭船契約と船舶管理契約がある。その他、バンカーオイルの供給契約など、船舶の運航に必要な種々の商取引契約が考えられる。

裸傭船契約は船舶の賃貸借契約と考えられている[23]。また、定期傭船契約の法的性格については諸説あるも船舶賃貸借と労務提供契約の混合契約というのが日本の裁判所が取ってきた見解である[24]。いずれにせよ、船主が船舶

---

23) 谷本裕範＝宮脇亮次『新・傭船契約の実務的解説』24頁（成山堂、2008年）。
24) 大判昭和3年6月28日（民集7巻8号519頁）など。谷本＝宮脇・前掲（注23）113頁参照。

を貸し渡し傭船者が船舶をやとい入れた対価として運賃又は傭船料を支払う双務契約であるという点は共通している。

また、船舶管理契約も、管理業務の提供と管理料の支払いの支払いという双務契約である。もっとも、船舶金融のストラクチャー上、受託者たる船舶管理会社は委託者たる船主又は裸傭船者の親会社又は関連会社であるため契約当事者の利害が対立しないという場合も少なくなく、また、金融機関に対して船舶管理契約の譲渡が行われることも多くないことから、本稿では詳述しないこととする。

(2) 傭船契約

傭船期間中に船主又は傭船者が倒産手続に服した場合には、当該傭船契約は双方未履行の双務契約となる。

① 船主が倒産手続に服した場合

上記のとおり、船主の管財人等は、解除か履行かの選択権を有する。但し、船舶の賃借権の登記（商703条参照）が行われている場合には、管財人等はかかる権利を行使することができない（破56条、民再51条、会更63条）。

履行が選択された場合には、傭船者は、引き続き船舶の傭船を受けることができる。

解除が選択された場合、傭船者は、解除によって生じた損害賠償について、破産債権、再生債権又は更生債権として手続内で満足を受ける。

但し、履行が選択された場合、傭船料債権に譲渡担保が付されており[25]、別除権として担保権者によって譲渡担保権が実行された結果、傭船料が得られない一方で船舶の維持管理費用（定期傭船・裸傭船共通）、船長・船員の配備に関する費用（定期傭船の場合）等は船主が負担せざるを得なくなることから、船主としては、傭船契約上の義務の履行が困難になるという問題に直面する

---

25) 判例も、将来発生すべき債権を目的とする債権譲渡を一般的に有効とし（最判平成11年1月29日民集53巻1号151頁）、将来の賃料債権を差押えた後に賃貸借の目的が譲渡された場合に差押えの効力を優先する判断をしている（最判平成10年3月24日、民集52巻2号399頁）。但し、船舶金融においては、傭船者の平穏な傭船を確保するためデフォルト事由発生後の貸付人の抵当権実行等の担保権実行を制限する Quiet Enjoyment Letter が締結され、同 Letter において傭船料債権譲渡担保の実行の制限が規定されることもある。

可能性があるように思われる。

② 傭船者が倒産手続に服した場合

傭船者の管財人等は、解除か履行かの選択権を有する。

再生手続又は更生手続においては、傭船料が市場価格より有利か同程度であるなど債務者にとって有利又は維持可能な条件の傭船契約は履行し、傭船料が市場価格より高いなど不利な条件の傭船契約は解除することにより再建を目指すことになる。

傭船契約の履行が選択された場合、船主は当該傭船契約に基づき、財団債権又は共益債権として傭船料収入を得ることができる（破148条1項7号、民再49条4項、会更61条4項）。但し、傭船料債権を共益債権として扱う場合、その負担が過重な場合には再建計画を遂行できず、最終的に破産手続に移行する可能性もある[26]。

一方、傭船契約の解除が選択された場合には、倒産手続開始前の未払傭船料は破産債権、再生債権又は更生債権（破54条1項、民再49条5項、会更61条5項）として取り扱われるのが原則である。倒産手続開始後解除前の傭船料は、倒産手続きの場合は財団債権として取り扱われる（破148条1項8号）が、再生手続及び更生手続の場合には破産148条1項8号に相当する規定が存在しない。再生手続及び更生手続においては、一般の共益債権（民再119条、会更127条）とすることが裁判所に認められない限りは、再生債権又は更生債権として取り扱われることになるだろう。

(3) その他の契約

海運会社においては、バンカーオイルの供給契約、船員の派遣契約等の船舶の運航に関する契約をはじめとする再建に必要な種々の商取引契約が存在する。これらの契約の倒産手続外での履行を認め、契約の締結や維持を契約の相手方に躊躇させないことは、円滑な倒産手続きの進行、とりわけ再建計画の実行に必要不可欠である。

商取引契約のうち、継続的供給契約に該当するものがあれば、倒産債務者

---

[26] 2002年7月に更生計画が認可されたものの、2008年7月に更生手続廃止の決定が確定し破産手続きが開始されたが、2011年1月に那覇地方裁判所の費用不足により破産手続廃止の決定が確定した沖縄県の有村産業株式会社もその一例と思われる。

に対して継続的給付の義務を負う双務契約の相手方は、倒産手続開始申立前の給付に係る倒産債権について弁済がないことを理由として倒産手続開始後に義務の履行を拒むことはできず、倒産手続開始の申立後倒産手続開始前にした給付に係る請求権は財団債権又は共益債権としての保護が与えられる（破55条、会更62条、民再50条）。

それ以外の債権であっても、一般の共益債権に該当する場合には財団債権又は共益債権としての保護があたえられるが（破148条、民再119条、会更127条）、それらの債権についても、事業継続に必要不可欠な債権であれば、裁判所の許可を得て共益債権化することが可能である（民再120条、会更128条）。

(4) 倒産解除特約について

V. 3. (4) を参照されたい。

3 担保契約

(1) 竣工後担保契約の種類

竣工前と同様に、(i) 優先弁済目的、及び (ii) リストラクチャリング目的で、船舶竣工後には、以下のような担保契約が締結されることがある。これらの担保契約が倒産手続によって受ける影響は以下のとおりである。

《竣工前・竣工後共通》
・ 質権設定契約

《竣工後》
・ 抵当権設定証書
・ 保険金請求権譲渡契約
・ 傭船料債権譲渡契約又は傭船契約譲渡契約
・ 履行保証書譲渡契約

(2) 抵当権設定証書

更生手続に服する場合には更生担保権になってしまうが、破産手続、再生手続に服する場合には、別除権として手続外で実行することができる。そして、競売手続に伴う価格の低下や費用のデメリットを回避するために、任意売却が好ましい場合もあり、担保権解除の請求制度（破186条、民再148条、会更104条）がある。

しかし、一方で、船舶固有の問題点として、抵当権に優先する海事先取特権がある場合には抵当権者は配当順位において劣後し、また、先取特権は一定の消滅時効に服するものの、所有権の移転によっては消滅しないことも想定されるため、先取特権を行使される恐れのある船舶にはなかなか買い手がつかないか、買い手がついたとしても値段を大きく下げられてしまうという問題点がある。しかし、強制競売を経れば、先取特権を含む全ての担保権を消滅させることができるというメリットもある。

この点、シンガポールにおいては、あらかじめ売却先を見つけておいて裁判所で競売手続を経るということも可能なようである。この方法を用いれば、競売手続きを経ることによる減価を防ぎつつ、かつ、裁判手続による先取特権の消滅を果たすことができると思われる。

(3) 保険金請求権譲渡

船体保険及び船舶戦争保険は船舶の価値代替物、不稼働保険の場合にも傭船料の価値代替物ということができる。破産手続、再生手続の場合には別除権として手続外でこれらの保険に基づく保険金請求権を行使することができる。但し、破産手続及び再生手続であっても、船体保険の衝突賠償金やP&I保険などの責任賠償に関する保険の保険金は、保険法第22条3項[27]の規定やP&Iクラブのルールにより譲渡が禁止されているため、保険会社等に請求をしていくことはできない[28]。

(4) 傭船料債権譲渡契約・傭船契約譲渡契約

傭船料債権譲渡では、傭船料受領するドル口座と貸付金の入金及び弁済に利用する円口座をレンダーに設け、一定の金額(たとえば、次回の元利金支払日に支払うべき金額に相当する金額)を円転して残高を維持する義務を譲渡人たる借入人に課し、借入人が期限の利益を喪失した場合には、口座の払出しを禁止して当該口座からの引出し又は元利金債権と預金払戻債権との相殺を行う

---

[27] 保険法22条3項本文は、責任保険契約に基づく保険金請求権の譲渡、質入れ及び差押えを原則として禁止している。この規定の趣旨は、被害者の先取特権の実効性を確保することにある(萩本修編著『一問一答保険法』137頁(商事法務、2009年))。

[28] これらは被害者に直接支払われることを原則としている(Paid to be paidの原則と呼ばれる)。

ことで債権の回収を行うという債権回収方法がしばしばとられる。

　傭船料債権譲渡契約を締結している場合、譲渡担保権を行使することにより傭船者から直接傭船料を収受することができる[29]。破産手続、再生手続の場合には別除権としてこれらの権利を行使することができるが、更生手続の場合には、更生担保権として更生手続の中で権利行使していくことになる。

　その他、傭船契約譲渡として、傭船料債権のみならず、傭船契約上の船主の地位とこれに基づく権利義務も併せて譲渡されることもあり、その場合、通常、期限の利益喪失事由が発生した場合に傭船契約上の船主の地位を他の船主（代替船主）へ移転するための手続きが規定されている。かかる権利を行使することにより、代替船主との間で傭船契約を維持し、元利金債務支払のキャッシュフローを確保することが譲受人に期待されている。譲受人は、代替船主が傭船契約と共にローン債務も引き継ぐか、引き継がない場合には船舶の売買代金により債権を回収することが可能になる。

(5) 履行保証書譲渡

　船主が倒産手続又は再生手続に服する場合には別除権として倒産手続外で、更生手続に服する場合には更生手続内で、譲受人たる金融機関は、傭船者が傭船料の支払いをしなかった場合に傭船者の保証人に支払いを要求することができる。但し、金融機関に船主が提供した傭船料債権譲渡担保が実行された結果、傭船料収入が得られず管理費用が枯渇し傭船契約上の義務を果たすことができずに傭船契約上の契約違反を理由に傭船契約を解除された場合には、傭船者の保証人の信用力如何にかかわらず傭船料収入を得られない可能性はある。

(6) 相殺権の行使による回収

①　傭船料入金口座の払戻請求権と貸付債権の相殺

　一般に、相殺には、簡易決済機能、公平確保機能及び担保機能があると言われる。この相殺の担保的機能とは、受働債権が自働債権について担保権の設定を受けたのと同様の効果を果たすことをいう。

---

[29]　口座そのものに質権が設定されることもあるが、我が国においては、現行法上、流動性預金へ設定された担保権及びその対抗要件の有効性は確立されているとはいえない（道垣内弘人「普通預金の担保化」中田裕康＝道垣内弘人『金融取引と民法法理』43頁（有斐閣、2000年））。

このような機能は取引の相手方が倒産した場合に最も強く期待されるものであり、また、債権者は、自己の債務は相手方に対して完全に履行しなければならないが、その債権については倒産手続による僅少の配当等しか受けられないというのでは、倒産債権者に酷に失する結果となり、著しい不均衡が生じることになる。そこで、倒産法上、債権者は、債務者に倒産手続が開始された場合であっても、倒産手続の時において債務者に対して債務を負担しているときには、倒産手続によらないで相殺することができることを原則とした（破67条1項、民再92条1項、会更48条1項）。

船舶金融においては、傭船料債権譲渡契約を締結していない場合であっても、貸付人が銀行の場合には自行の口座を傭船料入金口座とすることが一般的であり、また、相殺権は債務者が更生手続に服した場合にも更生担保権にはならない。そのため、相殺権は船舶金融の実務においても実務上重要な役割が期待されている。

② 倒産手続における相殺権の取扱い

破産債権者は、破産手続開始時に破産者に対して債務を負担するときは、倒産手続によらず行使することができる。（破67条）。

破産の場合、相殺の意思表示には行使時期の制約はなく、原則として破産手続開始後もいつでも自由に行うことができる。但し、破産債権者の負担する債務が弁済期にあるときには、破産管財人からの催告を受けた破産債権者が定められた期間内に確答しないときには、当該破産債権者は破産手続において相殺権を行使することができなくなる（破73条）。また、民法上の相殺と異なり、破産手続開始時に期限未到来の債権での相殺も可能である[30]。

これに対し、再生手続及び更生手続の場合、期限付債権を自働債権として相殺に供するには、債権届出期間の満了までに再生債権・更生債権の履行期が到来していることが必要である（民再92条1項、会更48条1項）。

③ 傭船料口座に入金された傭船料による相殺の可否

危機時期に入った後は債権者間の公平・平等が要請されるため、債権者が

---

[30] 但し、期限付かつ利息付債権につき、元本債権は破産債権として相殺に供することが可能なのに対し、破産手続開始後の利息は劣後的破産債権（破97条1号1項、99条1項1号）であることから相殺に供することはできない。

倒産手続開始後に倒産債務者に対して債務を負担した場合には、その債務を受働債権とする相殺は禁止される（破71条1項1号、民再93条1項1号、会更49条1項1号）。

　傭船料債権譲渡が行われない場合でも、ローン契約書の制約条項として、預金受入機能を持つ金融機関は、傭船料の預入を自らに開設された特定の口座に入金することを義務付け、期限の利益喪失事由が発生した場合には口座からの払出しを禁止し、元利金債権と預金払戻債権との相殺による回収を行うことが試みられることがある。

　つまり、危機時期を知った時より「前に生じた原因」に基づく場合（破産法71条2条2号、民再93条2項2号、会更49条2項2号）には相殺禁止の例外が認められるため、このような場合、傭船料口座に入金される傭船料債権と預金払戻債権を相殺することに対する期待が存在する。

　この点、判例及び有力な学説の見解[31]によれば、銀行・債務者間の当座勘定取引契約・普通預金契約を締結したに過ぎない場合や、銀行当該代金の支払いについては、口座振り込みの方法によるという一種の弁済方法の指定が行われたに過ぎない場合は、「前に生じた原因」があったとは言えないとされている。しかし、A銀行と取引先Bとが連名で取引先の債務者Cに宛てて、代金は以後必ずA銀行B名義の口座に振り込み、それ以外の方法では支払わないでほしい旨の依頼を行い、この依頼はA・B同意の上でなければ取消し、変更しないとのA・B間の確約がある旨を明記した依頼書を作成し、Cがこの文書に承諾する旨の回答を付記する方式によって行うような場合には、たとえ危機時期において第三者からの振り込みがなされ、銀行が預金返還債務を負担しても、この振込指定の約定が債務負担の直接の原因とされ、破産法71条2条2号等が適用されて、相殺が許されると解されている。

　A銀行、取引先B、債務者C間の約定は、船舶金融の実務においては、傭船料債権譲渡契約と譲渡通知書及び承諾書を用いて行われることが一般的

31）　最判昭和52年12月6日民集31巻7号961頁、最判昭和60年2月26日金法1094号38頁、名古屋地判昭和55年6月9日判時997号144頁、名古屋高裁昭和58年3月31日判時1077号79頁、青山善充『倒産法における相殺とその制限（1）』金法910号9頁（1979年）。

であることから、上記の見解によれば、相殺禁止の例外規定以外は、危機時期以後に入金された傭船料につき相殺権による保護を受けることができないことになる。したがって、金融機関は、危機時期後に傭船料口座に入金された傭船料についても相殺による優先弁済を得たい場合には、傭船料債権譲渡を受けておくべきであろう。

VII　おわりに

本稿執筆時現在、為替の円安傾向によりリーマンショック以来の不況と円高の二重苦状態は解消されつつものの、船主への融資における金融機関の審査のハードルは依然高い状況にある。四方を海に囲まれた日本において、船舶は国民生活を支える必要不可欠なインフラであることから、金融機関による金融ストラクチャリングの手法を用いた債権保全の実現により、資金供給が円滑に行われることを願っている。

シリーズ「海運対談」

第1回「わが国が海運立国であり続けるために」

堀　　　龍兒氏
足　立　　曠氏

前編「日本と海外の海運業のビジネスモデルの違い」

好況時に売船益を得たギリシャ船主、暴落後に売船した日本船主

堀　このシリーズでは、昨今のマーケットの混乱の中で、日本の海運業がより強く生き残っていくために、ご関係の皆様に何らかのヒントをつかんでいただくきっかけを提示したいと考えております。

初回は、先般のJSE交流会で「日本海運の競争力と今後の方向」と題して講演された足立さんにご登場いただき、率直なご意見を伺います。足立さんは日本の大手海運会社で要職を歴任された後、海外海運会社でもご活躍され、日本と海外の両面を熟知されている方です。

さて、早速ですが、ここに2つのグラフがあります。私、このグラフを見ると少々、不思議な気持ちになりま

す。まず一つ目は、日本および主要国における船の保有隻数を比較したグラフです。このデータによると、日本が実質船主となっている船舶は8323隻と世界最大で、積載量ベースで2位のギリシャ4413隻のほぼ倍となっております。隻数ベースでも2位の中国5396隻を大きく超えており、日本が名実ともに世界最大の船舶保有国であることが明らかにされています。

ところが、次のグラフをみると、ちょっと違った景色が見えてきます。これは中古船の国別売却隻数です。ご存知のとおり、前回の海運ブームは2003年頃から上昇を始め、2008年後半に急落したわけです。

このグラフによれば、ギリシャ船主は上昇局面の2006年、2007年の船価の上昇局面に船舶を売却し、売却益を得

国別実質保有船舶数

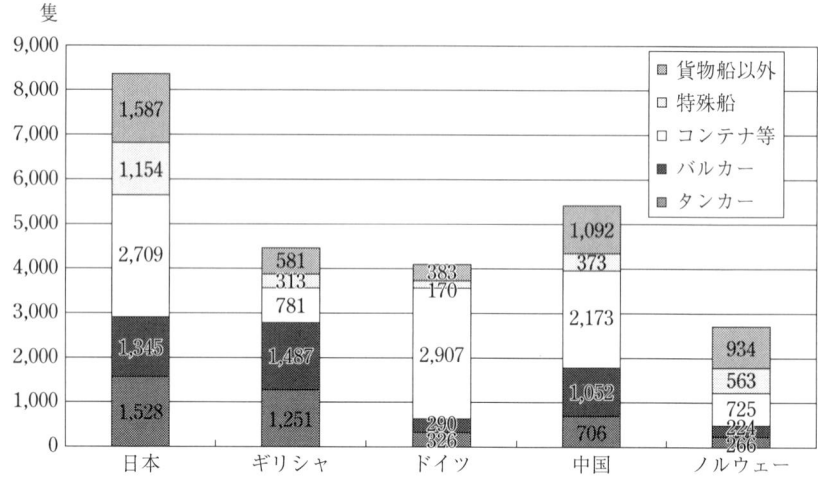

国	タンカー	バルカー	コンテナ等	特殊船	貨物船以外
日本	1,528	1,345	2,709	1,154	1,587
ギリシャ	1,251	1,487	781	313	581
ドイツ	326 / 290	—	2,907	170	383
中国	706	1,052	2,173	373	1,092
ノルウェー	266 / 224	725	563	—	934

(Clarkson World Fleet Monitor 2010年2月)

中古船の国別売却隻数

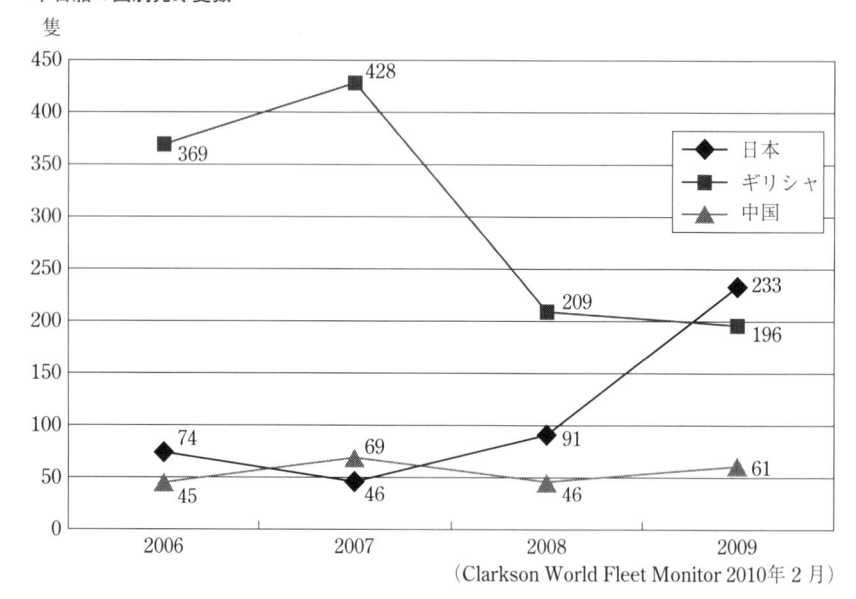

年	日本	ギリシャ	中国
2006	74	369	45
2007	46	428	69
2008	91	209	46
2009	233	196	61

(Clarkson World Fleet Monitor 2010年2月)

シリーズ「海運対談」

たことがわかります。一方、日本の船主が売りはじめたのは船価が急落した2009年以降のようです。これはどのような背景があるのでしょうか。

足立 日本の船主またはオペレーターと、ギリシャ、欧米の同業者とを比較すると、ビジネスモデルが大きく異なります。その第一点目は、欧米では船そのものの資産価値、すなわちキャピタルゲインを重視する姿勢が挙げられます。これはいわば船の売買もビジネスの中に入るというものの考え方が根底にあります。

第二点目は、日本では船主・オペレーターの長期的な信頼関係に基づく、安定的な取引の歴史があります。また、この関係を支える海事クラスターが国内に形成されている点を挙げたいと思います。売船価が良い時は、マーケットが良いわけですから荷動きも活発です。そんな時に船を売っていたら、オペレーターは荷物を輸送するという本業で稼ぐことはできません。

堀 日本の船主は船を長期の傭船契約で縛られているために、売るチャンスがなかったということですか。

足立 日本では従来、船主が海外には見られないような長期間、オペレーターと傭船契約を結び、その傭船契約終了後に売船。また、その見合いの次の船を準備し、更新してきました。傭船者にニーズのある良い船を保有し、まじめに船舶管理、運航を行い、契約終了後の売船時に新造船に投資して利益を得ることができればという経営方針の船主が日本には多かったと思います。船主にとってはオペレーターに傭船してもらうという関係が延々と続くことの方が家業として大事であり、これを繰り返してきたのだと思います。このように国内のオペレーターとの間でビジネスが完結し、継続している限り、売却益よりも永続性が重視されたのです。

堀 税制の問題はどうなんでしょうか。

足立 その点も大いに違いますね。日本の場合は、たとえばパナマ船籍にしている船まですべて合算されて、日本の会社として、同じように課税されます。

一方、ギリシャはじめ欧州は、名目上課税される場合もありますが、基本的には傭船にしても売船にしても優遇税制が適用されます。

それからこれは所得税とはちょっと違いますが、中小企業の非公開株の相続・贈与税に関して、2010年度税制改正で海外子会社の株式が、猶予税制の適用外になってしまうようです。そう

すると相続・贈与税の負担が大きくなってくる。家業としてのオーナーさんにとって、次の世代にどう引き継いでいくか。この点も大きな問題になっています。

堀　このグラフによれば、ギリシャ船主は好況期に売却し、現金をだいぶ蓄えたことがうかがわれますね。なぜ、彼らはそんなことができるのでしょうか。

足立　ギリシャの場合、傭船期間が比較的短く、チャンスがあれば船が迅速に売れるという優位性があります。また、船の売却益に対する税金が日本に比べれば少ないということで、利益を次の投資に回せるわけです。そして、またマーケットが下がったとき、安く船を買うのです。つまり日本の船会社が売るような局面で、向こうは買ってくる。高船価の時に売り、低船価の時に買う形で、売買船益を挙げているのです。

堀　しかし、なぜギリシャの人たちは短い傭船で勝負できるのでしょうね。

足立　それはギリシャの船主の手持ち資金が潤沢にあることも一因だと言えます。日本の場合には、地方銀行や都市銀行などからお金を借りる場合、頭金を少し入れる程度で、90％ファイナンス、時によっては100％近いファイナンスというケースもあります。

　ところが欧米の銀行では、そんな少額の自己資金では貸してくれません。30％程度は入れる必要がある。戦後の初期段階は親族一同からお金を借りたというような話も聞きましたし、大変だったと思います。しかし、ギリシャオーナーはこのビジネスモデルを繰り返すことで、相場の上昇局面で巨額の利益を得て、自己資金の蓄積を進めました。そして、現在は多めの自己資金を投入し、比較的短期の傭船契約を結びながら、機動的に売買するような戦略を採ったわけです。

堀　船舶への投資スタンスとシップファイナンスの考え方が違うということですね。

足立　はい。日本では海事クラスターの中に、地方銀行、都市銀行の船舶融資の部門がしっかりと組み込まれています。

　日本のオペレーターは、船舶の保有形態について常に頭を悩ませてきました。やはり1/3ぐらいは、銀行からの直接の借り入れによる自己保有、それから1/3は地方の船主さんに持ってもらい定期傭船をする、それから残りの1/3は、今で言うJOL（Japanese Operating Lease）とかその他の形態

で調達するといった形で運航船の保有形態のバランスをとっています。

そのような案分でバランスを取っていました。自社で全部保有すると債務が非常に増えてしまいますから。やはりオフバランスにするために船主さんに持ってもらう。そうなると船主に簡単に船を売ってしまわれると困ってしまいます。

堀 それと、日本の産業構造と、ギリシャの産業構造は、全然違うと。

足立 そうです。日本には日本の産業を支える大きな荷主が多数存在します。戦争でほとんどの船舶を失った日本のオペレーターにとって、船隊整備は急務でしたが資金調達は困難でした。そこで、計画造船制度の拡充による日本開発銀行を中核とした融資政策で、日本の戦後復興を担う主力船隊を造ってきました。その建造には、基本的に荷主の保証契約が必要となり、これが荷主とオペレーターの強固な結びつきとなるのです。

その後、外航船舶建造に対する利子補給法も施行され外航船舶の建造が促進されることになります。

この利子補給も結果的には荷主さんのところへ回った部分も多く、それが日本の高度成長を促進させたという側面があります。

この時とはもちろん時代が違い、資金調達の方法も異なりますが、現在でも少なくとも不定期、専用船の分野ではこの荷主さんとの強固な結びつきは変わっていないと思います。

堀 そういう背景があるにせよ、先ほどのグラフでは、2009年になって日本の船主が船を売っているのはなぜでしょうか。なぜ状況として一番悪い時に。

足立 この理由の一つは、オペレーターによるフリートの処分でしょう。リーマンショックの後、自動車船などを中心に大量にスクラップ売船しました。1社で20隻も処分する例もあったほどです。そういう動きが2009年には非常に活発でした。自動車船は、一時輸送量が最盛期の半分以下に落ち込んだ時もありました。古い船は売らざるを得なかったのかと思います。それまで、景気が良く輸送量も活発でしたから、古い船にコストをかけて延命してきたのを、古い船から順番に売り、減船していったということもあると思います。

もう一つは、残念な話ですが、船主の中には円高による収入の目減りと新造船の自己資金が不足したために、資金繰りが厳しくなり、所有船舶を売らざるを得なくなっていたという話も聞

いています。

堀 結果的にはギリシャが勝ち組となり、それに比べて日本は情勢が悪い。その差は、今後もどうしようもないのでしょうか。

足立 買船益の観点からすればそうでしょうが、これは多分、四国を中心とする船主さんが、ギリシャ船主のビジネスモデルをどのように評価するかにかかっていると言えるでしょう。

日本の船主として、今後も国内のオペレーターと共に手を携えていく、日本のオペレーターのため以外に船を造らないというスタンスのままならば、売船マーケットでの勝機は逸しても、事業の継続性は保てるかもしれません。一方で、海外オペレーターとの取引を深める選択肢を取れば、新たな局面が展開されることもあると思います。

今、外航船に進出されている四国船主さんの多くは、外航進出後の二代目時代を迎えておられる方が多くなっています。同じようにギリシャも近代化された船主としては二代目にさしかかっています。

欧米の大学やビジネススクールで学んだ二代目ギリシャ船主たちは、今、ニューヨークで盛んに上場しているのです。同じギリシャでも、かつてのやり方と違ってきています。今後は日本でもそういう船主が登場してくる可能性もあるのではないかと思います。

堀 直言するなら、日本の船主も発想の転換をしていかないと国際的には太刀打ちできないだろう、と。

足立 まさにそういうことです。ただ現実には、日本のオペレーターが日本の荷主に対して貸し出す船の多くが長期契約を持っています。船主さんが外に目を向け、ドラスチックにやるとこの関係が崩壊してしまう。いずれにしろ、今後どういう形で生きていくかによって、その戦略を決めていかざるを得ないだろうと思います。ただ最も大切なことは自分たちがどのような道を歩むか否かは別にして、船主として多様な選択肢があることを知ったうえで、自らの道を選ぶことだと思います。

円相場との果てしなき戦い

堀 さて、私も商社時代、大変な経験をしたのが為替の問題です。次のグラフですが、これは日本の海運業の歴史と円相場の推移を示したものです。

円という通貨は変動相場性になって以来ほぼ40年、多少の揺り戻しはあるにしても、一貫して値上がりしてきました。これは借金とコストの多くが円

建てである日本の船会社にとって、収入が目減りし続けたことを意味しませんか。

足立　そのとおりです。私が入社して間もなくドルショックの洗礼を受け、変動相場制になってからは苦労の連続でした。これは船主だけではなく、オペレーターも、ドルコスト化を進め、工夫して頑張ってきました。しかし日本に会社がある限り、円高だけはいかんともしがたく、収入の多くの部分がドルですから、ドルの費用がドル収入を上回るということはありません。

その点、海外のオペレーター、あるいは船主さんはドルの変動に左右されない会社が多く、日本はずいぶんハンディキャップを負っているのではないかと思います。

堀　日本のメーカーは今、海外に進出して儲けようという流れを加速させています。船の場合にも思い切って海外に本社を置き、向こうで外貨による取引をするという発想はないのでしょうか。

足立　そういう形で頑張ろうとした船主もおられますけれども、やはり、まだまだでしょう。船主と言っても昭和50年前後に外航に進出された四国を中心とした船主とそれ以前からの船主では、同じ船主でもちょっと違った性格を有しているかと思います。

ご存じのように昭和39年に、海運集約があり6中核体が誕生しました。脆

1973年の変動相場制以降、一貫して円高一ドル建て収入・円建て負債へのインパクト

JPY/USD 為替レート推移

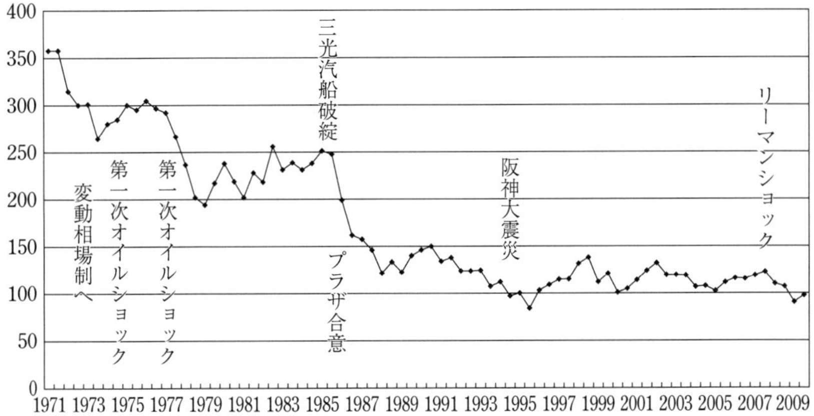
400
350
300
250
200
150
100
50
0
1971 1973 1975 1977 1979 1981 1983 1985 1987 1989 1991 1993 1995 1997 1999 2001 2003 2005 2007 2009
変動相場制へ
第一次オイルショック
第一次オイルショック
三光汽船破綻
プラザ合意
阪神大震災
リーマンショック

弱な日本海運の基盤強化のため行われた産業再編成に当時130社あった外航海運会社のうち、95社がこれに参加しました。

中核体となった6社を中心にオペレーターである系列会社27社、船主55社が専属会社としてそれぞれが選んだ6中核体の傘下に入りました。

この時集約に参加した船主の多くは戦前からの伝統的な会社も多く、今でも主要オペレーターの船舶管理などを担い活躍している会社が見られます。

昭和49年、昭和54年に第一次オイルショック、第二次オイルショックが起こり海運界としても多大な影響を受けるのですがその前の、昭和47年に全日本海員組合のいわゆる「90日スト」という非常に長いストライキがありました。これも、円高に加え、日本の船員さんの賃金が高くなり日本籍船が競争力を失っていく一つの転換点になりました。

堀 その後、昭和50年前後に、日本の海運業に新たな動きがありましたね。

足立 はい。日本の主力オペレーターが円高、船員費の上昇などで日本籍船のコスト競争力を失いつつあるなかで、その補完として香港船主からの傭船を増やして競争力を高めようとした時期もありました。こうしてオペレーターが競争力のある船を模索していた時に、今でいう四国の船主が内航から外航に出てこられました。もっと古くからの印象をお持ちかもしれませんが、歴史としては30～40年ぐらいなのです。

造船所も今治とか来島、常石あたりを中心に建設されました。船の受注が少ないときには、ストックボートとして建造しておき、需要があると船主に譲るということもありました。この頃から船主や造船所が東京に出てきて、オペレーターと交渉し契約を取り付けていました。オペレーターとしてもこのような競争力のある船を必要としたわけです。

堀 なるほど、四国の船主を軸として、造船所、銀行が三位一体となったビジネスモデルが見えてきますね。さらにはオペレーター、強大な荷主と、日本独自の海事クラスターが形成されてきた、と。

後半では、その強味と今後の課題を探り、将来の海運界の指針を明らかにしたいと思います。　足立さん、引き続きよろしくお願いします。

〈2010年6月「KAIUN」〉

〈足立　曠（あだち　ひろし）氏〉

日本郵船に30年余り勤務。同社にて定期船、自動

車船等の営業部門、ロンドン勤務などを歴任。さらに企画、経営企画など、経営の意思決定に参画。船舶の整備、客船事業の立案と立ち上げなどを行う。その後、バンクーバーに本部を置くティーケーシッピング日本法人の社長を7年間務め、現在は船舶保有の新しい形態であるシップファンドを手がけるアンカーシップインベストメントの特別顧問を務める。

〈堀　龍兒（ほり　りゅうじ）氏〉

日商岩井㈱に37年間勤務し、主に法務部門を担当の後、取締役に就任、常務取締役さらに専務取締役に累進。2003年4月より早稲田大学教授（大学法務研究科の専任教授）に就任。法学部、大学院等で民法を担当。同年10月、早稲田大学に、総合海法研究を目的とする海法研究所を設立（所長：早稲田大学商学部椿弘次教授、事務局長：同法学部箱井崇史教授）。日本で初めての社会人向けの海法コースの大学院を早稲田大学にスタート（講座責任者は堀教授で船舶金融法研究の講座を担当）。海法研究所において「東アジア海法フォーラム2008」など国際交流プログラムも開催。2009年9月、船舶金融法研究会を発足させ、学会、法曹、金融の実務家メンバー等と共に、日本海運の将来像を模索する。

後編「日本海運の競争力強化と進むべき進路」

"瀬戸内トライアングル"の強みと課題

堀　日本独特の海事クラスターの話でも触れられたように、船主、金融機関、造船所、この三者がいわば強固なトライアングルを形成しており、それが日本の特質となっていると思います。とりわけ、四国においてそれが顕著で、"瀬戸内トライアングル"と呼んだほうが適切かもしれません。

足立　大分の佐伯あたりから、呉、岡山の日生あたりまでと、愛媛の今治を中心とした四国の地域を考えれば、確かに"瀬戸内トライアングル"かもしれませんね。

堀　瀬戸内トライアングルが形成されるのは、瀬戸内の西の方々がプレゼンスを強めてこられたここ30、40年というところなのですね。

足立　はい。私が日本郵船時代、最初に関わったのは自動車船です。今治で船を造ろうとされた船主さんが上京されて「郵船の船を持ちたいと思うが」とおっしゃったのが、昭和50年に入って間もない頃です。このころは造船所と船主が二人三脚で契約を取るといった営業活動が行われ、まさに強固なトライアングルの形成期でした。

それまでは、わずかに例外はあるかもしれませんが、いわゆる鋼船で遠洋を航海する船を持っていた四国のオーナーというのはほとんどいなかったと

思います。もともと内航船を主力に家業として船主業を営まれていた方々でした。

堀　四国のオーナーが内航船から外航船へと進出した理由として、どんな点が挙げられますか。

足立　一つはオペレーターの要請があったと考えられます。これには、オペレーターが船主を使って、オフバランス化をせざるを得ないほど、船舶が増えてきたという背景があります。さらに、海員組合の船員を配乗するオペレーターの日本籍船がコスト競争力を失ってきたこともあります。

　ちょうどこのころは、それまで日陰の身であった仕組み船＝便宜置籍船を認知し正式に日本海運の船隊として扱おうとする転換期にありました。このような時代背景の下で船主と造船所と銀行とがうまく連携して船をどんどん造る仕組みができていったわけです。

堀　海外オペレーターへの傭船も行われたと聞きます。これは、船主さんにしろ、金融機関にしろ、国際化対応という感覚がすでに育っていたからでしょうか。

足立　いいえ、そういう意図は最初はなかったと思います。海外のオペレーターに傭船に出すのはもう少し後の時期ですが、当初は冷凍船のような船種が多くバルカーのような汎用性のある船は少なかったように思います。

堀　私が理解しておりますのは、日本の船主は円高でどんどん収入が目減りしていって苦しくなってきた。その頃、日本の商社は、日本の造船所の船を海外に売る仕事をしていました。海外オペレーターもギリシャ船主達から傭船している点に着眼した商社は、彼らが傭船しているレートと日本のレートとを比べてみました。すると日本の方が低い。であれば、海外オペレーターのお客様に日本のオーナーを連れて行けば、彼らが海外で傭船するよりも安く傭船できるし、日本のオーナーにとっては日本のオペレーターに出すよりも高く傭船してもらえる、と。そこで、日本の商社が主導となって、内外のニーズをマッチさせようとしたのではないかと思います。

足立　しかし欧米のオペレーターの傭船の仕方と、伝統的に強固なトライアングルで完結していた日本の商慣行とは相容れない点が出てきます。日本の船主が欧米のビジネスモデルをよく調べないままに進めてしまった面もあるのかもしれません。

堀　それでも、新しいビジネスモデルを導入した結果、日本のマーケットが刺激を受けたことは間違いなさそう

ですね。ただ、地元の金融機関ですと円ファイナンスがほとんどでしょうから、日本の船主は、収入はドル、借金は円、俗にいう"円キャリートレード"の形で為替のリスクを取っていたということになるのでしょう。

足立 いろんな工夫をされているとは思いますが、急激な円高になるといくら為替ヘッジを駆使してもなかなか追いつかないのが現実だと思います。

2000年以降、急拡大した日本のオーナー

堀 ところで2003年以降、日本のオーナーのフリートの急拡大とともに、パーチェスオプションという契約形態がさまざまな影響を及ぼしたといわれていますが、その点はいかがでしょうか。

足立 日本の船主とオペレーターが傭船契約を結ぶ際、パーチェスオプションという発想はもともとありませんでした。逆に、欧米のオペレーターとの契約では昔はなかったのですが、最近は当然のように要求してきます。船価が上がってパーチェスオプションを行使し船を所有する、それをまた転売するというようなメリットを当然狙いますから。

堀 しかしこの数年間、マーケットは上昇を続けたために、せっかく新造した船もオプションを行使され、その船の減価償却計画見合いに発注した船も、また、船価が上昇しました。日本の船主は買い取られることを前提で計画を立てざるを得なくなりました。結果として、次の船の発注を何回も繰り返すことになったのではないでしょうか。

足立 2003年以降のように船価が高くなると、海外オペレーターはオプションを行使して船を手に入れます。その後どうするかは当然買った人の自由なのです。

ところが日本の船主はそれまで、10年、15年の長期契約を前提にして、金融機関や国内オペレーターと取引していました。それが3年、5年で買われると減価償却計画に大変大きなギャップが生じてしまいます。

そこでまた、船を売って得られたキャッシュを元手に新造をすると、その回転がどんどん速くなってくる。これが右肩上がりのマーケットで行われている限り問題は表面化しません。ただ、この状態が続いた結果、船主が買い取られて得られる現金をあてにして、手持ち現金が少ないまま発注を繰り返すことになったのは問題でしたね。

堀　船価がどんどん上がっていった原因として、世界的な好景気を受けて荷動きが増加し、船が足りなくなっていったことが原因だったのでしょうか。

足立　明らかにそれが大きな原因の一つです。2000年代に入ってから海運のマーケットも非常に好調になってきました。特に中国の経済発展が牽引役となり、鉄鉱石、原油等の原材料をはじめいろいろなものの物流が増え、船が必要となったのです。日本の大手オペレーターも積極的に船数を拡大するという計画を立て、リーマンショックまで続きました。一時はいくら造船所ががんばっても追いつかないほどの需要に沸きました。

堀　この機に乗じた海外船主、特にギリシャの会社の上場ブームが起こっています。ニューヨークで2003年はゼロだった新規上場会社数が、2004年に2社、2005年に11社。以降も2008年まで続きました。

　この株価の上昇局面では、上場船会社の創業者は多額の現金を手にしました。その後、急落して投資家は損を被りましたが、結果的にギリシャの船主は市場に船価のリスクを転嫁し、自らは高値で株を売って、現金を得て、事業の拡大に成功しているようです。中には下落後に株を安く買い戻しているようなケースもあると聞きます。

足立　ギリシャ船主は2000年の初めからニューヨークにどんどん上場を果たします。そして莫大な資金を得て、それを元手に中古船を買い、さらに新造船を発注してビジネスを拡大していったのです。また、ギリシャの船主が傭船に出す時には、先ほどのパーチェスオプションを付けるケースは極めて少なく、短期の傭船期間が切れマーケットが良ければ、高値で自ら船を売れる態勢を取っています。海運マーケットはこのような大胆且つ細心な動きをする外人達がいるマーケットなのです。こういうビジネスモデルが日本人に適しているかどうかは別にして、日本の海運人もこのようなたくましい人たちに伍して戦う必要があるわけです。

堀　ところが日本の船主は、今回のマーケット暴落で、パーチェスオプションを行使されて買い取られるはずの船を買い取ってもらえなくなりました。

足立　そうです。当然のことながら、オプション価格よりもマーケットでの船価が安ければ、買い取ってもらえない。また、買い取られても、今回の円高でドル船価の円手取り額は減っ

てしまいました。これが、海外とのおつきあいをされている日本の船主を苦しめている一因ではないかと思います。

堀 売船マーケットが失速すると、不動産でいうなら"逆ざや"状態になるわけですね。船舶の場合、それによって資金がうまく回っていかないという問題はあるでしょうね。

足立 一定の円のファイナンスを銀行から受けて船を建造したとき、たとえば1ドル90円を前提に何年間で返済するというローンを組みます。100円を前提していて90円になると苦しいけれど、90円を前提にしていて100円になったら差益が出るということです。

これには建造のタイミングがあります。少し前の船ですと為替が120円くらいの時に100円くらいを前提にしていたと思います。今は100円を大幅に切っていますし、乗組員費用などの船費の上昇もありましたから、厳しい採算の船が多いでしょう。現在の水準なら、船主も銀行も少なくとも80〜85円ぐらいを前提にしておくとかいうことになっているでしょう。

堀 私の商社時代で一番苦しかったのは、三光汽船の倒産でした。あの当時業界は大変だったのですが、今回はそういうことになっていませんか。

足立 あれは1985年でしたね。資源輸送の増大を見込んで、三光汽船などといった船社がバルカーを中心に大量の仕組み船を造りました。倒産したのは船主兼オペレーターだったのです。

一方、今回の場合は、船主はそれぞれのオペレーターに傭船に出しています。海外のオペレーターにも相当の隻数を出していますが、日本のオペレーターに出しているところは、契約もきちんと守られていると思います。

堀 そうすると、リーマンショック以降海運業も悪いと言われているのですが、かつての三光汽船の当時と比べると、それほど心配しなくてもいいのでしょうか。

足立 船の持ち方は異なりますが、当然のことながら船の需給関係に大きなギャップが生じると、同じような結果を生む危険性はあります。

堀 研究会で聞いた話ですが、三光汽船の場合はレバレッジを大変に効かせ、大量に発注しました。特に、新株を発行して新造船の代金を株で払うやり方を用いました。翻って今回の場合、日本のオーナーさんたちは一応、海外または国内の傭船契約が付いている前提で船を発注しました。

ただ、その頭金というのは、先ほどのパーチェス・オプション・スパイラ

ルにありますように、船が売れた時点でお金が入ってくるからそれで払うという目算でした。ところが、船が売れなくなってしまったので頭金が払えない。ふつう頭金は最初に払うものですが、銀行がそれを最後に払うことを許容していたので、その資金繰りに困ったようです。

足立 三光汽船といえば、当時、日本一の時価総額になったぐらいの会社ですから。増資などで得た資金をどんどん船につぎ込んだということで、ちょっと今の日本のオーナーさんの置かれている立場とは違うと思います。ただ、海外のオペレーターが倒産したとなると同じことが起こる危険はあるでしょう。

日本の船主、オペレーターの生き残る道

堀 いずれにしろ日本の船主、あるいはオペレーターは大変な状況にあるといえるでしょう。一つ確実にいえるのは、相手を知らずに戦ったらそれは非常に危険だということです。

足立 日本のオペレーターも世界の各地に進出し、業容の拡大を図っています。しかし基本的には日本の荷主さんとビジネスを共にする構図から抜けきれていません。この点が今後どう変わっていくかも将来を見極める一つのポイントといえるでしょう。

定期船に関していえば昔はそれぞれの船会社に特性があって、運航スケジュールや荷物の積み付けといった基本的なところで特色を発揮してその強みを売りにすることができました。ところがコンテナ船の時代になってからは箱を積み下ろしするだけ。しかも海外のパートナーとアライアンスを組み、船会社独自の特色が試される機会はだんだん減ってしまいました。これがコンテナ船社の淘汰をもたらした一因かとも思います。

ただ専用船、不定期船の部門ではそれぞれの船社は大変元気に活躍しています。それでも、純利益率の面を見ると欧米の船社に大きく水をあけられているのが現実です。これはもちろん税制の違いも大きなポイントです。

たとえば私がかつて勤務していたティーケー・シッピングの場合は、本部がバンクーバー、本社がバミューダ、登記上の本社はマーシャルという具合にどこも基本的には法人税を払う必要のない国・地域です。

こういう税制のメリットを受けている船社に伍して、これだけの数の日本のオペレーターが存在しているのは驚異ともいえます。輸入貨物では年間8

億トン余りある日本向け輸送量の7割近くが、今も日本の商船隊によって運ばれており、基本のところでは日本の産業を支える荷主に依存しつつ、トライアングルを超えたもっと大きな共同体が形成されていることを示しているのではないでしょうか。しかしその関係が崩れてくると、当然、影響は船主にも及んでくるだろうと考えられます。

堀 「KAIUN」4月号の日本海事センターの松田氏のレポートによると、日本船社の売上高営業利益率は外国船社を4％から6％も下回っているようです。日本人の人件費や日本の港湾コストが主因と説明されていますが、真相はどうでしょう。

足立 日本と海外の船社のコンテナ船部門の営業利益率を比較すると、税引き前の数字ですでに差があり、日本のオペレーターは競争力の点で明らかに欧米の後塵を拝していると言えます。これは日本に本社があるとか、円コストといった理由が背景にあるかとは思います。

しかし他にも理由があるのではないでしょうか。私が入社した昭和40年中頃は、極東の70％の定期船の貨物は日本から出ていたのです。それが今や10％以下に落ち込み、5％すら切ろうとしています。日本からの荷物が少ないということは、日本に寄らない欧米航路の船が増えていることを示しています。

かわって今は、中国と香港で約7割を占めています。荷物が少なくてコストが高い日本の港に船が寄るわけはありません。やはり上海、香港、釜山、シンガポールといった荷物が大量に出たり、ハブ機能を持った港に船は寄るのです。港湾もまたクラスターを構成するひとつですから、現在の日本の海運業はこのハンディキャップを背負っていると言わざるを得ません。

堀 この10年間で世界の鉄鉱石の貿易量は5億トンから9億トンに増えています。その増加分のほとんどが中国の輸入です。日本の輸入量は8千万トン程度で、ほとんど増えていません。

足立 中国での鉄鋼生産はあっという間に日本を抜き何倍にもなってしまいました。今、石炭や鉄鉱石がどんどん中国へ運ばれます。少子化も含めて日本の産業が収縮していくと、日本の海運は、造船、船主も含め次第に小さくなっていくのは必至です。

自国に荷主が少ないデンマークやギリシャでしっかり生きている人たちを見習いながら、新しいビジネスモデルを模索する時がやってきているのは間

違いありません。

堀　日本の船主、オペレーターは、ビジネスに対する意識も含めた本当の意味での国際化を真剣に考えなくてはいけないということですね。

足立　そのとおりです。日本のオペレーターの場合も基本的に日本の本社が中心となって機能の運営がなされています。これは日本に荷主さんがいることも大きな理由でしょうが、荷主さんの海外進出に伴うのではない真の意味での積極的な海外進出も少ないし、M&Aにも二の足を踏んでしまいがちです。

堀　あらゆる業界で、今やM&Aは当たり前に行われています。しかし日本の海運の世界では、あまり活発ではないようですが、なぜなのでしょうか。

足立　かつて、日本で初めてLNG船を運航させたときには、すべて自前でやろうとして大変苦労したものです。これは荷主さんをはじめ、金融、旧運輸省、造船所、さらには海員組合などまでもが一体となってまさに挙国体制でFOB貨物を運ぶナショナルプロジェクトでした。ところがその後勤務した外資系のティーケー・シッピングでは、既存のLNG運航船社を買収し、ある日突然れっきとしたLNGキャリアーになってしまうのです。いいか悪いかは別ですが、それは非常にカルチャーショックでした。

　一つ一つ苦労して身に付けないと自分のものにならないのも事実だし大切な考え方でしょう。しかし買った会社そのものは結局自分自身となり同化してしまい、競争力の源泉になるのも事実です。これもまた狩猟民族と農耕民族の違いなのかもしれません。そこを乗り越えないとなかなかM&Aはむずかしいのかもしれませんね。

堀　最近の事例でいうと、NYKは冷蔵船専業のスウェーデンの会社を100％買い、NYKクールとしてグループに加えています。また、MOLはオープンハッチバルクに強いギアバルクを49％まで買い、Kラインは洋上LNG開発のフレックスLNGに大きく出資しています。成果は今後の楽しみとして、動きは多少見えてきたようです。

足立　船会社はマーケットがある場所へ自身が乗り出していって、何らかの形で現地企業とビジネスをする。これが基本の姿です。この日本を中心とした地域で貨物が充分にある間はいいのですが、もしも貨物が減ったり、日本の荷主さんが日本のオペレーターのコストが高いから今後は海外のオペレ

ーターも使いますという事態になると、大きな構造変化を余儀なくされるでしょう。

　あるいは中国が巨大な海運クラスターを形成して、彼らが自国の荷物は自国の海運で運ぶということも現実としてあるかもしれません。中国のカーゴへのアクセスが難しくなったとき、日本の海運は大変な窮地に陥ります。こうした諸々の変化をどう読むのか。ビジネスモデルを変えるのか、否か。それはそれぞれの分野で参画している人たちにとって重要な問題と言わざるを得ません。

　変化が3年後に来るのか、5年後に来るのかわかりませんけれども、その時が来てからでは遅すぎます。今からよく考えて動かないと間に合わなくなる恐れがあるのではないかと思います。

堀　お話を伺うと、現状のままでは日本の海運業が世界での勝ち組に名を連ねるのは簡単ではなさそうですね。

足立　真の意味でのグローバル化を進め、ひとまわり大きい海事クラスターの構築に努めれば、自ずと道は開けるのではないかと思いますが。

堀　このシリーズでは引き続き、競争相手である海外オペレーター・船主の文化、経営スタイルを知ることで、これからの日本のオペレーター・船主の生き残りの方法、世界のマーケットリーダーとなるための方向性について、議論を深めたいと考えております。

　足立さん、本日は大変示唆に富むお話をありがとうございました。

〈2010年7月「KAIUN」〉

第2回「日本船社の強みと弱み」

堀　龍兒氏
望月良二氏

日本型と非日本型の船社ビジネスモデル

堀　今回は海外船社と日本船社のビジネスの違い、ファイナンスについての考え方の違いを中心にお伺いします。海外と日本ではビジネスモデル、あるいは投資行動が異なると聞いておりますが、いかがでしょうか？

望月　海運会社の営業活動には日本型と非日本型の二つのタイプがあると思います。弊社の場合はどちらかというと日本型に近いタイプの船会社です。まず荷物ありきで、荷主さんと共に生きていくというのが弊社の仕事のやりかたです。もうひとつのタイプは船舶投資を中心に海運業を考える会社です。新造船を発注し、中古船を購入し、これを投資ととらえ、そのリターンを得るために事業をやっている船会社がこれに当たります。

海外の船主業のなかには、投資家の色が強い船会社も多く存在し、このような会社では荷物を主体に動こうという企業活動はしていないようです。このようにアセットを中心に考えている企業は、IPO（Initial Public Offering：株式公開）を最後のゴールと定めている会社、あるいはIPOを最初にして事業資金を調達しようとする会社があります。

それ以外では、われわれのような完全プライベート企業、まったくの非公開という企業もかなり多いと思います。船舶の融資の現在の状況は、ご存じのとおり良くありません。だからこそ、銀行はお金を貸したがらないというのが今の流れです。ヨーロッパに関しても同じですし、日本も同じだと思います。それに引き換え、現在ファイナンスに積極的なのは中国の銀行と言われています。これは、中国の国内の造船所で新造船のキャンセルがあったのを救済する目的です。造船所は雇用に与える影響が大きいので、中国の政

府にとっても大事な役割だと整理されていると思います。

堀 ヨーロッパの船主も中国の造船所にオーダーしたときにはヨーロッパの取引金融機関とファイナンスの契約を行っていたと聞きます。ただ、これらの契約にはLTV（Loan to Value）クローズがあって、当初は船価の70％といった比率だったのが、船価が暴落したため、お金を貸す額と船の価値の比率が大きく狂ってしまいました。中には船の価値よりも、ローンの方が大きくなってしまった。そんなにたくさんは貸せないということで、多くの銀行が融資金額の減額や、取引をやめてしまったと聞いています。

ギリシャ問題から始まるヨーロッパの経済危機で状況は厳しくなっているのでしょうか。

望月 金融機関はお金を持っているのですが、船の不良債権に加えて、安全資産のはずであったギリシャ国債を売却すると、含み損が実現するような状況になってしまいました。結果として、売買の自由度がなくなった上に、他の国債まで話題になるなど、状態は決して良くありません。一部銀行は公的資金が入っていますし、国有化されたものもあります。したがって、銀行自身が生き残るために、万が一に備え

てキャッシュを手元に置いておきたいということは理解できます。

堀 既存のローンについてはマージンを上げるという交渉がほとんどのようですが、新造船でまだ引き渡しがされていないものについて、ファイナンスが逃げることがあるようですね。

日本の造船所に対する海外オーナーオペレーターからの発注キャンセルでも、そのような事例があったと聞いております。中国の政府系金融機関は造船所支援のための輸出金融を付けることを大々的にやりだしたようですが、日本ではできないということになれば、このファイナンスに日本の造船所の生き残りがかかってくるかもしれません。

望月 弊社の場合には、社船が30隻前後あるのですが、これに関しては、一切ローンがありません。残債はゼロです。船舶に対する融資は受けておりません。

堀 それは最初からなかったのではなく、今までの上昇局面で売船し、借金を返済されてきたのではないですか。

望月 そのとおりです。

堀 30隻の借金がなくなるくらいの利益が出たということですね。

望月 そうです。われわれは幸運な

ことに、新たなローンを組む必要はないので非常に助かっています。

堀　その売った船はチャーターバックしているのでしょうか。

望月　ほとんどは完全に売り切ったもので、チャーターバックしても数は少なく、2年から5年ぐらいです。

堀　そのあたりが、日本の船主、オペレーターとまったく違いますね。オペレーターでも40％の法人税がかかります。船主に至っては、まったく現金化のチャンスを逸してしまい、数少ない人しかできませんでしたよね。

望月　あながち日本の企業形態が良くなくて、ヨーロッパがいいとは限らないわけです。やはり、経営方針と今でも流れているバルクが非常に強いという、それをうまいこと組み合わせて、ある一定の時期に決断をされて素早く動かれ、本当に良い経営内容になっているという日本の企業を知っています。それに多くのエクイティ（自己資本）を持たれている日本のオーナーの方はいらっしゃいます。

Pacific Basin Shipping Ltd. などもそうですし、自己資金が多く、ギア比が低いところもけっこうあります。逆に、日本の会社と同様にレバレッジを大きくかけて、少額のエクイティでたくさんお金を借りてそれで動かしていて、立ち行かなくなってきているヨーロッパ系とか香港系のオーナーも多々あります。

望月　私の所属するOldendorffはヨーロッパの会社でも、会社の体質としては日本のオペレーターさんと似ていると思います。荷主さんが中心で、われわれにとっては現在の顧客の荷主さんの荷物を運ぶことが最優先です。どんな時でもお客さんにサービスを提供できるということがわれわれの務めだと思っています。たとえどんなに悪くても、良くても、お客さんに同じサービスが提供できるということ。これに尽きるのでは、と思います。

堀　運んでくれというときに運べない状態は困るということですね。

望月　そういうことです。サービスが提供できない、すなわち会社がなくなるということがわれわれがいちばんしてはいけないことですね。うちのオーナーもそれを言っています。

船を全部売ってしまって船がなくなるといったようなことはありません。そういう意味ではわが社は専用船も多いし、堅実に行動するように努めています。

異なる投資行動パターン

堀　先ほど、日本のオペレーターと

似ていると言われたところに、やや違和感がありました。似ているのは、荷主を大切にするというところだと思いますが、投資行動や経営スタイルなどは日本と違いますよね？ 船をオペレーターに出しているのが日本のオーナーだとすれば、御社の場合は荷主さんに出している。傭船もしていらっしゃるし、自分でも持っていらっしゃる。

望月 そういう意味では、われわれはよりオペレーターに近いと思います。ただ、何が違うのかというと、日本のオペレーターと、たとえばアセットに対する感覚が違うと思います。マーケットが急激に上がっていった局面では、たとえば新造船でも引き渡し前に倍以上になったときに転売したこともあります。このあたりの投資行動のパターンは、日本のオペレーターさんとは違うと思います。

堀 日本のオーナーの場合には長期契約で縛られているから、なおのことできないということですね。

望月 われわれも荷物の長期契約があり、社有船もありますが、ポジションによっては代わりの船をマーケットから引っ張ってくればカバーできるということです。

堀 自分の船が安いから安いレートで勝負するということではなく、マーケットと比べて仕入れるということですか。その方が厳しい商売ですね。逆に言うと、日本のオペレーターは超長期の契約が荷主との間にあるから、その安い船を出すことによって、安定収益を稼ぐ。このモデルでは、どこにメリットが行くかというと荷主そのものに行くわけです。日本は、荷主が一番強いのですね。

望月 日本の船主、オペレーターの投資行動に対する的確な数字というのは摑んではいないのですが、海外の船主の場合には、契約があってもアセットで勝負ができるときには、勝負をかけますね。日本の会社ではないことだと思います。

最近の例では日本の船主さんの場合は為替でやられています。一昨年から今年にかけての２年間の円高というのは100円を割って、90円前半が平均だと思うのですが、こういう状況が２年も続いたというのは初めてです。これは日本の船主さんにとっては厳しいと思います。そのために、なんとか売らしてくれというのは、日本の船主の一つのパターンとしてはあると思いますが、これはアセットで勝負するというものではありませんね。

堀 日本の船主の対極にあると思われるのがニューヨークで株式公開した

船主たちです。2003年以前には年に１〜２社くらいしか新規上場はなかったのですが、2004年以降、マーケットがよくなってきたらみんな上場の準備を始めて、2005年には一気に11社も上場しました。その後も2006年３社、2007年７社と2008年まで公開ブームは続きました。多くはギリシャ系の船主たちです。その公募価格と今の価格を比率で見たら、95％も値下がりした会社や、上場を取りやめた会社もあるようです。要は日本の船主がじっと船を抱えて自分の船が含み損になっているのを毎日見ている一方で、ギリシャの船主は、上場マーケットを使って自分のリスクをヘッジし、高値で株を売って自分はキャッシュを得たと。

望月　船主自身が自分のプライベート企業で保有していた船を、上場した自分の会社に売った例もあるようですね。

堀　それまで持っていた船を自分の上場した会社に高く買わせて、自分の手元で現金にして確保しているのですね。

望月　そういう例もあります。いい局面のときにはそういうことをやっている海外企業もいますよね。よく新聞で見るような有名な会社が多いのですね。TKシッピングを除いたらみんなギリシャ系です。これもだいたい西洋人の思考です。IPOをして何を稼ぐかというと、創業者利益です。マーケットがピーク近くになるときを狙って売りたいと思っているから、このタイミングで上場して、売り抜けた人も多いでしょう。彼らは自分の中で投資行動のパターンがあります。彼らは、これが倍になったら売ろうとか３倍になったら売ろうとか考えていますから、それが来た時が売り時で、関係なく売ってしまうのですね。これが一つの日本人との考え方の違いです。日本の場合には、船主であっても「傭船していただいている」という立場にありますから、マーケットが上がったから船を売らせて下さいと言うことはできないでしょう。オペレーターとそういう契約関係にはまずないです。80〜90年代にかけてのOldendorffもごく普通の船主会社でした。社船を30〜40隻持って傭船に出したりする形が多かったのですが、90年代末にオペレーション会社として改革が起きました。オペレーターとしての体質に大きく変貌したのはそれからですね。

堀　それは事情が変わったからですか？

望月　オペレーションをやっている会社をOldendorffが買ったのです。

そこで船主オペレーターとして生まれ変わったのですね。

堀 船主兼オペレーターへの転換ですね。

OPMが入っていない日本船社の方が健全

堀 ところで、欧米では銀行融資が止まってきたので、ジャンクボンドマーケットの方が、活発化しているという記事を見ます。10％くらいの利回りのボンドとか。たとえば、TK Shippingは、過去にジャンクボンドで資金を調達して、それで船を買って、フリートを作り、その後、株式公開を経て、公募資金でボンドを返済していくという。

望月 ほかにも似たようなビジネスモデルの企業を知っています。具体的な名前は控えますが、知っている企業の例では、最初はジャンクボンドというよりも、エクイティは投資ファンドから来ていました。高い配当はしていたのですが、ファンドから、そんなに儲かるのだったら全部売って現金化しろと言ってきました。ファンドはすぐ現金化したがるもので、同社はしたくないけれど、株式公開をしました。株式公開をすることによって、公募価格で株券を渡せるわけです。当初の投資元本分をファンドに返し、それで独立した会社になったわけです。

堀 日本にはジャンクボンドマーケットもなければ、船主業に理解のある上場マーケットもないので、銀行に頼るしかないのですよね。しかし、銀行はだいぶ状態が悪くなってきているから、新しいお金は出てきにくい。そうすると今後はこのあたりのモデルのまねをしてもいいのではないかなと思いますが、いかがですか。ただ、その時に問題となるのは、日本の船主たちは、おそらくギリシャの船主以上に家族経営で、内部管理もディスクローズも準備ができていない。その状態ではIPOも話題にできない。

望月 IPOする理由というのは資金調達です。ギリシャの船主たちが上場益狙いのIPOをやっているということは投資家も最初から分かっていたと思います。そういう意味では、日本の船主の方が、この部分の資金が入っていない、つまり、OPM（Other People's Money）と言われるものがないから、健全だと思います。弊社は絶対に上場しないというのが社主の考え方で、私も大賛成です。IPOしてしまいますと、たとえprivate and confidentialのディールをしても、翌日にはウェブサイトに売買価格までも

が詳細に載ってしまいます。これでは private and confidential の意味がない。このようなことは私たちのような非公開企業では絶対に起きないことです。

堀　銀行の金はOPMではないのですか。

望月　銀行から借りる資金というのは単なる借入金です。ファンドなどのOPMには担保や議決権がありませんし、株主としての影響力の心配をしなくていい便利なお金なのでしょう。ただ、このOPMには大きな利回りを要求する圧力というマイナス面もあります。

堀　OPMというのはベンチャーキャピタルのように、本来リスクを許容する資金なのですね。ここに大きな勘違いがあるようです。日本の銀行の融資資金はその種のOPMが許容できるほどのリスクを負担する能力は本来ないはずです。なぜなら、銀行の預金は預金者からの借金です。返さねばならない預金をリスクマネーにしていることが、問題を複雑にしていて、銀行がシュリンクしてしまう要因になってしまったのかもしれません。よく言われる100％ファイナンスとか言われる部分ですが。

望月　そういう船主さんは最近では少ないのではないでしょうか？　日本の船主さんは、もっと堅実だと思います。われわれの場合でも、借り入れをお願いする場合は、かなりのエクイティを入れる方針です。

　弊社の場合は日本のオペレーターが仕込んでいるようなやり方で、船を調達したことは、いまだかつてないですね。日本のオペレーターの場合はまず船価ありきで、オペレーターの偉い人が造船所の方と船価を決めてしまうようです。オペレーターは船主の大体のオペレーションコストというのは見ていますから、それでぎりぎりの計算で、傭船の年数や傭船料も決めてしまいます。それから「これで興味のある船主がいたら」というスタイルで船主に売却し傭船することが多いと思います。われわれとしてはうらやましいですけど、やったことないですね。

堀　そのモデルが厳しくなってきているように思います。銀行としては状態が悪くなっているのもありますが、今、オペレーターが契約している船の多くがマーケット暴落前の高い船価で、現在の市場価格では含み損になっていることがあるようですね。これを船主に持たせるために、時価で売ったらたとえば10億円単位の損を出さなくてはいけない。それは日本のオペレー

ターといえども、今の決算では難しいでしょう。それでは契約価格で買える船主がいるかというと、その船主は時価との差額＋最低でも10％のエクイティの10億円単位の現金を投入しないといけなくなります。それは難しいでしょう。ということは銀行からファイナンスがつかない。だからそのモデルが厳しくなってきていると思われます。この問題がどのように展開していくかは今後の大きなポイントになるでしょう。

少し前の業界紙におもしろい記事がありました。中国向けの鉄鉱石で、ヴァーレの輸出の話です。ケープを配船したところ、十分な荷物がない。だからブラジルまでケープで積みにいっても、荷物がないからパナマックスに変更させられたそうです。それはどういうことかというと、荷物がないということはヴァーレが自社の大型船で運ぶことになっているのではないだろうか。だからスポットマーケットから、使ってもらえる船は減ってくるのではないかということです。するとそこでマーケットの上下動が大きく、あるいはボラティリティが高くなる。中国の「国輪国造」政策や、ヴァーレの大型船の調達の傾向を見て警戒をしていましたが、早くも影響が始まったのかと危惧しています。やっぱり一番影響の大きいケープのマーケットで多くの専用船を持たれたことによって、マーケットが不安定化するかもしれないということを心配しています。

望月 だから今弊社でも、たとえばバルカーをもっと欲しいのです。ちょっと前までは新造船は買えないぐらい高価でした。たとえばケープサイズが60億円、70億円くらいまで落ちているとして考えてみても、歴史的な船価を考えるわけです。安かった時で36億円。高かった時で100億円。そうするとまだ高い方に近いわけですね。だから弊社も投資活動に踏み切れないというのが過去の現状だったと思います。いまケープのマーケットが悪くなったといっても３万ドル／日近く出ます。パナマックスだってまだ２万ドル／日は出るわけです。でも、ケープの日本のオペレーターの平均コストを考えると、たぶん１万７千ドルくらいでしょう。ですからまだまだみなさん利益が出ているのです。パナマックスも平均コストは１万２千ドル以下だと思います。たぶんもっと安いのもあると思います。オペレーターにとっては、まだまだバルクキャリアの手持ちの船はマーケットがコストを下回る状態にはなっていません。未来が見える水晶玉が

あれば、私も非常に助かるのですが、みんなが水晶玉と思っているものが実は未来が見える魔法の物でも何でもなくて、結局誰にも未来なんか見えないわけですよ。われわれとしては、われわれの基準に照らして次の投資活動に入る準備を着々としている状態ですね。

堀 しかし、日本の船主業は、ドルの長期傭船契約をベースに、ほとんど円船価、円ファイナンスですね。日本の船主が円高のせいで、この仕組みにずっと苦しめられてきています。今言われたオペレーターのコストというのは船主からの仕入れ値です。船主自身はこの環境で、厳しい状態にあるのは否定できないでしょう。なぜ、船主は円高が続いてきたのに、同じことを繰り返し、銀行はそれを許容してきたのでしょうか。

プロを大切にする体質ができれば日本船社は最強になれる

堀 望月さんの海外オペレーターでのご経験から、日本の船主と海運業にアドバイスをお願いします。

望月 私は日本の海運業におけるいちばんの損失は、大手のオペレーターになかなかプロフェショナルが残れないという仕組みにあると思います。日本のオペレーターには優秀な方がたくさんいるのです。ただ、優秀な人がいても、3年か5年すると違うセクションに行ってしまう。それがもったいないと思います。社員全員が社長レースをやっていく必要があるのでしょうか？

たとえば、企業で若返り人事となって若い人が社長、部長になると、その人より年長者は子会社に回されたりする。そういうやり方の人事は見ていてもったいないな、と思います。海外の船会社や荷主たちからも名前を知られている日本の優秀なチャータリングマンもたくさんいらっしゃいます。そういう人材が育つかなと思う頃に、日本では異動で「今度はコンテナ、あるいはLNG、あるいは経理をやることになりました。」とか来るわけですよ、そうするとわれわれヨーロッパの業界関係者はみんなガックリするわけです。なぜ、日本人の優秀なチャータリングのプロの集団を作っていかないのかな、と思いますね。

堀 プロを養成すれば、もっとやり方が変わってプロを大切にする体質ができれば日本船社は最強になれるわけですね。

望月 ええ。変わってくると思います。結局そこの元凶は、オペレーター

に優秀な人がいるにもかかわらず、担当者が数年で替わるので、船主と深く長い付き合いをしていこうという担当者がなかなか出てこないからだと思います。だから、日本の船主さんとの深く長い関係がなかなか育たない、という土壌があるのかもしれませんね。船主さんは一生この仕事を続けていく方たちばかりなのです。

　われわれ、船主さん、ブローカーさん、造船所さん、荷主さんは、一緒に生きて行かなければならないお互いにプロフェッショナル同士なんです。担当者がころころ変わってしまうようでは、やりにくいのではないかなと思っています。

　たとえば私は当社の中では一番年上ですけど、幸せに今の仕事をやっています。役員なんかはみんな年下ですよ。なかでも一番若い役員は35歳のダイレクターで、彼の指揮権の下に私がいるわけです。私は入社するときの条件として会社のマネジメント（経営や人事その他）には関りたくないし昇進にも興味がない、私の好きで得意な実務だけやらせてくれと言いました。そして会社もその条件を受け入れてくれましたので、任命されている実務にだけ専念させてもらっています。日本の企業でも専門職の方を育成してそれを

もって幸せとなるような会社の仕組みを作ればいいと思うのです。

堀　日本のいわゆるオーナー系の船主はいかがでしょうか？

望月　船主さんは社長の能力でものすごい差が出てくると思います。自分でどういうマーケット感覚を持って動いているかによってだいぶ違うと思います。非常に立派な会社はいっぱいあると思います。

　東京や地方にもたくさんいらっしゃるのです。きちっとわかった分だけやる、できる範囲しかやらない、という船主さんもたくさんいらっしゃるので、日本の船主界は基本的に将来は明るいと思います。

堀　船主には優秀な人がいるが、契約ががんじがらめで何もできない。というお話だったのですが、これは何に影響するのでしょうか？

望月　これは、結局、新造船の契約です。船主がオペレーターに対して、最初から傭船案件を請けるという答えありきで、だから「途中はもう利益は出なくていいですよ、傭船の終わりに売却益が出ることに希望を持つから」っていう言い方をする人も出てくるのです。そんなおかしな話はないのです。本来は傭船料でも一定の利益を出すべきなのです。

堀 ところが実際には、さらに円高で損を出しているわけですね。

望月 過去6年間の上昇局面の中で、各オペレーターが船主探しに奔走したじゃありません。船主がいないと、オペレーターはオフバランスの"ウツワ"が手に入らない、船主もオペレーターに頼まれたら、無理してでもやらなきゃいけない。義理と人情の世界ですよね。それでやってきているから、今の、円高でキツイという状態になったときに、どういうふうにしたらいいのか。オペレーターは上場企業が多いですから、船主を助ける手段は限られているかもしれません。

われわれの場合は、社内のほとんどすべてがドルコストで為替のリスクが基本的にはないのと、マーケットについては今、ピークに近いのか、底に近いのかという考えだけしか持っていません。だから、かつて「新造船はどうですか？」と尋ねられたとき、まだピークには近いのではないですか、底には近くないでしょう、というのが社内の考え方でしたが、今は次の時期を見計らって真剣に準備を重ねているところです。

一方で、私は、マーケットに対しては、ある意味オプティミスティックに見ています。将来どうかというと水晶玉の世界ですが、今のボリュームというのは、需給のバランスが取れているわけです。取れているから、これだけ運賃がいいわけです。

結局、担当者を大切にする、プロフェッショナルを大切にする企業体質ができていけば、日本の船会社は最強だと思って見ています。考えてみれば、ギリシャには日本ほどの荷主もいなければ、造船所、銀行もありません。これだけいろいろなポートフォリオを持って、これだけの規模があって、人がいて、低利の資金調達ができて、日本の船会社は世界で戦っていけるはずだということです。資産も持っているし、体力も強いし、それから歴史的に日本の産業に支えられたマーケットというのは大きいですから、それを完璧に押さえている。これは日本企業の強いところだと思うのです。これをきちんと守って多少の自己体質改造ができれば、必ず日本の海運界には輝かしい未来があると思っています。

堀 本日は貴重なお話ありがとうございました。

〈2010年8月「KAIUN」（取材：2010年6月10日）〉

〈望月　良二 氏〉

1977年日大経済学部卒、泰生海事株式会社入社、近海船の傭船、新造担当、1982年ランバートブラザーズ入社、東京シップブローカース勤務、1987

年菱信リース入社、東京マリタイムサービス株式会社勤務、2002年パシフィックベイスンに日本支社代表として勤務。2004年オルデンドルフ・キャリアーズ Gbh & Co. KG に入社、日本法人設立と同時に日本法人代表取締役就任、現在に至る。

【付記】この堀先生の対談は、「KAIUN」（日本海運集会所刊）2010年6月号（993号）から同8月号（995号）まで3回連続で掲載されたものを転載した。3年以上を経過して背景にも変化があるが、プロフェッショナルとしての堀先生のお姿とお人柄があらわれた対談であり、内容としても本書にふさわしいものと判断して、全文を掲載当時のまま転載している（一部、加筆修正）。足立氏は、現在、アンカー・シップ・パートナーズ株式会社社外取締役、望月氏は、現在、エピック・パンテオン・インターナショナル・ガス・シッピング取締役（駐日代表）として活躍されている。転載をご快諾いただいた日本海運集会所および関係各位に御礼申し上げたい。　　　（編集委員記）

堀 龍兒先生　略歴・主要業績目録

略　歴

1943年（昭和18年）9月　神戸市にて出生
1962年3月　兵庫県立神戸高校卒業
1966年3月　大阪市立大学法学部卒業
1966年4月　岩井産業株式会社に入社
（その後、合併により日商岩井株式会社、現双日株式会社）
1988年10月　日商岩井株式会社・法務部長
1990年6月　同社、建設・不動産部門統括部長
1996年6月　同社、取締役
2000年6月　同社、常務取締役
2002年6月　同社、専務執行役員
2003年3月　同社を退職
2003年4月　早稲田大学法学部教授
2004年4月　早稲田大学大学院法務研究科教授
2014年3月　定年により早稲田大学を退職

その他
1994年4月　慶應義塾大学法学部非常勤講師（2004年まで）
2000年4月　明治大学法学部非常勤講師（2006年まで）
2005年6月　株式会社トクヤマ社外監査役（非常勤、現在に至る）
2011年6月　リスクモンスター株式会社社外取締役（非常勤、現在に至る）
2012年5月　日本商標協会会長（現在に至る）
2012年6月　株式会社T&Dホールディングス社外取締役（非常勤、現在に至る）

主要業績目録

著書・共著書・編著書・共編著書

東京弁護士会編／浦野雄幸＝布施聡六＝中沢良和＝橋村春海＝折原国照＝吉良重治＝生江光喜＝堀龍兒＝橋本達雄＝旗山庸著・実務民事執行―運用上の問題点と判例―（金融財政事情研究会・1986年）〔共著〕

債権管理・回収の知識（商事法務研究会・1988年）

外国人雇用問題研究会編・トラブルをおこさないための外国人雇用の実務（商事法務研究会・1989年）〔編著〕

外国人雇用問題研究会編・トラブルをおこさないための外国人雇用の実務［改訂版］（商事法務研究会・1990年）〔編著〕

会社法務入門（日本経済新聞社・1993年）

椿寿夫＝堀龍兒＝吉田眞澄雄・ペットの法律全書（有斐閣・1997年）〔共著〕

奥島孝康編／奥島孝康＝田原睦夫＝玉造敏夫＝鳥飼重和＝久保利英明＝堀龍兒著・遵法経営（金融財政事情研究会＝早稲田大学エクステンションセンター・1998年）〔共著〕

奥島孝康＝堀龍兒編／堀龍兒＝須網隆夫＝清水章雄＝浦川道太郎＝水野忠恒＝土井輝生＝奥島孝康著・国際法務戦略（早稲田大学出版部・2000年）〔共編著〕

〔新訂版〕債権管理・回収の知識（商事法務研究会・2000年）

会社法務入門（日本経済新聞社・2003年・第3版）

新任取締役等役員へのアドバイス（商事法務・2004年）

加藤新太郎編／柏木昇＝豊田愛祥＝堀龍兒＝佐藤彰一著・リーガル・ネゴシエーション（弘文堂・2004年）〔共著〕

Q&A債権・動産譲渡担保の実務―債権・動産譲渡登記を踏まえて―（新日本法規出版・2005年）〔編著〕

堀龍兒＝淵邊善彦著・会社法務入門（日本経済新聞出版社・2011年・第4版）〔共著〕

共編・監修

帝国データバンク情報部編著／松嶋英機＝堀龍兒監修・ケース・スタディ バブル倒産―アラームの鳴る会社の見分け方（民事法情報センター・1992年）

北川善太郎＝松本恒雄＝堀龍兒編／北川善太郎＝園部逸夫＝河本一郎＝清水湛＝谷口安平＝寺田逸郎監修・〈解説実務書式大系2〉取引編II 企業間動産取引契約（三省堂・1998年）

論説・書評等

「新根抵当法の実務―若き実務家の悩み 被担保債権の差押・質入」NBL34号（1973年）

「倒産パターンと実務上のチェック・ポイント（上）倒産情報入手の仕方・弁護士利用上の留意点等」NBL188号（1979年）

「倒産パターンと実務上のチェック・ポイント（中）倒産情報入手の仕方・弁護士利用上の留意点等」NBL190号（1979年）

「倒産パターンと実務上のチェック・ポイント（下）倒産情報入手の仕方・弁護士利用上の留意点等」NBL191号（1979年）

「『集合債権譲渡担保契約書』作成上の留意点（上）」NBL201号（1980年）

「『集合債権譲渡担保契約書』作成上の留意点（下）」NBL204号（1980年）

「【マキシマムロー・ミニマムロー】スペシャリストからジェネラリストへ」NBL260号（1982年）

「【この本】金融・商事判例増刊号 私的整理」NBL299号（1984年）

「【特集／裁判とおカネ】企業からみた裁判費用・弁護士料」法学セミナー361号（1985年）

「民事介入暴力に対する法務マン心得―日弁連編・民事介入暴力を読んで」NBL357号（1986年）

「【(特別レポート―法律運用最前線) 表舞台に立つ企業法務部―国際化時代のあり方を探る】国際化時代の法務部のあり方」月刊FACE 41号（1989年）

「【企業法務】企業法務と企業広報―クライシスマネジメントの観点から」JICPAジャーナル413号（1989年）

「【[特集] 企業の海外進出と法を考える】法的リスクマネジメントと企業法務部の役割」法学セミナー423号（1990年）

「【―特集―現代の労働事情を巡る諸問題】外国人雇用をめぐる諸問題」自由と正義41巻6号（1990年）

「【特集Ⅰ＝根抵当法20年の検証3 根抵当法20周年に寄せて】根抵当権と私」旬刊金融法務事情1342号（1993年）

「【はじめての債権回収実践学①】倒産兆候・噂への対応の仕方―得意先の変化を見逃すな！」企業実務421号（1993年）

「【はじめての債権回収実践学②】倒産兆候がある際の債権保全の仕方―債権・債務・契約残を正確に把握せよ！」企業実務422号（1993年）

「【はじめての債権回収実践学③】信用不安の抗弁権と手形ジャンプへの対応―まず契約履行の確実性を押さえろ！」企業実務423号（1993年）

「【はじめての債権回収実践学④】契約を必要としない担保の活用―留置権・先取特権を行使できる！」企業実務425号（1993年）

「【はじめての債権回収実践学⑤】契約を必要とする担保の活用Ⅰ―資産を調べ根抵当権設定交渉を」企業実務426号（1993年）

「【はじめての債権回収実践学⑥】契約を必要とする担保の活用Ⅱ―質権・譲渡担保の設定も可能だ」企業実務427号（1993年）

「【はじめての債権回収実践学⑦】契約を必要とする担保の活用Ⅲ、担保と同じ機能をもつ

債権保全」企業実務428号（1993年）
「【はじめての債権回収実践学⑧】各倒産手続きへの対応の仕方Ⅰ―会社更生の流れをつかむ」企業実務429号（1993年）
「【はじめての債権回収実践学⑨】各倒産手続きへの対応の仕方Ⅱ―会社整理・和議・破産の特色を摑む」企業実務430号（1993年）
「【はじめての債権回収実践学⑩】各倒産手続きへの対応の仕方Ⅲ―特別清算・内整理への対応も重要だ」企業実務431号（1993年）
「【はじめての債権回収実践学⑪】倒産間近の債務者への心構えと対応―回収方法の再確認と新たな情報入手を急げ」企業実務432号（1993年）
「【はじめての債権回収実践学⑫〈最終回〉】倒産時の債権回収措置と留意点―差押え・仮差押えなどを確実に」企業実務434号（1993年）
「【特集＝譲渡担保論の現課題】企業法務からみた譲渡担保」法律時報804号（1993年）
「【特集／倒産得意先からの債権回収はこうする】経営者個人からの債権回収はここまでできる」企業実務442号（1994年）
「【特別記事 保存版／イザ災害、事故、得意先倒産……というときの『企業のリスク』完全対応マニュアル集】背任・横領などの対応マニュアル」企業実務458号（1995年）
「【ブック・レビュー】小林秀之＝原強著『株主代表訴訟』」判例タイムズ901号（1996年）
「集合債権譲渡担保の今日的課題」「伊藤進教授還暦記念論文集」編集委員会編『民法における「責任」の横断的考察（伊藤進教授還暦記念論文集）』（第一法規出版・1997年）
「【特集＝民法典の百年と実務・判例】民法の百年と商社法務」法律時報875号（1999年）
「【特集＝株主総会・総会屋対策と金融機関の責務】4 総会屋に対する基本姿勢と株主総会のあり方」旬刊金融法務事情1547号（1999年）
「取締役の権限と責任」奥島孝康教授還暦記念論文集編集委員会編『近代企業法の形成と展開（奥島孝康教授還暦記念 第 2 巻）』（成文堂・1999年）
「【〈シンポジウム〉法人保証をめぐる実態と法理 第1部 実務における法人保証】Ⅱ 事業会社にかかわる法人保証の諸問題」金融法研究 資料編（16）（2000年）
「【特集Ⅰ 民事執行における実効性と利害調整】民事執行の実効性―会社法務としての観点から」判例タイムズ1043号（2000年）
「【創刊1600号記念特集＝金融法務の潮流】担保法制の行方」旬刊金融法務事情1600号（2001年）
「【特集 執行役員のメリット・デメリットを検証する】執行役員制度の今日的課題」取締役の法務108号（2003年）
「【惜字炉】執行役員か執行役か」NBL771号（2003年）
「【惜字炉】勝てば官軍」NBL776号（2004年）
「集合債権譲渡担保の変遷」早稲田法学80巻 3 号（2005年）
「企業対象暴力と経営トップの心得」危機管理研究会編『危機管理の法理と実務―民事介入暴力対策の新たな地平（佐長彰一先生喜寿記念出版）』（金融財政事情研究会・2005

年)」
「与信契約の実態」加藤雅信=円谷峻=大塚直=沖野眞已編『二一世紀 判例契約法の最前線(野村豊弘先生還暦記念論文集)』(判例タイムズ社・2006年)
「集合債権論」堀龍兒=鎌田薫=池田眞朗=新美育文=中舎寛樹編『担保制度の現代的展開(伊藤進先生古稀記念論文集)』(日本評論社・2006年)
「【巻頭言】企業法務に必要な経営法務」BUSINESS LAW JOURNAL 3号(2008年)
「【取引法研究会レポート】本契約締結に至るまでの基本合意書の効力」法律時報999号(2008年)
「集合債権譲渡担保契約の諸問題」佐藤歳二=山野目章夫=山本和彦編『新担保・執行法講座 第4巻〔動産担保・債権担保等、法定担保権〕』(民事法研究会・2009年)
「【民法改正を考える⑥ 民法改正フォーラム―全国、民法研究者の集い1・報告】契約総論について立法案の検討と提言」法律時報1012号(2009年)
「事業会社の(根)保証」椿寿夫=堀龍兒=河野玄逸編『法人保証・法人根保証の法理―その理論と実務―』(商事法務・2010年)
「私の企業法務史」長島安治[編集代表]『日本のローファームの誕生と発展―わが国経済の復興・成長を支えたビジネス弁護士たちの証言―』(商事法務・2011年)
「【特集II NBL『この論文』―何が考えられてきたか、何を考えていくか】債権保全・回収、担保分野におけるNBL『この論文』 著者:堀龍兒日商岩井大阪審査部法務課長代理(当時)『集合債権譲渡担保契約書』作成上の留意点(上)(下)201号(1980)12頁、204号(1980)35頁」NBL1000号(2013年)

判例研究

「民法判例レビュー 担保◇抵当権者の原状回復請求権(工場抵当法)」判例タイムズ484号(1983年)
「民法判例レビュー 担保◇工場抵当法三条の目録を提出しない工場抵当権者の対抗できる範囲(工場抵当法)」判例タイムズ484号(1983年)
「民法判例レビュー 担保◇被担保債権として実際の債権(ただし将来発生する債権)と登記簿上に表示された債権と異なる抵当権の効力(抵当権設定仮登記)」判例タイムズ484号(1983年)
「民法判例レビュー 担保◇短期賃貸借契約の解除請求と共になされた明渡請求(抵当権と短期賃貸借)」判例タイムズ484号(1983年)
「民法判例レビュー 担保◇譲渡担保権と第三者異議の訴」判例タイムズ484号(1983年)
「民法判例レビュー 担保◇短期賃借権が保護される範囲」判例タイムズ499号(1983年)
「民法判例レビュー 担保◇譲渡担保の被担保債権の範囲」判例タイムズ522号(1984年)
「民法判例レビュー 担保◇求償債権を自働債権とする被差押債権との相殺の効力」判例タイムズ522号(1984年)
「民法判例レビュー 担保◇仮登記担保における債務者の留置権」判例タイムズ522号

(1984年)
「リース契約と介入取引（東京地裁昭和57．3．24判決）」ジュリスト824号（1984年）
「民法判例レビュー　担保◇根抵当権者の元本確定登記請求権（浦和地判昭和59．2．24）」判例タイムズ536号（1984年）
「民法判例レビュー　担保◇抵当権実行と中間用益権の処遇（最高三小判昭和59．2．14）」判例タイムズ543号（1985年）
「民法判例レビュー　担保１裁判例の概観２保証限度額、保証期間の定めのない根保証契約における保証人の解約申入れ、保証人の責任範囲（①金沢地小松支判昭和60．6．28、②大阪地判昭和59.12.24、③東京高判昭和60.10.15）」判例タイムズ613号（1986年）
「民法判例レビュー　担保１裁判例の概観２判例に見る集合債権担保と実務（東京地判昭和60.10.22）」判例タイムズ635号（1987年）
「動産売買先取特権の存在する動産が譲渡担保権の目的たる集合物の構成部分となった場合の法律関係（最高裁第三小法廷昭和62.11.10判決）」ジュリスト912号（1988年）
「民法判例レビュー22　担保　▷共同抵当の対象となっている土地・建物の内建物が取り壊されて新建物が建築された場合の法定地上権の存否（東京高決昭63．2.19、大阪高判昭63．2.24）」判例タイムズ671号（1988年）
「民法判例レビュー25　担保１今期の主な裁判例２ゴルフクラブ会員権譲渡に関する判例について（大阪高判昭63．3.31、ほか３件）」判例タイムズ698号（1989年）
「民法判例レビュー30　担保１今期の主な裁判例２代理受領契約における第三債務者の承諾について（東京高判平２．2.19）」判例タイムズ736号（1990年）
「民法判例レビュー36　担保１今期の主な裁判例２労働者の賃金債権・退職金債権にかかる相殺の有効性について（①最二小判平２.11.26、②東京高判平２.12.10）」判例タイムズ778号（1992年）
「民法判例レビュー42　担保１今期の主な裁判例２共同抵当土地・建物の再築による新建物に関する法定地上権（東京地決平５．1.18）」判例タイムズ824号（1993年）
「共同抵当の目的である建物の滅失、再築と法定地上権（東京地裁平成４．6．8民事第21部執行処分）」ジュリスト増刊　担保法の判例Ⅰ（1994年）
「雇人給料の先取特権・日用品供給の先取特権（①最高裁昭和47．9．7第一小法廷判決、②最高裁昭和46.10.21第一小法廷判決、③最高裁昭和44．9．2第三小法廷判決）」ジュリスト増刊　担保法の判例Ⅱ（1994年）
「動産売買先取特権に基づく『債権の仮差押』・『担保権の存在を証する文書』（①東京地裁平成３．2.13民事第15部判決、②大阪高裁昭和61．7.14第９民事部決定）」ジュリスト増刊　担保法の判例Ⅱ（1994年）
「民法判例レビュー49　担保１今期の主な裁判例２再築建物と法定地上権（東京高判平５．8.25）３第三者所有の建物が取り壊されて土地所有者が新建物を建築した場合の法定地上権の成否（東京高判平６．2.23）」判例タイムズ878号（1995年）
「建物建築請負人の敷地に対する商事留置権　①事件＝肯定、②事件＝否定（①東京高裁平

成 6.2.7 決定、②東京高裁平成 6.12.19決定)」私法判例リマークス no. 13 (1996 [下]) (1996年)

「民法判例レビュー56 担保 1 今期の主な裁判例 2 集合債権譲渡予約の有効性 (大阪高判平 8.1.26) 3 賃料債権についての債権譲受と当該不動産についての抵当権者の物上代位との優劣 (東京地判平 8.9.20)」判例タイムズ933号 (1997年)

「民法判例レビュー63 担保 1 今期の主な裁判例 2 抵当物件についての転貸料に対する抵当権者の物上代位の可否 (大阪高決平 9.9.16、大阪高決平10.3.12)」判例タイムズ 988号 (1999年)

「【OPINION】待ちに待った将来債権の譲渡に関する最高裁判決」旬刊金融法務事情1539号 (1999年)

「【将来の診療報酬債権の譲渡に関する最三小判平11.1.29を読んで】本件最判の意義と実務への影響」旬刊金融法務事情1544号 (1999年)

「母体行による経営指導念書の交付と保証契約の成否 (東京地裁平成11.1.22判決)」私法判例リマークス no.21 (2000 [下]) (2000年)

「民法判例レビュー72 担保 1 今期の主な裁判例 2 保証金返還請求権を自働債権とし、賃料債権を受働債権とする相殺をめぐる問題 (新潟地長岡支判平12.8.10)」判例タイムズ1054号 (2001年)

「II 貸付・管理・回収 7 ①将来の集合債権の譲渡につき、債権譲渡特例法に基づいてした譲り受ける債権の発生年月日 (始期) のみを記載し、債権の発生年月日 (終期) の記載のない登記の対抗力が及ぶ範囲 ②報酬債権の譲渡について、債権譲渡登記において譲り受ける債権の種類を『売掛債権』と記載したことにより当該債権譲渡につき登記の対抗力が及ばないとされた事例 (東京高裁平成13.11.13判決)」旬刊金融法務事情1652号 (2002年)

「民法判例レビュー80 今期の主な裁判例 2 担保」判例タイムズ1114号 (2003年)

「II 貸付・管理・回収 5 譲渡債権の発生年月日として始期のみが記録されている債権譲渡登記をもって始期当日以外の日に発生した債権の譲渡を第三者に対抗することの可否 (最高裁平成14.10.10第一小法廷判決)」旬刊金融法務事情1684号 (2003年)

「金融債を受働債権とする相殺の許否 (最高裁第二小法廷平成15.2.21判決)」私法判例リマークス no.28 (2004 [上]) (2004年)

「民法判例レビュー86 今期の主な裁判例 [担保]」判例タイムズ1157号 (2004年)

「動産売買先取特権と物上代位権の効力 (東京高裁平成16.4.14判決)」私法判例リマークス no.31 (2005 [下]) (2005年)

「動産売買先取特権と物上代位権の効力 (最高裁第三小法廷平成17.2.22判決)」私法判例リマークス no.32 (2006 [上]) (2006年)

「【〈特集〉決着! 将来債権譲渡担保と国税債権の優劣—最一判平成19.2.15を読んで】良識ある判断に、ほっとした判決」NBL854号 (2007年)

「民法判例レビュー96 今期の主な裁判例 [担保]」判例タイムズ1234号 (2007年)

「民法判例レビュー〔第2期〕第106回 今期の主な裁判例［担保］」判例タイムズ1312号（2010年）

研究会・対談・座談会・シンポジウム
（研究会）浦野雄幸＝大石忠生＝松田延雄＝竹下守夫＝鈴木正裕＝米津稜威雄＝堀龍兒「〈研究会〉民事執行実務の諸問題〔第1回〕」判例タイムズ504号（1983年）
（研究会）浦野雄幸＝堀龍兒＝関口靖夫＝竹下守夫＝米津稜威雄＝大石忠生＝松田延雄＝鈴木正裕「〈研究会〉民事執行実務の諸問題〔第2回〕」判例タイムズ508号（1983年）
（研究会）浦野雄幸＝大石忠生＝松田延雄＝竹下守夫＝鈴木正裕＝米津稜威雄＝堀龍兒＝関口靖夫＝千名彦士「〈研究会〉民事執行実務の諸問題〔第3回〕」判例タイムズ509号（1983年）
（研究会）浦野雄幸＝大石忠生＝松田延雄＝竹下守夫＝鈴木正裕＝米津稜威雄＝堀龍兒＝千名彦士「〈研究会〉民事執行実務の諸問題〔第4回〕」判例タイムズ515号（1984年）
（研究会）浦野雄幸＝大石忠生＝松田延雄＝竹下守夫＝堀龍兒＝米津稜威雄＝鈴木正裕「〈研究会〉民事執行実務の諸問題〔第5回〕」判例タイムズ516号（1984年）
（研究会）浦野雄幸＝大石忠生＝松田延雄＝竹下守夫＝米津稜威雄＝鈴木正裕＝関口靖夫＝堀龍兒「〈研究会〉民事執行実務の諸問題〔第6回〕」判例タイムズ520号（1984年）
（研究会）浦野雄幸＝橋村春海＝宮本護三郎＝松田延雄＝米津稜威雄＝堀龍兒＝竹下守夫＝鈴木正裕＝大石忠生「〈研究会〉民事執行実務の諸問題〔第7回〕」判例タイムズ527号（1984年）
（研究会）鎌田薫＝堀龍兒＝小林秀之＝森井英雄＝加藤雅信「【研究会】債務者の破産宣告と動産売買先取特権の物上代位―最高裁昭和59年2月2日第一小法廷判決をめぐって」判例タイムズ529号（1984年）
（研究会）浦野雄幸＝大石忠生＝松田延雄＝堀龍兒＝関口靖夫＝米津稜威雄＝竹下守夫＝鈴木正裕＝千名彦士「〈研究会〉民事執行実務の諸問題〔第8回〕」判例タイムズ530号（1984年）
（研究会）浦野雄幸＝大石忠生＝松田延雄＝堀龍兒＝千名彦士＝米津稜威雄＝竹下守夫＝鈴木正裕「〈研究会〉民事執行実務の諸問題〔第9回〕」判例タイムズ532号（1984年）
（研究会）浦野雄幸＝大石忠生＝松田延雄＝堀龍兒＝千名彦士＝米津稜威雄＝竹下守夫＝鈴木正裕「〈研究会〉民事執行実務の諸問題〔第10回・完〕」判例タイムズ537号（1984年）
（対談）堀龍兒＝鎌田薫「【特集＝法曹養成をめぐる現状と課題】企業からみた法曹養成・法学教育〔対談〕」法律時報736号（1988年）
（座談会）奥島孝康＝堀龍兒＝長谷川俊明「座談会 コーポレート・ガバナンスをどう考えるか」予防時報194号（1998年）
（座談会）池田真朗＝須磨美博＝堀龍兒＝巻之内茂「【特集 債権譲渡特例法下の担保実務】2〈座談会〉債権譲渡特例法施行1年を振り返って―実務上の論点―」旬刊金融法務

事情1567号（2000年）
（シンポジウム）椿寿夫＝田井雅巳＝堀龍兒ほか「〈シンポジウム〉法人保証をめぐる実態と法理」金融法研究17号（2001年）
（対談）堀龍兒＝足立曠「【シリーズ「海運対談」第1回】わが国が海運立国であり続けるために―敵を知り、己を知らば、百戦危うからず―日本と海外の海運業のビジネスモデルの違い（前編）」KAIUN993号（2010年）
（対談）堀龍兒＝足立曠「【シリーズ「海運対談」第1回（後編）】わが国が海運立国であり続けるために―世界市場への舵取り―日本海運の競争力強化と進むべき進路」KAIUN994号（2010年）
（対談）望月良二＝堀龍兒「【シリーズ「海運対談」第2回】日本船社の強みと弱み」KAIUN995号（2010年）
（対談）堀龍兒＝淵邊善彦「対談 企業法務の新時代に向けて―キャリアプラン、弁護士との関係」BUSINESS LAW JOURNAL 43号（2011年）

編集委員・執筆者

編集委員（○＝編集代表）
○ 箱井崇史（はこい たかし）　早稲田大学教授
○ 木原知己（きはら ともみ）　青山綜合会計事務所
　雨宮正啓（あめみや まさひろ）　弁護士（小川総合法律事務所）
　吉田麗子（よしだ れいこ）　弁護士（渥美坂井法律事務所・外国法共同事業）

執筆者（掲載順）
　木原知己　　　　　　　　　　編集委員
　髙木伸一郎（たかぎ しんいちろう）くみあい船舶株式会社
　瀬野克久（せの かつひさ）　弁護士（一橋パートナーズ法律事務所）
　簔原建次（みのはら けんじ）　弁護士（マリタックス法律事務所）
　清水恵介（しみず けいすけ）　日本大学教授、弁護士（篠崎・進士法律事務所）
　志津田一彦（しづた かずひこ）　富山大学教授
　長田旬平（おさだ じゅんぺい）　弁護士（TMI総合法律事務所）
　雨宮正啓　　　　　　　　　　編集委員
　李　剛（りごう）　中国弁護士（敬海律師事務所・上海）
　大西徳二郎（おおにし とくじろう）早稲田大学大学院博士後期課程
　中出　哲（なかいで さとし）　早稲田大学教授
　吉田麗子　　　　　　　　　　編集委員

船舶金融法の諸相―堀龍兒先生古稀祝賀論文集―

2014年5月20日　初版第1刷発行

　　　　　編集代表　　箱　井　崇　史
　　　　　　　　　　　木　原　知　己
　　　　　発行者　　　阿　部　耕　一

　　　〒162-0041　東京都新宿区早稲田鶴巻町514
　　　発行所　　株式会社　成　文　堂
　　　　　電話03(3203)9201代　FAX03(3203)9206
　　　　　　　http://www.seibundoh.co.jp

製版・印刷　シナノ印刷　　　　　製本　佐抜製本
　©2014 T. Hakoi, T. Kihara　　　Printed in Japan
　　☆乱丁・落丁本はおとりかえいたします☆
　　ISBN978-4-7923-2662-3 C3032　　　検印省略
　　　　　定価（本体8000円＋税）